江苏省公共服务领域英语使用监测与研究

（2019 — 2020 年）

编 者　王守仁　陈新仁
　　　　孙小春　俞　希

南京大学出版社

图书在版编目（CIP）数据

江苏省公共服务领域英语使用监测与研究 . 2019—
2020 年 / 王守仁等编 . –– 南京：南京大学出版社，
2021.7

ISBN 978-7-305-23933-5

Ⅰ . ①江…　Ⅱ . ①王…　Ⅲ . ①公共服务 – 英语 – 语言
运用 – 江苏 – 2019-2020 – 文集　Ⅳ . ① H31–53

中国版本图书馆 CIP 数据核字（2020）第 219850 号

出版发行　南京大学出版社
社　　　址　南京市汉口路22号　　　邮　编　210093
出 版 人　金鑫荣

书　　　名　**江苏省公共服务领域英语使用监测与研究（2019—2020年）**
编　　者　王守仁　陈新仁　孙小春　俞 希
责任编辑　董 颖　　编辑热线　025-83596997

照　　排　南京新华丰制版有限公司
印　　刷　南京凯德印刷有限公司
开　　本　787×960　1/16　印张 22.25　字数336千
版　　次　2021年7月第1版　2021年7月第1次印刷
ISBN 978-7-305-23933-5
定　　价　99.00元

网址：http://www.njupco.com
官方微博：http://weibo.com/njupco
官方微信号：njupress
销售咨询热线：（025）83594756

前　言

　　为配合国家标准《公共服务领域英文译写规范》的宣传、推广和实施，我和我的同事自 2014 年起以课题立项的形式，组织江苏高校师生对江苏省公共服务领域英文译写情况进行调研，其成果汇编成书正式出版：《江苏省公共服务领域英语使用监测与研究（2015—2016 年）》的主要内容为江苏省主要城市公共场所公共标识英文译写情况调查与研究；《江苏省公共服务领域英语使用监测与研究（2017—2018 年）》聚焦英文网站，对江苏省部分旅游景点、政府管理部门、高校英文网站的语言文字使用情况开展调查与研究。两本调研报告汇编问世后，得到了专家和领导的肯定，广受社会好评，对促进江苏各地语言文字规范化建设发挥了积极作用。

　　2019 年 6 月江苏省语言文字工作委员会、省文化和旅游厅下发《关于在全省 5A 级旅游景区开展外文译写规范化工作调研的通知》，委托南京大学外语规范与应用研究中心（以下简称"中心"）在全省 23 家 5A 级旅游景区就外文译写规范化工作开展调研。中心接到通知后，组织南京大学等 14 所高校师生成立 23 个课题组，于 2019 年 7 月至 12 月对省内 5A 级旅游景区进行实地考察、搜集素材、梳理问题，在分析与研究的基础上形成调研报告。本书接续《江苏省公共服务领域英语使用监测与研究》调研报告系列，选收 23 个景区外文译写规范化工作调研情况报告（摘录），同时邀请高校教师进行专题研究，收录 5 篇旅

游景区外文译写规范化相关议题研究文章。此次调研的 23 份报告中所收录的文字及图片材料为这些文章提供了语料，文章作者以此为例，探讨翻译出现的问题与对策。

此次调研具体工作依托中心这个平台展开。中心作为以研究外语规范应用为重心的专门研究机构，承担的工作任务包括：对江苏省公共领域外语使用情况进行监测，定期组织调研，跟踪监测江苏省公共领域外语应用情况，在此基础上形成监测报告，供政府部门决策参考；研究国内外公共领域外语应用的理论和实际问题，提出相关规范标准的宣传、推广和实施建议。中心努力将基础研究与应用研究相结合，为服务江苏文化高质量发展做贡献。

江苏省 5A 级旅游景区外文译写规范化工作调研得到了江苏省语委办公室主任、江苏省教育厅语言文字与继续教育处沈晓东处长，省文化和旅游厅市场管理处章晓历处长的指导和帮助。南京大学出版社外语编辑部董颖主任对本书的编辑出版提出了很好的意见和建议。在此一并致以诚挚的谢意！

此次调研任务重、要求高、工作量大。项目参与学校的负责老师和课题组的同学们以极其认真的态度、高度的责任感和严谨的专业精神开展工作，冒着酷暑去景区景点拍照，反复修改调研报告，数易其稿。南京大学英语系杨湃湃同学在后期定稿阶段提供了很多协助。借此机会，谨向大家表示衷心感谢！

本项目得到了江苏省语言文字工作委员会、江苏省教育厅的专项资助。

王守仁

2021 年 6 月于南京大学

目　录

第一部分
调查报告

江苏省 5A 级旅游景区
外文译写规范化工作调研

江苏省拥有众多著名的 5A 级旅游景区，其语言文字规范化程度是当地精神文明建设和对外开放水平的直接体现。为更好推进文化和旅游深度融合，促进全省旅游景区高质量发展，充分展示江苏文化和旅游强省的良好国际形象，江苏省语言文字工作委员会、江苏省文化和旅游厅于 2019 年 6 月 13 日下发通知（苏语[2019]3 号），委托南京大学外语规范与应用研究中心（以下简称"中心"）在全省 23 家 5A 级旅游景区就外文译写规范化工作开展调研。

此次调研的工作目标是：认真贯彻国家语言文字法律法规和规范标准，以外文使用准确、规范为目标，重点加强景区内导览系统外文译写的专业指导和监督管理，努力营造规范化、国际化的景区用语用字环境，为推动文化和旅游高水平融合、高质量发展，助力"强富美高"新江苏建设做出积极贡献。

中心接到省语委、省文化和旅游厅的文件后，立即启动课题研究，召开专题会议，明确工作思路，制定实施计划，决定邀请江苏省兄弟高校协同完成。2019年 6 月 24 日，中心给省内相关高校发出《江苏省 5A 级旅游景区外文译写规范化工作调研通知》，部署落实任务，并就调研报告撰写提出具体要求，内容包括提供文字、图片实例，分析具体问题，并提出修改建议，重点关注以下方面：1. 对外传播的跨文化交际意识和策略；2. 英文翻译存在的问题（误译、机械硬译、信息传递不准确、不充分等）；3. 英文语篇的质量（语言表达、句子结构、段落、文体等）；4. 英文使用规范（语法、拼写、大小写等）；5. 信息的时效性。

参加江苏省 5A 级旅游景区外文译写规范化工作调研的学校有南京大学、南京理工大学、南京信息工程大学、南京农业大学、苏州大学、苏州科技大学、江南大学、江苏理工学院、扬州大学、南通大学、盐城师范学院、江苏海洋大学、

江苏师范大学和中国矿业大学等 14 所高校 100 余名师生。7 月份各学校确定项目负责教师、联络人，组织团队，签收课题任务书。同时，各 5A 级景区将其导览系统中涉及英文使用的资料提供给中心，由中心转交给相关学校项目负责教师。2019 年暑假期间，各项目组负责教师与景区联络人联系，带队进景区实地考察英文译写的现状（包括但不限于景区中英文介绍册、导览标识牌、景物介绍牌及其他宣传资料），结合景区提供的资料，撰写调研报告。从 10 月份开始，各项目组开始向中心提交调研报告初稿。中心组织专家对初稿及时提出修改意见和建议，项目组根据反馈意见对调研报告反复进行修改调整。在此基础上，中心对报告的内容和形式把关，进一步改进完善，最后确定终稿，于 2019 年 12 月 25 日向省语委、省文化和旅游厅正式提交 23 份调研报告。

此次调研发现江苏省 5A 级旅游景区的英文译写工作总体上是好的，但在信息传递、语言表达、体例规范等方面仍存在不少问题，主要有：

一、各景区内仍有部分公共标识的英文译写未采用国家标准《公共服务领域英文译写规范》译法，出现错译、英文译写不规范现象；

二、不少景区内存在景点名称译写不一致的现象，不同的译法容易造成误解，给游客带来困惑和不便，影响其对景区管理水平的整体观感；

三、各景区内不少导览图、公共标识等英文翻译质量较差，有些翻译错误还相当严重；

四、各景区内不少导览牌、公共标识的英文表达不地道，有语法错误，在拼写、大小写、标点符号、空格等方面存在不规范现象。

中心对以上问题认真进行整理和分析，并提出了改进建议：景区指派专人负责英文译写的各项工作；参照国家标准《公共服务领域英文译写规范》，对景区内现有公共标识英译进行排查、核对，对未采用标准译法的标识进行改正，规范译写；加强对外文译写全过程管理，包括翻译、校对、制作标识牌以及后期的维护和改进工作，提升整体语言质量。

旅游景区导览牌、公共标识的英文译写是外国游客获取旅游信息、了解景区以及所在城市历史文化的重要途径，译写规范化工作反映了景区软件设施建设的

水平。此次调研将促进各景区认真梳理问题，采取措施，及时整改，提升形象，真正让江苏省 5A 级旅游景区成为中国精品旅游产品的标杆，成为传播中国文化的重要窗口、满足人民群众对美好生活向往的重要场所、促进经济社会发展的重要力量、展示"美丽中国"的重要平台。

　　江苏省 23 家 5A 级旅游景区存在的具体问题见以下各景区报告（摘录）中提供的文字、图片实例。*

---

　　*　报告中《国标》均引自南京大学外语规范应用与研究中心网站 https://csflu.nju.edu.cn/。

南京市钟山风景名胜区—中山陵园风景区 英文译写规范化工作调研报告（摘录）

　　钟山风景名胜区—中山陵园风景区位于南京市玄武区紫金山，是中国著名的风景游览胜地、首批国家级风景名胜区、首批国家 5A 级旅游景区、国家森林公园、国家文明风景名胜区、"中国旅游胜地四十佳"。景区以中山陵园为中心，明孝陵和灵谷寺为依托，分布各类名胜古迹多达 200 多处，其中世界文化遗产 1 处，全国重点文物保护单位 15 处，江苏省文物保护单位和市级文物保护单位共 31 处。钟山风景区常年接待大量国内外游客，因此，各类标识的英文译写工作十分重要，其质量反映了景区的国际化程度，关乎整个景区乃至南京市的形象以及中国文化对外传播的效度。

　　江苏省语言文字工作委员会、省文化和旅游厅于 2019 年 6 月下发通知，委托南京大学外语规范与应用研究中心在全省 5A 级旅游景区开展外文译写规范化工作调研。本课题组在中心的指导下，组织南京农业大学师生于 2019 年 7 月至 9 月对中山陵园、明孝陵景区的英文译写情况展开调查，实地考察景区内公共标识、导览牌、指示牌等的翻译情况。

　　在参照《公共服务领域英文译写规范》的基础上，课题组调研发现钟山风景名胜区—中山陵园风景区的英文译写在信息传递、语言表达、体例规范等方面存在不少问题。课题组对这些问题进行了整理分析，以下为部分实例。

存在问题

1. 公共标识英文译写未采用《国标》译法

　　2017 年 6 月 20 日，国家质检总局、国家标准委联合发布《公共服务领域英

文译写规范》（以下简称"《国标》"）系列标准，并于当年 12 月正式实施。经调研发现，截至 2019 年 8 月，钟山风景名胜区—中山陵园风景区内仍有部分公共标识的英文译写未采用《国标》译法，降低了景区旅游服务的质量。例如：

上图为明孝陵围墙的公共标识。"严禁攀爬"译为 No Crossing，意思错误，这里指的是禁止爬过这道墙，而 cross 指在同一个水平面上从一个点穿越到另一个点，表示"越过，横过"的意思。应改译为 No Climbing（见《国标》一、通则 – 表 A.3 示例 32）。

上图为明孝陵景区警示警告标识，译文 Caution Slip 照搬中文结构，不符合英语语法和表达习惯。另外警示词 Caution 和警示内容应该分行书写。建议改译为 CAUTION！Slippery Surface(地面瓷砖光滑) 或 CAUTION！Wet Floor(地面有水)（见《国标》一、通则 – 表 A.2 示例 8，9）。

　　上图为明孝陵景区厕所公共标识，译文 Please plush the toilet with your hand! 是按中文字面意思的机械硬译，with your hand 属画蛇添足，plush 作为名词意为"长毛绒"，作为形容词意为"舒适的，豪华的"，没有"冲洗"的意思，此处为拼写错误，应为 flush，建议改译为 Flush after Use（见《国标》一、通则 – 表 A.4 示例 17）。

　　左上图为明孝陵风景区厕所公共标识，按照图片意思，此处指的是方便残障人士使用的厕所，建议改译为 Accessible Toilet（见《国标》一、通则 – 表 A.1 示例 58）。

　　右上图为景区公共标识。"禁止遛狗"的译文 PROHIBIT DOG 不符合英文表达习惯，也未能和前面三个标识译文保持一致，建议改译为 No Pets Allowed（见《国标》一、通则 – 表 A.3 示例 30）。

左上图为明孝陵景区内城墙区域公共标识，译文 Cherish cultural relic 意思不准确，建议改译为 Please Show Respect for Historic Site（见《国标》一、通则 – 表 A.4 示例 2）。

右上图为景区公共标识，未采用《国标》译法，建议改译为 You Are Here（见《国标》一、通则 – 表 A.5 示例 24）。

上图为中山陵景区步行街附近的一家旅游品商店标识，译文为 Tourism supermarket，此处为销售景区特色纪念品的商店，译为 supermarket 与实际情况不符，建议改译为 Souvenir Store（见《国标》四、文化娱乐 – 表 B.1 示例 48）。

2. 信息传递不准确

旅游景区的信息传递主要包括实用信息（景点地图、景区设施、导引标识和注意事项等）和文化信息（历史典故、民间传说等）。信息传递的准确与否直接关系到外国游客的观光体验，钟山风景名胜区—中山陵园风景区在此方面还存在一些不足。

2.1 实用信息的传递

向游客传达实用信息是景区公共标识语的重要功能，且因标识语的内容是外国游客获取实用信息的重要途径，所以其翻译尤为重要。调研表明，景区的英文公共标识语在有效传达实用信息方面存在一些不足。

（1）译名不统一

景区涉及不少人名、地名等名称，相关翻译须保持前后一致，否则会造成误解。重要景点名"明孝陵"的英译出现了多个不同的译法。

以上图片分别为景区导示牌、明孝陵博物馆内指示、景点入口处标识中对"明孝陵"的各种不同译写，译名不统一势必会给游客带来困惑，影响他们的游览体验。建议根据联合国教科文组织"世界文化遗产"中的译名，将"明孝陵"统一译为 The Xiaoling Tomb of the Ming Dynasty。

　　以上两图分别为景区道路指示牌和灵谷寺售票处标牌，其中"音乐台"译名不一致，一处译为 Open-air Music Hall，一处译为 Music Stage。Hall 多指室内建筑，而"音乐台"是一个室外舞台，因此，建议改译为 Open-Air Music Stage。

　　（2）错译

　　上图为景区内公共标识，"明孝陵"译为 LINGGU SCENIC AREA，是张冠李戴。

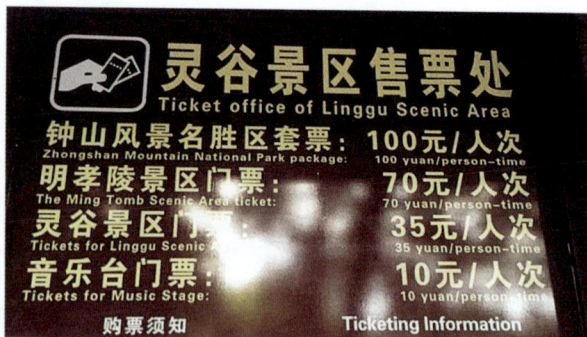

　　上图为中山陵园的公共标识，"价格举报电话"的译文 Informants' hot-line telephone 中 informant 意为"向警方爆料的人，线人"，用词不当，hotline 也不需要使用连字符。

上图为中山陵园入口处的标识，"中山陵自动导游讲解服务处"的译文 Guide department management office Service Center 中 Guide department management office 与"自动导游讲解"意思不符，是字字对应的中式英文。参照《国标》，建议改译为 Audio Guide Service Center。

上图是灵谷寺景区"禁止明火"的标识，"禁止明火"的译文 No naked lights 意思是"裸体的火"，完全无法传递标识中的信息。参照《国标》，建议改译为 Open Flames Prohibited（见《国标》一、通则 – 表 A.3 示例 49）。

2.2 文化信息的传递

Meiling Palace

以上图片分别为景区导览牌、简介、景区网站对"美龄宫"的不同译写。景区导览图和景区网站将"美龄"直接译成汉语拼音 MEILING，美龄宫内的简介则是用了威妥玛拼音 May-ling。为保证历史的延续性，民国时期少数历史名人名字的译法应保留约定俗成的拼写方式，如蒋介石的姓名为 Chiang Kai-shek，宋美龄的姓名 Soong May-ling。译文 MEILING 无法传递相关历史文化信息，此处应该选取第二种译法 May-ling，将 MEILING PALACE 改译为 May-ling Palace。

左上图是景区内佛塔的标识。"佛光塔影"的译文采用汉语拼音 Fo Guang Ta Ying，既无法起到公共标识的指示功能，更丢失了佛塔的文化信息，此处建议修改为 Buddha Tower 或直接改译为 Linggu Pagoda 更合适。

右上图是景区内上元书院的引导指示牌。"书院"是中国古代的教育机构，而此处"书院"的译文仅使用了汉语拼音 Shu Yuan 的拼写形式，未能传递其中包含的传统文化信息，而且 Shang Yuan 分开拼写也不符合地名译写原则。上元书院是成立于 2010 年的一所教育机构，致力于推广中国文化，是一个将学术智慧服务于社会的民间智库平台。译文 Shu Yuan 未能传递相关的功能信息，建议做必要的处理，改译为 Shangyuan Academy。

3. 英语表达有错误

景区内一些公共标识的译文不符合英文表达习惯,不够准确地道,语言质量差。例如:

上图为景区入口处的标识,"绿色通道"是专门为军人军属、退役军人、残疾人、70 周岁以上的老人等设置的专门通道, 翻译为 GREEN CHANNEL 仅仅是就字面进行的逐字翻译,忽略了文中"绿色通道"作为优先通道的内涵。此处的绿色通道是个检票口,而且也有服务对象说明,即这些特殊人群可以优先通过,建议改译为 Priority Entrance。

上图为中山陵纪念品商店内的公共标识。"内有监控"的译文 THERE ARE MONITORING 不符合英文表达习惯,建议改译为 Surveillance Camera。

　　上图为中山陵风景区售票处的公共标识，"钱票当面点清，敬请妥善保管"和"钱票当面点清"译为 Please check the money on the spot and have safekeeping 和 Count the money on the spot 明显是中式英语，词不达意，英文句子表达不地道，意思也不准确，建议改译为 All sales are final. No ticket is refundable.

　　上图为景区公共标识。"中山陵管理局"的译文 THE ADMINISTRATION BUREAU OF DR.SUN YAT-SEN'S MAUSOLEUM 中 BUREAU 为 冗 余 表 达，不需将"管理"和"局"硬译为 ADMINISTRATION 和 BUREAU，英文单词 administration 就是管理机构的意思，建议改译为 THE ADMINISTRATION OF DR. SUN YAT-SEN'S MAUSOLEUM。

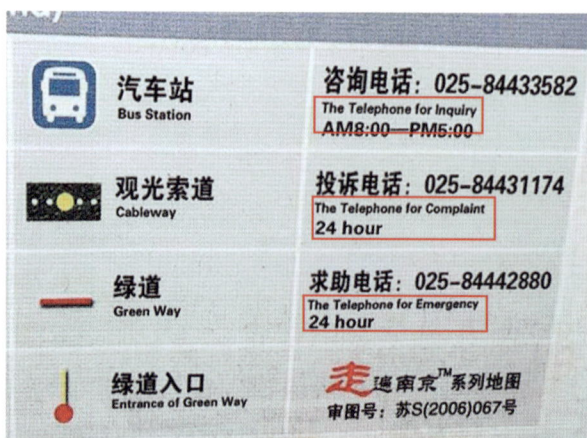

上图为景区公共标识。"咨询电话""投诉电话""求助电话"的英文译文不需要在 telephone 前加上定冠词 the。参照《国标》，"投诉电话"建议改译为 Complaints Hotline（见《国标》一、通则 – 表 A.1 示例 50）。

上图为景区公共标识。"厕所"的译文 The Toilet 前面的定冠词 the 为冗余表达，建议删除，直接译为 Toilet 即可。

上图为景区公共标识。"公交车站"的译文 The Bus Stop 前面不需要加定冠词 the，建议改译为 Bus Stop。

4.体例格式不规范

4.1 大小写使用不规范

左上图为中山陵售票处的公共标识。"钟山风景名胜区套票"译为 Zhongshan mountain national park package ticket，地名专有名词首字母没有大写，建议改译为 Zhongshan Mountain National Park Package Ticket。

右上图为景区内垃圾桶上的公共标识。"可回收垃圾"和"不可回收垃圾"分别译为 Recyclables 和 NON-RECYCLABLE，分列于同一组垃圾桶的分类垃圾两边，但大小写和单复数都不统一。参照《国标》，建议改译为 Recyclables 和 Non-Recyclables。

4.2 拼写错误

上图为景区内警示牌。"禁止游泳"的译文 NO SWIMING 中 SWIMING 拼写错误，应改译为 NO SWIMMING。

左上图为景区大道交通指示牌。"白马公园"译为 WHITE HOUSE PARK，其中 HOUSE 拼写错误，指"房屋"，译文意思变成"白宫公园"，应改译为

WHITE HORSE PARK。

右上图为景区内公共标识。"十朝大讲堂"的译文 Ten Dynast Auditorium 中 Dynast 拼写错误，应为 Dynasties。

以上是钟山风景名胜区—中山陵园风景区公共标识英文译写存在的部分问题。因篇幅有限，本报告只是择取一些有代表性的示例进行分析讨论。作为国家 5A 级旅游景区，钟山风景名胜区—中山陵园风景区公共标识英文译写的质量还有待进一步提高。

参加此次钟山风景名胜区—中山陵园风景区英文译写规范化工作调研的课题组成员为南京农业大学外国语学院 2018 级和 2019 级翻译硕士研究生，指导教师为南京农业大学外国语学院王银泉、钱叶萍。

南京夫子庙—秦淮风光带景区
英文译写规范化工作调研报告（摘录）

　　南京夫子庙—秦淮风光带景区是国家 5A 级旅游景点，为中国古代文化枢纽之地、金陵历史人文荟萃之地，每年有大量中外游客慕名而来。公共标识是夫子庙—秦淮风光带景区对外宣传的重要窗口，不仅可以提示游客，还能传递重要的历史文化信息。对于不懂汉语的外国人来说，景区公示语、景点介绍词等旅游文本的译文可以帮助他们了解中国文化和景区特点，因此，其外文译写质量显得十分重要。

　　江苏省语言文字工作委员会、省文化和旅游厅 2019 年 6 月下发通知，委托南京大学外语规范与应用研究中心在全省 5A 级旅游景区开展外文译写规范化工作调研。本课题组在中心的指导下，组织南京理工大学和南京信息工程大学师生于 2019 年 8 月至 9 月对南京夫子庙—秦淮风光带景区内科举博物馆、夫子庙（大成殿、中国书院历史陈列展）、白鹭洲公园、李香君故居、王导谢安纪念馆、瞻园、太平天国博物馆、中华门城堡等七处景点的外文译写规范化工作进行调研，对景区内公示语、介绍词、纸质宣传材料等进行实地考察。

　　参照《公共服务领域英文译写规范》，课题组发现夫子庙景区的英文译写在信息传递、语言表达、体例规范等方面存在不少问题。课题组对这些问题进行了整理分析，以下为部分实例。

存在问题

1. 公共标识英文译写未采用《国标》译法

　　国家质检总局、国家标准委于 2017 年 6 月 20 日联合发布了《公共服务领域英文译写规范》系列标准（以下简称"《国标》"），并于同年 12 月正式实施。

经调研发现，截至 2019 年 8 月，南京夫子庙—秦淮风光带景区内仍有部分公共标识的英文译写未采用《国标》译法，降低了景区旅游服务的质量。例如：

上图为科举博物馆内公共标识。译文未采用《国标》译法，建议改译为 Wheelchair Accessible Passage（见《国标》三、旅游 – 表 B.1 示例 13）。

上图为科举博物馆内公共标识。译文未采用《国标》译法，建议改译为 Accessible Toilet（见《国标》一、通则 –A.1 示例 58）。

左上图为科举博物馆内公共标识。此处的"出口"译文 EXPORT 指国际贸易中货物的"出口"，是错译，应该改译为 EXIT（见《国标》一、通则 –A.1 示例 67）。

右上图为大成殿内公共标识，"自助售票机"按照"自助""售票""机"进行直译，未采用《国标》译法，建议改译为 Ticket Vending Machine（见《国标》一、通则 –A.1 示例 156）。

上图为白鹭洲公园内公共标识，"小心台阶"译为 Carefully step，指"小心地迈步"，表达不规范，建议改译为 Watch Your Steps（见《国标》一、通则 –A.2 示例 1）。

2. 信息传递不准确

旅游景区的信息传递主要包括实用信息（景点地图、景区设施、导引标识和注意事项等）和文化信息（历史典故、民间传说等）。信息传递的准确与否直接关系到外国游客的观光体验，而夫子庙景区译文在信息传递方面还存在不足，给游客造成许多不便。

2.1 实用信息的传递

向游客传递实用信息是景区公共标识语的重要功能，且因标识语的内容是外国游客获取实用信息的重要途径，其翻译尤为重要。调研表明，夫子庙景区的英文公共标识语在有效传递实用信息方面存在一些不足。

（1）译名不统一

翻译时，同一场所的词语选用应保持一致。夫子庙景区公示语翻译中却出现了多处译名不一致情况。例如：

上图为夫子庙景点大成殿内的公共标识，"大成门"在不同地点先后译作 Gate of Integration 和 the Great Hall (Dacheng Hall)。参考北京孔庙大成门译文，建议"大成门"译文统一为 Dacheng Gate。

nation Hall was expanded for many times and reached its climax in the Guangxu era, occupying an area of 300,000m2 or so, with 20644 examinee compartments. Jiangnan Imperial Examination Hall was entitled as the "cradle of ancient Chinese officials". In modern times, the Imperial Examination Museum of China in Nanjing is an imperial examination themed museum built on the relics of Jiangnan Imperial Examination Hall, preserving cultural relics of the Ming Dynasty—Mingyuan Tower and Feihong Bridge, and Tablet Inscriptions recording significant events in history relating to Jiangnan Imperial Examination Hall. The museum, occupying an area of 27,000m2, is divided into two major sections: aboveground and underground. Future efforts will be made to render the museum into an exhibition center of China's imperial examination culture, imperial examination cultural relic protection center, and imperial examination system research center.

上图为夫子庙景点科举博物馆内的中英文介绍和公共标识。其中"号舍""明远楼"译文不一致。在介绍词中，"号舍""明远楼"的译文分别为 examinee compartments 与 Mingyuan Tower，而科举博物馆内的指示图中其译文分别是 EXAMINATION CELL，MINGYUAN BUILDING，Mingyuan Mansion。

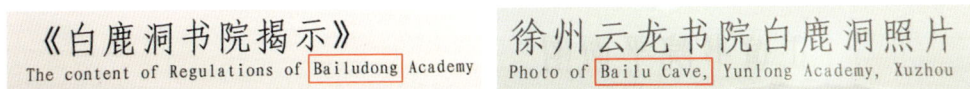

上图为中国书院历史陈列展内景点的中英文介绍。"白鹿洞"出现两种译法：Bailudong，Bailu Cave。

上图为白鹭洲公园公共标识。在游客免费入园须知中，"白鹭洲公园"译为 Egret Island Park，而在公园全景图中将"白鹭洲公园"译为 Bailuzhou Park。同一景点的译名不一致，会给游客造成困惑和不便。

（2）错译

上图为科举博物馆内公共标识。禁止翻越护栏中的"护栏"误译为 column，意为"支柱"，与"护栏"意思不符。

上图为夫子庙大成殿《消防安全 20 条》第 20 条，中文为"泼水降温"，译文 splash water to keep warm 意为"泼水保温"，意思相反，建议改译为 splash water to lower the temperature。

左上图为白鹭洲公园公共标识。Pagoda 意为"塔"，而此处为"岛"，应译为 island 或其他表示"岛"的词语。

右上图为夫子庙大成殿公示语，"可回收垃圾（桶）"对应的译文明显与原文不匹配，参照《国标》，应改译为 Recyclables (Bin)。

上图为中华门城堡内公共标识，图中把"母婴室"机械翻译为 Breast-feeding room，意为"母乳哺育室"。建议参照《国标》，改译为 Baby Care Room。

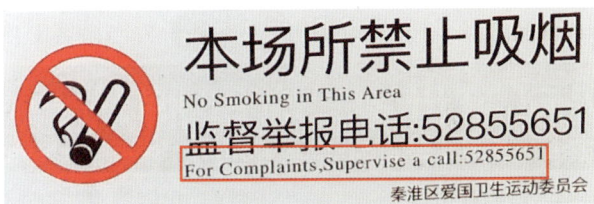

上图为大成殿内公共标识，"监督举报电话"译为 For Complaints, Supervise a call，意为"如有抱怨，监督一个电话"，意思完全错了。

（3）漏译

景区内多处出现实用信息传递的缺失，包括很多重要的信息，比如火警、指示牌等标识语。

上图为李香君故居内公共标识，"火警"这样的重要标识缺少翻译，会成为安全隐患。虽然很多游客对此电话不陌生，但也有部分外国游客不清楚其真正含义，这样的漏译会导致外国游客在发生危险时不能及时报警。建议译为 Dial 119 in Case of Fire。

上图为瞻园内公共标识。景点内"禁止……"的公共标识语旨在阻止危险情况发生，保障游客的安全。对于对景点格外好奇的外国游客，更应该提供这种警示。建议参照《国标》，在此处添加译文 No Climbing!（见《国标》一、通则 –A.3 示例 32）。

（4）机械硬译

景区内公示语的翻译有机械硬译的情况，不利于外国游客对内容的理解。如：

上图为科举博物馆中英文介绍，"'科第世家'府邸牌坊"的译文 The Imperial Examination Family Stele Archway 对"科第世家"的翻译属于机械直译，英文意思可理解为"组织科举的家族"或"科举家族"。参照《老残游记》（*The Travels of Lao Can*）杨宪益夫妇译本对"先生本是科第世家"（If you belong to a scholar's family）中"科第世家"的译法，建议改译为 The Scholar's Family 或 The Imperial Examination Participating Family。

上图为李香君故居内导览图标识，译文 Total tour guide map 中 total 有"总的，总数，总额"等意思，看似翻译无误，但是原译者没有弄清"总导览图"中的"总"的真正含义，直接进行机械直译，未能传递其"李香君故居的全景图"之意。另外，景点英文名称首字母应大写。参照《国标》，建议改译为 Tourist Map。

2.2 文化信息的传递

作为中国古代文化枢纽之地，夫子庙—秦淮风光带景区有着深厚的文化底蕴。景区内的景点介绍、公共标识不可避免地会涉及许多文化词汇。然而，这些词汇的译文仍有不足，文化信息或是错译，或是缺失，未能准确地传递。例如：

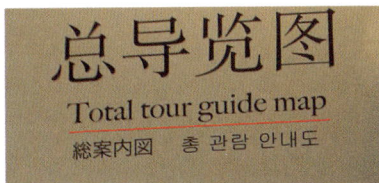

上图为中国书院历史陈列展内中英文介绍。"举人"和"进士"是中国特色文化词汇，此处均采取音译的策略，使得外国游客很难从拼音译法理解其意义，建议补充适当信息，译为 Juren (Provincial Scholar) 和 Jinshi (Palace Scholar)。

> 　　庚子之变后，慈禧太后以光绪皇帝名义颁布了"预约变法"上谕，指令群臣于两个月之内上书建言陈政。1901年7月，湖广总督张之洞、两江总督刘坤一联名上奏《变通政治人才为先遵旨筹议折》、《遵旨筹议变法谨拟整顿中法十二条折及》、《遵旨筹议变法谨拟采用西法十一条折及》三折。因清初江南省"今江苏、安徽和江西省"故简称为"江"，而湖北与湖南两地简称为"楚"；因此两江、湖广总督联合的会奏被称为《江楚会奏三折》。其中第一折《变通政治人才为先遵旨筹议折》推动了清末废书院改学堂、废八股兴时政、停武举兴武备、奖游学助兴学等系列教育改革。
>
> After the change of the Gengzi, Empress Dowager Cixi publicized the "Appointment Reform" in the name of Emperor Guangxu, and ordered the ministers to send memorials to give their political advice within two months. In July 1901, Zhang Zhidong, governor of Huguang Province, and Liu Kunyi, viceroy of Jiangnan Province and Jiangxi Province, jointly sent three memorials, namely "Transformation of Political Talents is

　　上图为中国书院历史陈列展内中英文介绍。1900 年是中国农历庚子年，这一年夏天，中国与当时世界上八个主要强国之间爆发了一场战争。这场百年前爆发的动荡也被中国人称为"庚子国变"。译文将"庚子之变"直译为 the change of the Gengzi，并不恰当。对于外国游客来说，他们并不知道中国庚子年是何意，也不清楚所谓的改变指什么。建议采用通行的表达方式，改译为 After the Siege of the International Legations in 1900。

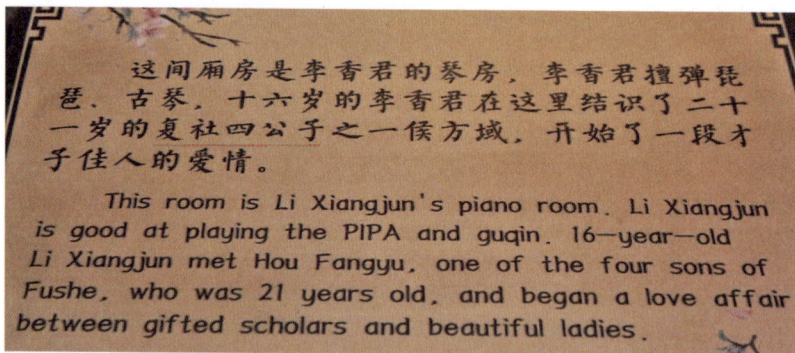

> 　　这间厢房是李香君的琴房，李香君擅弹琵琶、古琴。十六岁的李香君在这里结识了二十一岁的复社四公子之一侯方域，开始了一段才子佳人的爱情。
>
> This room is Li Xiangjun's piano room. Li Xiangjun is good at playing the PIPA and guqin. 16—year—old Li Xiangjun met Hou Fangyu, one of the four sons of Fushe, who was 21 years old, and began a love affair between gifted scholars and beautiful ladies.

　　上图为李香君故居内中英文介绍。"复社四公子之一"译为 one of four sons of Fushe，根据译文游客很可能把"复社"误以为是人名，侯方域是其"四个儿子之一"，意思完全错了。"复社"是明末江南士大夫主张改良政治的文学结社之一，侯方域与方以智、陈贞慧、冒辟疆合称明复社四公子。译者把"四公子"错译为 four sons，也未能传递相关历史文化知识。

明清时期，各省新科举人和历科举人都有资格于乡试次年二月（清乾隆以后改在三月）进京参加由礼部主考的会试。会试录取者称"贡士"，第一名称"会元"或"贡元"。会试揭榜后，新科贡士有资格参加下月举行的殿试。殿试仅为排名考试，根据成绩将进士分为三甲，一甲第一名称"状元"。考中进士后，古代读书人的漫长读书应试生涯也就结束了。

In Ming and Qing Dynasty, both the Juren of the year and the former times have the qualification to participate the metropolitan examination held by the board of rites in the next February (the time was changed into March the reign of emperor Qianglong in Qing dynasty). Those who pass the metropolitan examination will be called "Gongsheng". The number of them is named "Huiyuan" or "Gongyuan". After the releasing of the list of success-

上图为科举博物馆中英文介绍，"第一名称'会员'或'贡元'"的译文 The number of them is named "Huiyuan" or "Gongyuan" 未能体现"第一名"之意，建议修改为 ... and the top one is named *Huiyuan* or *Gongyuan*。

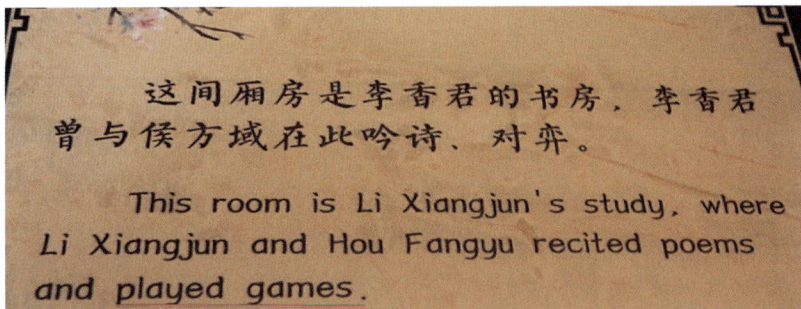

这间厢房是李香君的书房。李香君曾与侯方域在此吟诗、对弈。

This room is Li Xiangjun's study, where Li Xiangjun and Hou Fangyu recited poems and played games.

上图为李香君故居内中英文简介，译者将"对弈"译为 games，表示一般意义上的"游戏"，但其正确解释为："'对弈'即下围棋，现代引申到下象棋以及其他对局"，所以此处可基本判断为"下围棋"。建议译为 played the game of go。

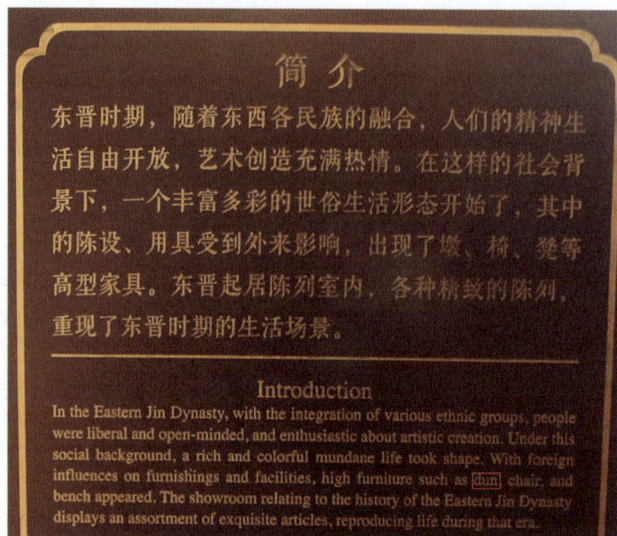

上图为王导谢安纪念馆内中英文介绍。"出现了墩、椅、凳等高型家具"译为 high furniture such as dun, chair and bench appeared，其中"墩"采用音译 dun。英文中 dun 作为名词，意为"催促者，讨债者，催债"，放在此处会让游客产生困惑或误解，建议作相应的处理，可采用斜体，并补充说明信息。

3. 英语表达有错误

夫子庙—秦淮风光带景区有着大量的文字介绍，涉及景区管理制度、科举文化、景区全貌、历史趣闻等，这些是外国游客观光过程中了解景区文化的重要窗口。但是，相关译文仍然存在不少语法错误以及不地道的英文表达，降低了文化信息传递的有效性。

3.1 语言质量问题

公共标识的英文译写应努力做到忠实于原文且流畅，在此基础上，具有特色。夫子庙—秦淮风光带景区的英文译写在语言表达上还有很大改进空间，下面以景区内不同景点的若干标识为例，分析景区标识英文译写的不地道之处。

礼运钟

Liyun Clock 礼運鐘 예운종(礼运钟)

青铜礼运钟，于公元1999年9月铸造，钟高2.55米（寓意纪念孔子诞辰2550年而建）重达4吨，撞之其声浑厚，余音悠扬。钟面精雕细刻，图文并茂。钟名由孔子第七十七代嫡孙女孔德懋题写。

The bronze Liyun Clock was cast in September 1999, with a height of 2.55 meters (taking meaning of 2550 birthday anniversary of Confucius) and weight of 4 tons. The clock plays vigorous and lingering bell tone, accompanying exquisite carvings and excellent inscriptions. The name of the clock was entitled in calligraphy of De Mao, the 77th generation grand daughter of Confucius)

上图为大成殿内中英文介绍。其译文存在表达不地道的问题。

问题一：根据朗文当代词典查证，clock 的意思为钟表，根据图中文字解释，"钟"应译为 bell，详见下图。

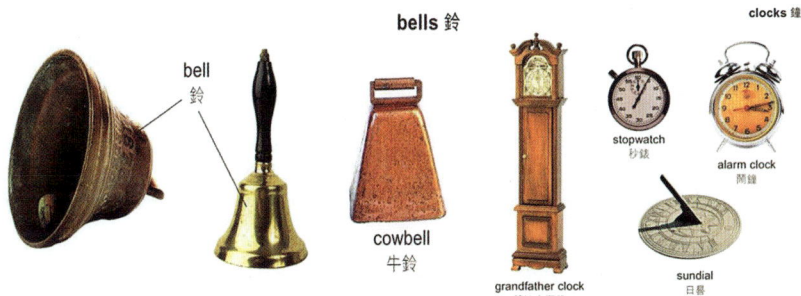

bells 鈴

bell
鈴

cowbell
牛鈴

grandfather clock
落地大擺鐘

clocks 鐘

stopwatch
秒錶

alarm clock
鬧鐘

sundial
日晷

问题二：entitle 侧重"命名，提名"的含义（give a title to）；"由……题写"应该是 was inscribed by...。

问题三："嫡孙女"译为 grand grand daughter 可能会让人以为印刷失误，可改译为 great granddaughter。

书院考试计时方式有敲鼓、插香、插烛等，最为常用的是插香，即考试开始教师会规定考试时间为"一柱香"或"两柱香"，学生待香焚尽后便交卷。

Time-measuring methods of examinations used by academies were usually drumming, burning incenses and candles, etc. The mostly used is burning incense. That is, at the beginning of the examination, inspectors would stipulate that the examination time is the burning of one or two incense, and students should hand over papers when incenses burned out.

上图是中国书院历史陈列展内介绍词，其中存在表达不地道的问题。

问题一：incense 是不可数名词，应将 incenses 改成 incense sticks。

问题二：The mostly used is burning incense 中主语不完整，应改为 The mostly used way is...。

问题三：英文中 inspector 指"检查员，督察员"，此处"教师"是指监考老师，建议改用 invigilators。

问题四：考试时长是指烧香时长，在 the examination time is the burning of... 中 time 与 burning 搭配不恰当，建议把 burning 改成 burning time。此外，为了使"一炷香"的表达更为精准，建议将 one or two incense 改为 one or two incense sticks。

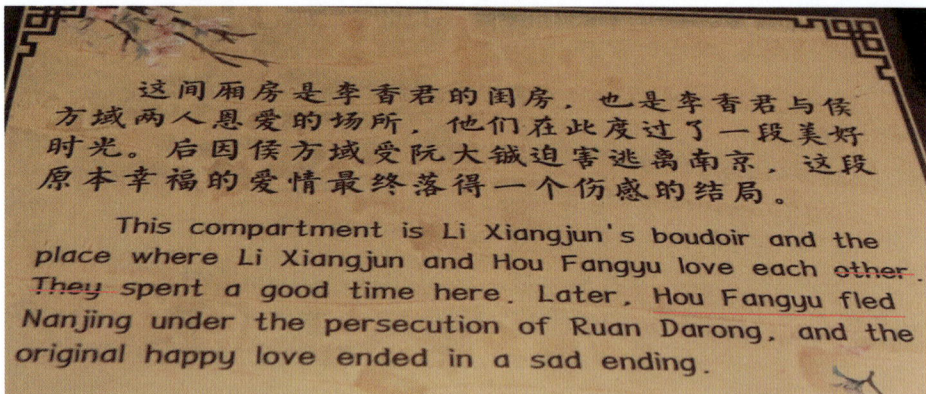

上图为李香君故居内标识，其中英文译写存在不地道之处。

问题一：and the place 属多余，后面可直接跟 where 引导定语从句。

问题二："恩爱"译为 love each other，太空泛，且原文的实际意义不是"爱彼此"，而更加偏向于"幸福地在一起生活"的意思。

问题三："这段原本幸福的爱情"译为 the original happy love，翻译机械，不地道，建议改译为 their love。

问题四："落得一个伤感的结局"译为 ended in a sad ending，一句话重复出现了两个 end，建议改译为 came to a sad ending。

南京城墙简介

明代南京城墙，由宫城、皇城、京城、外郭四重城垣及各垣的护城河组成。现存南京城墙为明南京京城城墙。

公元1366年至1393年，朱元璋先后征派全国百万余众大规模营造南京城池。南京城墙蜿蜒盘桓35.267公里，

规制恢弘，被称之"高坚甲于海内"。历经600余年沧桑，南京城墙遗存地段，仍不失当年的雄姿。

1988年，南京城墙被列为全国重点文物保护单位。

A Brief Introduction to Nanjing City-Wall

Nanjing City-Wall of the Ming Dynasty consisted of the Palace City-Wall, the Royal City-Wall, the Capital City-Wall, the Outermost City-Wall and moats around each of them. The existing Nanjing City-wall is the Capital City-Wall of the Ming Dynasty.

In the period from 1366 to 1393, Zhu Yuanzhang, the first emperor of the Ming Dynasty, successively enlisted over a million people to build a city-wall in Nanjing on a large scale. Zigzaging for 35.267 kilometers around Nanjing, the city-wall extended itself in a spectacular form, enjoying the reputation of "High and firm in China". Having undergone more than 600 years, the existing Nanjing city-wall still retains its previous magnificence.

In 1988, Nanjing City-Wall was rated as an important unit of cultural relics under national protection.

上图为中华门城堡处介绍，其中英文译写部分存在表达不地道的问题。

问题一："高坚甲于海内"译为 enjoy the reputation of "High and firm in China"，原文"高坚甲于海内"意思为："它是国内最高、最坚不可摧的。"译文未能将原文意义准确翻译出来，语法也有问题。

问题二：对"历经 600 年沧桑"的翻译不完整，未翻译出"沧桑"。

问题三："全国重点文物保护单位"直译为 important unit，应采用《国标》中的规范译法，译为 National Cultural Heritage Site。

3.2 语法问题

（1）词性用法有误

免费讲解　随上随下
Free explain, Hop-on and Hop-off

上图为科举博物馆游览车公示语。译文中的 explain 为动词，不可做名词"讲解"使用。且此处的"讲解"指导游讲解服务，建议参照《国标》，将 Free explain 改为 Free Tour Guide。

上图为科举博物馆介绍词，"选聘京官，进士为主"译文 Selecting Capital Officers Main from the Jinshi 中 main 一词使用不当，应改为 mainly。

（2）单复数问题

province, the provincial ones were changed into colleges, state ones into middle school, and county ones into primary schools. Therefore, the academies had been changed into the new schools that everyone is familiar with today.

上图是中国书院历史陈列展内英文介绍。此处所表达意思是将"府及直隶州的书院改成中学堂"，middle school 应与前后并列的 colleges 和 primary schools 保持单复数一致，改为 middle schools。

（3）时态问题

子 路 问 津

Zi Lu Asking for the Way

元前491年（鲁哀公四年），孔子前往蔡国，忘记了渡口，看到长沮、桀溺在耕
象洪水一样的坏事到处都有，谁能改变呢？你与其跟着逃避坏人的人，哪能赶得
"，然后继续耕作。子路转告孔子，孔子惆怅地说："天下有道的话，我就不

, Confucius forgot how to reach the ferry crossing on the way to the Cai State, so he send Zi Lu to ask the way from
hey said: " who could change the fact that the bad things like flood were found everywhere? It's better for you to
following the person avoiding the bad guys" After saying this they continued to farm their land. Zi Lu told Confuci
have to be so worried to change this world if there were ways."

上图为大成殿内展示柜介绍词。"让子路去问"译为 send Zi Lu to ask the way。发生在过去的事情（公元前491年）应该用过去时态，前一个动词已用了过去时（forgot），因此前后时态应统一为过去时，将 send 改为 sent。

（4）连词问题

> ▌元代政权建立后，为笼络知识分子，在修复、发展宋代书院的基础上，也添建了一些新的书院。并通过任命书院山长、控制书院招生等手段使书院由私学步入官学化，从此书院步入官学化发展阶段。▌

With the establishment of the Yuan Dynasty, some academies were repaired or improved, as well as some new academies were built in order to win scholars by educational ways. Academies had gradually developed from private school to official school by means of appointing the person in the charge of and controlling the enrollment of academies, hence entering the stage of officialization.

上图为中国书院历史陈列展内中英文介绍。as well as 可连接并列的单词或短语，不用于句子，建议将 as well as 改成连词 and。另外，此处 private school 和 official school 应与主语 academies 保持一致，采用复数形式。

4.体例格式不规范

夫子庙景区的英文译写在拼写、大小写、空格、字体等方面存在不规范现象，这些细节降低了景区译文的专业性，会影响游客对景区的整体印象。

4.1 拼写错误

单词拼写错误可能会使译文不通顺，难以理解。景区内出现了不少单词拼写错误问题，如：

参观路线
RISIT ROUTE

上图为科举博物馆内公共标识。RISIT 拼写错误，应改为 VISIT。

Here you can visit the bronze statue of Confucius teaching and thirty-eight colored stone-embedded murals reflecting saint deeds of Confucius, which are the best in China. You can also learn the history of educationof ancient China through hundreds of precious cultural and historical documents in Academy. In addition, in Folk Arts Grandview Garden of The Confucius Temple, you can learn the folk handicrafts of Nanjing and experience folk customs by Qinhuai River.

Today, attrating innumerable domestic and foreign tourists every year, the Confucius Temple has become the core tourst attraction of the national 5A scenic spot, the scenic belt along the Qinhuai River.

上图为大成殿英文介绍。译文中出现了几处拼写错误。educationof 应改为 education of，attrating 应改为 attracting，tourst 应改为 tourist。

Li Xiangju is located in

上图为李香君故居内英文介绍，Li Xiangju 拼写错误，应改为 Li Xiangjun。

4.2 大小写错误

Display space map

上图为科举博物馆内的公共标识。景点名称英文单词首字母应大写，建议改译为 Display Space Map。

Excellent students' written exercises of Confucian classics and Neo-Confucianism in The Viceroy's college, canton

上图是中国书院历史陈列展内中英文介绍。in The Viceroy's college, canton 中，The 不需要大写，而 canton 表示广州，应写成 Canton。另外，students' 后空格太大，撇号应改用英文字体版式。

4.3 空格问题

上图为科举博物馆内的公共标识。译文中 MUSEUM, 和 STEPS 后没有空格，不符合英文标点符号使用规范。

上图为大成殿的英文介绍。译文中 Wenshufang, Lingxing Gate, 和 symmetric, 后面需要有空格。

4.4 字体问题

上图为李香君故居内公共标识。《桃花扇》是清代文学家孔尚任创作的传奇剧本，剧名译为英文时应用斜体，建议改为 *Peach Blossom Fan*。

4.5 译文重复问题

景区内部分标识出现了译文重复的现象，如：

1900年以前，全国已有教会书院近百所，其中以美、英两国创办的教会书院最多。早期的教会书院教学程度多为小学水平。后来部分教会书院规模逐渐扩大，发展成为近代的教会大学。

Before 1900, there were nearly 100 church academies, mostly established by the U.S. and the U.K., in the whole country. The teaching of the early church academies was mostly primary education. Later, some church academies gradually expanded and developed into modern church universities. Before 1900, there were nearly 100 church academies, mostly established by the U.S. and the U.K., in the whole country. The teaching of the early church academies was mostly primary education. Later, some church academies gradually expanded and developed into modern church universities.

"兴学诏"颁布后，各省纷纷结合各地情况将书院改为学堂，其中省城书院改为大学堂。在书院改成的大学堂中，有一部分现在都发展成为中国现代著名的大学。

Since the issue of Xingxue, provinces across the country have changed their academies into schools, of which the provincial academies was changed to colleges. Some of the colleges had developed into today's modern and famous universities in China. Since the issue of Xingxue, provinces across the country have changed their academies into schools, of which the provincial academies was changed to colleges. Some of the colleges had developed into today's modern and famous universities in China.

上图是中国书院历史陈列展内中英文介绍，其中整段译文在结束后又重复了一次，建议删除重复译文。

以上是夫子庙—秦淮风光带景区中科举博物馆、夫子庙（大成殿、中国书院陈列馆）、白鹭洲公园、李香君故居、王导谢安纪念馆、瞻园、太平天国博物馆和中华门城堡等景点公共标识英文译写存在的部分问题。因篇幅有限，本报告只是择取一些示例进行分析讨论。作为国家 5A 级旅游景区，夫子庙—秦淮风光带景区公共标识英文译写的质量还有待进一步提高。

参加此次南京夫子庙—秦淮风光带景区英文译写规范化工作调研的课题组成员为：庄悦娴、王奕慧、刘璐、陈玥昕、李雅琳、王玉翠、黄馨、张俊怡、姚婷、江雪、马艺玮、蔡晓敏、郑烯玲；指导教师为：赵雪琴、杨蔚、杨帆、陈志杰。

苏州园林景区英文译写规范化工作调研报告（摘录）

苏州古典园林在世界造园史上有其独特的历史地位和价值，蕴含浓厚的中国传统思想和文化内涵，已被列入世界文化遗产名录。景区内的英文翻译是外国游客了解园林文化，走进东方世界的重要媒介。其译写质量反映了景区的国际化程度，关乎整个景区乃至苏州市的形象。

江苏省语言文字工作委员会、省文化和旅游厅于 2019 年 6 月下发通知，委托南京大学外语规范与应用研究中心在全省 5A 级旅游景区开展外文译写规范化工作调研。本课题组在中心的指导下，组织苏州大学师生于 2019 年 7 月至 9 月针对苏州拙政园、留园和虎丘景区内的公共标识、导览牌、指示牌等进行实地考察。作为世界文化遗产，三个景区的英文译写总体情况不错，但从推动文化高质量发展的要求来看，仍存在不准确、不规范等问题，需要改进完善。在参照《公共服务领域英文译写规范》的基础上，课题组对这些问题进行了整理分析，以下为部分实例。

存在问题

1. 公共标识英文译写未采用《国标》译法

2017 年 6 月 20 日，国家质检总局、国家标准委联合发布《公共服务领域英文译写规范》系列标准（以下简称"《国标》"），并于当年 12 月正式实施。经调研发现，截至 2019 年 8 月，景区内仍有部分公共标识的英文译写未采用《国标》译法。例如：

上图为虎丘景区的公共标识警示牌，"小心落水"的译文 Watch against falling in water 是乱译，应采用《国标》译法，改译为 Danger! Deep Water（见《国标》三、旅游 – 表 B.2 示例 11）。

上图为虎丘景区的公共标识牌，"游船码头"的译文 Pleasure Boat Wharf 意思表达不准确。wharf 意为货运码头，建议改译为 Pier（见《国标》三、旅游 – 表 B.1 示例 92）。

上图为虎丘景区的公共标识牌，提醒游客不要跨越剑池旁的护栏。"请勿跨越"的译文 No stepping over 意思表达不准确，建议改译为 Do Not Climb Over Fence 或 No Climbing Over Fence（见《国标》三、旅游 – 表 B.3 示例 24）。

上图为虎丘景区的公共标识牌，"爱护古迹 延续历史"被译为 Care for cultural relics, sustain the history，英文表达不地道，建议参照《国标》译法，改译为 Please Show Respect for Historical Site（见《国标》一、通则 – 表 A.4 示例 2）。

2. 信息传递不准确

旅游景区的信息传递主要包括实用信息（景点地图、景区设施、导引标识和注意事项等）和文化信息（诗句名言、神话传说等）。信息传递的准确与否直接关系到外国游客的观光体验，而拙政园、留园和虎丘景区在信息传递方面还存在不足，给游客造成许多不便。

2.1 实用信息的传递

向游客传达实用信息是景区标识的重要功能。由于外国游客对中文不够熟悉，标识的译文是他们了解相关实用信息的唯一途径，所以只有准确译写才能让外国游客旅游顺畅。然而，拙政园、留园和虎丘景区在实用信息的翻译上存在不少问题，难以实现其服务功能。

（1）译名不统一

景区涉及不少人名、地名等名称，相关翻译须保持前后一致，否则会给游客造成困惑和不便。例如：

上图是拙政园景区对"香洲"的两种不同翻译。导览手册将其译为 The Fragrant Isle，而景点的标识牌上则译为 THE FRAGRANCE ISLET。

9.汲古得修梗
The Study of Enlightenment

上图是留园景区对"汲古得修绠"的两种不同翻译。导览手册中，"汲古得修梗"翻译成了 The Study of Enlightenment，但在该景点前的标识牌上，"汲古得修绠"的英文翻译是 Hard Work Is Essential for Academic Achievement。暂且忽略中文印刷的问题和英文翻译的准确性，景点的译名出现了两个不同版本，势必会给外国游客带来困惑。

The Worshipping Stone Pavilion
15.石林小院
The stone forest yard
16.还我读书处

同样的，留园景区中的"石林小院"也有两种不同翻译，它在导览手册上的译名是 The stone forest yard，在景点内简介上的译名是 The Small Garden Court of Stone Forest。

虎丘景区里的两处导览牌对"剑池"的翻译也出现了不一致现象，一个使用的是复数形式 SWORDS，字母全部大写，另一个是单数形式 Sword，首字母大写。景点译名的不规范、不统一，会给人留下语言质量不高、不专业的印象，影响游客对景区的整体观感。

（2）错译

景区内的部分标识存在错译误译的情况。例如：

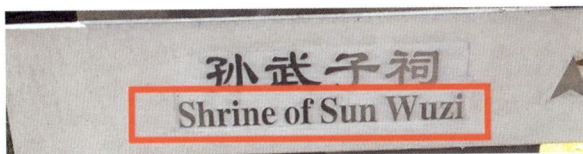

上图为虎丘景区的公共标识牌，"孙武子祠"的"祠"未采用《国标》译法，shrine 意为"神社，神龛"，与景点性质不符，建议改译为 Memorial Temple of Sun Wuzi（见《国标》三、旅游 – 表 A.1 例 51）。

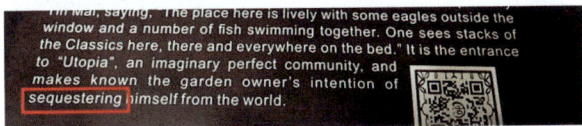

上图为留园"活泼泼地"的景点介绍，其中"……园主对桃花源式隐居生活的向往"被译为 ... the garden owner's intention of sequestering himself from the world。此处的 sequester 多作"扣押，（被动）隔离"解释，而中文"隐居"作"减少与尘世的联系"解释，翻译与原文意思不符。

上图为留园"石林小院"景点介绍，其中"小中见大、密中见疏"被译为 made small look large, and made dense look sparse。这里"小中见大""密中见疏"都属于园林的构建艺术，意为园林可以通过小的观赏面积，带给游览者丰富广阔的意境，简言之，小的景致与大的景致兼具，密与疏兼有。但是此处英文翻译的意思是"让小的显得大""让密的看起来疏"，改变了中文原本的含义，并且也存在逻辑漏洞。

上图为虎丘景区内公共标识牌，其中出现了一处误译：humid 常用来指天气或气候的"潮湿"，这里用来形容道路并不合适，道路的湿滑应该是 slippery and wet。

（3）机械硬译

上图为拙政园十八曼陀罗花馆简介。其中"花开似锦"被译为 flowers open，不符合英文表达习惯。一则花"开"常用 blossom，二则 open 并不能表现出"似锦"的繁盛之感。

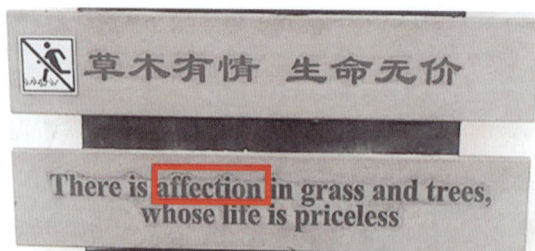

上图为虎丘景区内公共标识牌，"草木有情"用了拟人的手法，其中的"情"主要是指植物也有生命和感觉，而 affection 是"喜爱，喜欢"的意思，两者相去甚远。英文译文 There is affection in grass and trees, whose life is priceless 是对原文的机械硬译，意为"青草和树木之间有喜爱之情，草木的生命是无价的"，未能有效地传递实用信息，没有起到提示警示作用。参照《国标》，建议译为 Please keep off the grass（见《国标》一、通则 - 表 A.3 示例 5）。

上图为拙政园景点"放眼亭"在导览图上的翻译。这里，"放眼"意为"极目远望"，而 far away looking 是对汉语的机械硬译，英文表达不地道，建议改译为 Fangyan (Looking Far Away) Pavilion。

2.2 文化信息的传递

拙政园和留园同属中国四大名园，都具有相当丰富的文化内涵。景区导览图以及景区内景点介绍在翻译过程中都不可避免地涉及许多文化意义的传递。有些具有深厚文化韵味或园林建筑特色的词存在误译或过度简化的情况，影响了园林文化的传播。例如：

上图为拙政园导览手册上对"留听阁"的翻译 The Keep and Listen Pavilion。拙政园中的留听阁为单层阁，体型轻巧，四周开窗，阁前置平台，是赏秋荷听雨的绝佳处。它的名称来源于唐代李商隐的诗句"秋阴不散霜飞晚，留得枯荷听雨声"。译文中 keep 和 listen 为动词，不能用作定语来修饰名词，存在语法错误。建议采用音译的形式，译为 Liuting Pavilion，在具体景点介绍中补充必要的历史文化信息。

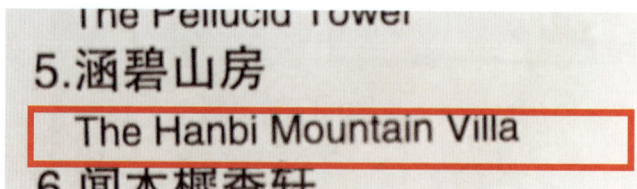

上图为留园导览册上"涵碧山房"的翻译。译者将"涵碧山房"的译文简单地处理成中文拼音，译为 The Hanbi Mountain Villa，未能充分传递相关文化信息。"涵碧山房"于清嘉庆年间名为"卷石山房"，同治年间名为"待云山房"，后因其建筑面池，池中水清如碧，宛如朱熹诗"一水方涵碧，千林已变红"，故取名为"涵碧山房"。"涵碧"二字既指池水碧绿，也指周围山峦林木在池中的倒影，将这二字简单地以中文拼音标注，未能起到帮助外国游客理解中国园林建筑艺术以及中国传统诗词文化的作用。建议采取"音译＋注释"的形式，译为 Hanbi (Crystalline Pond) Mountain Villa。

3. 英语质量问题

苏州园林景区内还存在译文不符合英文表达习惯、语言不地道的现象，影响外国游客的观感。下文以留园导览图的简介为例，分析其译文中出现的英语表达错误及不规范情况。

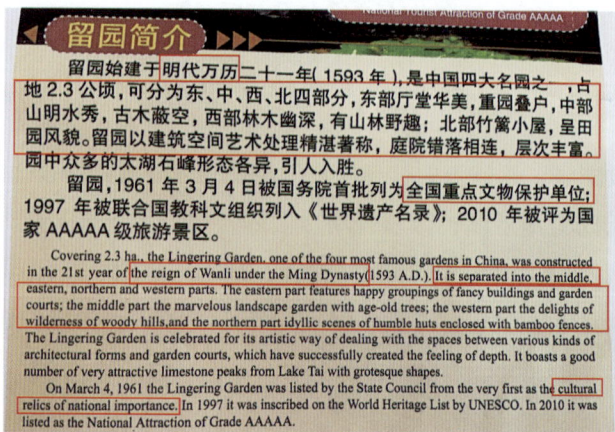

留园导览图简介的英文译文中 the reign of Wanli under the Ming Dynasty (1593 A. D.) 需改进：Wanli 前应加上 Emperor；介词 under 改为 of；Dynasty 和后面的括号之间应有空格，即 the reign of Emperor Wanli of the Ming Dynasty (1593)。"……可分为东、中、西、北四部分，东部厅堂华美，重园叠户……"的译文不符合英语表达习惯：译文中的 separate 指"分离，分为几部分"，应该用 divide；happy groupings 不明所以；fancy buildings 不能表示"厅堂华美"的意思。最后段落中"全国重点文物保护单位"的翻译不够专业，应参照《国标》，改译为 National Cultural Heritage Site（见《国标》三、旅游 – 表 A.1 示例 60）。

4. 语言规范问题

拙政园、留园和虎丘景区的英文译写在拼写、大小写、标点符号等方面存在不规范现象。这些细节大大降低了景区译文的专业性，影响游客对景区的整体印象。

4.1 拼写错误

景区标识中出现多处拼写错误。例如：

左上图为拙政园导览手册。"笠亭"的译文 The Inducalamus Pavilion 中 Inducalamus 为拼写错误，正确拼写应为 Indocalamus，指某种箬竹，与原意不符。"笠亭"意为"斗笠状的亭子"，可译为 Li (Bamboo Hat-Shaped) Pavilion。

右上图为拙政园导览手册。"兰雪堂"的译文为 The Cymbidium Goeingii Hall。经查证，无 goeingii 这一英语词汇，此处应是拼写错误。

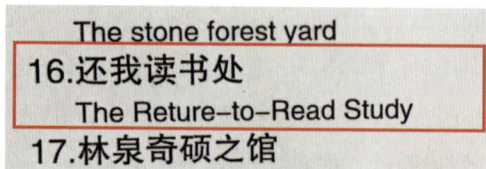

上图为留园导览图册，"还我读书处"的译文 The Reture-to-Read Study 中 Reture 为拼写错误，应改为 Return。

4.2 大小写使用不规范

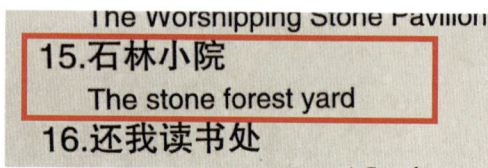

上图为留园导览图册，其中"石林小院"的译文 The stone forest yard 首字母没有大写，建议修改成 The Stone Forest Yard。

4.3 标点符号、空格问题

景区的英译时常出现标点符号使用不规范的现象。例如：

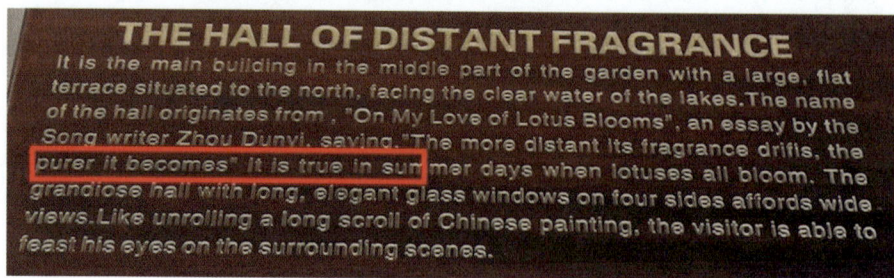

上图为拙政园远香堂的英文简介，其中倒数第四行完整的句子结束后没有使用句号。应改为：...an essay by the Song writer Zhou Dunyi, saying, "The more distant its fragrance drifts, the purer it becomes."。

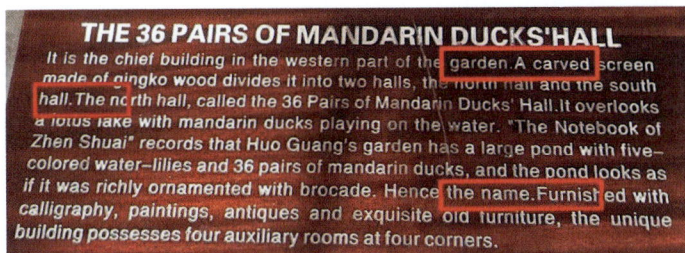

THE 36 PAIRS OF MANDARIN DUCKS'HALL

It is the chief building in the western part of the garden.A carved screen made of gingko wood divides it into two halls, the north hall and the south hall.The north hall, called the 36 Pairs of Mandarin Ducks' Hall.It overlooks a lotus lake with mandarin ducks playing on the water. "The Notebook of Zhen Shuai" records that Huo Guang's garden has a large pond with five-colored water-lilies and 36 pairs of mandarin ducks, and the pond looks as if it was richly ornamented with brocade. Hence the name.Furnished with calligraphy, paintings, antiques and exquisite old furniture, the unique building possesses four auxiliary rooms at four corners.

上图为拙政园卅六鸳鸯馆的英文简介。根据英文标点符号的使用规范，句号后应该有一个空格。此处三个句子结尾句号后均未留出空格，给人语言不规范的印象。

以上是苏州园林景区公共标识英文译写存在的部分问题。因篇幅有限，本报告只是择取问题较为严重或有代表性的示例进行分析讨论。作为国家 5A 级旅游景区和世界文化遗产，苏州园林景区公共标识的英文译写质量还有待进一步提高。

（撰稿人：殷子琦、易艳、郁林音、陆柯伊、杨志红）

苏州市周庄古镇景区
英文译写规范化工作调研报告（摘录）

　　周庄古镇景区位于国家历史文化名城苏州市，包括周庄古镇、沈万三故居、南湖湾等景点，旅游资源丰富，极具旅游价值，同时历史人文内涵厚重。景区常年接待大量国内外游客，因此，英文译写尤为重要，其质量反映了景区的国际化程度，关乎整个景区乃至苏州市的形象。

　　江苏省语言文字工作委员会、省文化和旅游厅于2019年6月下发通知，委托南京大学外语规范与应用研究中心在全省5A级旅游景区开展外文译写规范化工作调研。课题组在中心的指导下，组织苏州大学师生于2019年7月至9月针对周庄古镇景区的英文译写情况展开调查，调查范围包括景区内公共标识、导览牌、指示牌等。在参照《公共服务领域英文译写规范》的基础上，课题组发现周庄古镇景区的英文译写在信息传递、语言表达、体例规范等方面存在不少问题。课题组对这些问题进行了整理分析，以下为部分实例。

存在问题

1. 公共标识英文译写未采用《国标》译法

　　2017年6月20日，国家质检总局、国家标准委联合发布《公共服务领域英文译写规范》（以下简称"《国标》"）系列标准，并于当年12月正式实施。经调研发现，截至2019年8月，周庄古镇旅游景区内仍有部分公共标识的英文译写未采用《国标》译法，降低了景区旅游服务的质量。例如：

左上图为周庄古镇景区内标识，译文 The tour moves forward 照搬中文结构，不符合英语语法和表达习惯。应改为 Please Proceed This Way（见《国标》四、文化娱乐 – 表 B.1 示例 50）。

右上图为周庄古镇澄虚道院内标识，译文未采用《国标》译法。"紧急出口"应译为 Emergency Exit（见《国标》一、通则 – 表 A.1 示例 70）。

左上图为周庄澄虚道院内标识，译文未采用《国标》译法。"参观线路示意图"应译为 Tourist Map（见《国标》三、旅游 – 表 B.1 示例 73）。

右上图为周庄澄虚道院内标识，译文未采用《国标》译法。"注意防火"应译为 Caution//Fire Risk（见《国标》一、通则 – 表 A.2 示例 11）。[①]

2.信息传递不准确

旅游景区的信息传递主要包括实用信息（景点地图、景区设施、导引标识和注意事项等）和文化信息（历史典故、民间传说、特色活动和产品等）。信息传递的准确与否直接关系到外国游客的观光体验，而周庄旅游景区的英文译写在信息传递方面还存在不足，给游客造成许多不便。

---

① "//"表示书写时应当换行，本书下同。

2.1 实用信息传递

景区公示语承载着向外国游客传递实用信息的基本功能，直接影响游客的旅游体验。经调研发现，周庄古镇景区在此方面存在一定的问题，主要集中表现为译名不统一，信息错译、漏译，僵硬机械翻译。这些不恰当甚至错误的翻译将影响外国游客的旅游体验。

（1）译名不统一

周庄古镇景区的许多景点官方并没有给出指定译名，在完成翻译工作时也没有进行协调，导致路标牌与实际景点介绍牌上的英文翻译不统一，一个景点拥有多个译名，给游客参观带来困扰。例如：

上图为沈家墙门楼处的介绍性标识，在同一说明文本中却出现了标题和正文中不同的两种译名 The Front Gate 与 The Entrance Gate。

又如：

上图为一块位于周庄某十字路口的路牌，路牌上的英文翻译与景点的实地翻译不同，路标上为 The Hall of Shen's Residence 与 The Hall of Zhang's Residence，而在实地景点的介绍上却是 Shen's House 与 Zhang's House。

（2）错译

部分周庄路牌、景点标识存在错译现象，有损信息的有效传递。例如：

上图为沈家书房的标识，此处翻译将书房 Study 错误地翻译为 Studio，意为"工作室"。

上图为博物馆前的游客须知，此处"一人一票"指的是门票 ticket，每人凭一票入场，而译文 one person one vote 中 vote 是指"投票"，传达的是选举投票时"一人一票"的意思，造成信息的错误传递。

（3）信息漏译

根据中英文表述习惯、文体长度的不同，考虑到标识牌排版的问题，在核实情况后有策略地选择不译、删略是可以理解的；有一些宣传语中包含的典故意象等因为文化差异无法简单传达，故选择不译也可接受。但是在周庄古镇景区，有些景点介绍与告示的翻译缺少的却是景点规定等影响旅游体验与质量的关键信息，有损实用信息的传递。例如：

上图为博物馆的参观须知，最下方的"旅游质量投诉电话""旅游监察中队电话"和"急救医疗救护电话"都无英译，可能导致国外游客需要帮助时无法及时获得。

（4）机械硬译

景区部分翻译存在机翻、逐字翻译等僵硬的现象。例如：

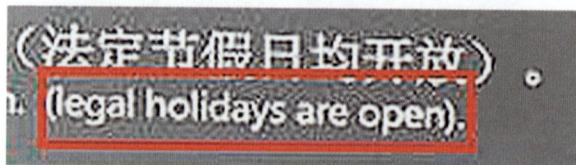

上图为博物馆的参观须知，"法定节假日均开放"译为 legal holidays are open，其中 legal 是指"合法的"，用词不准确，建议改为 Statutory。此处译文意思为"合法的节假日是开放的"，中文主语本来是博物馆，翻译时将主语变成了法定节假日，开放的主体从博物馆变成了节假日，导致意思不准确。

2.2 文化信息的传递

周庄古镇景区有着深厚的文化底蕴。景区内的介绍、标识不可避免地会涉及许多文化词汇。然而，这些词汇的译文仍有不足，无法准确地传递出相应的文化内涵。例如：

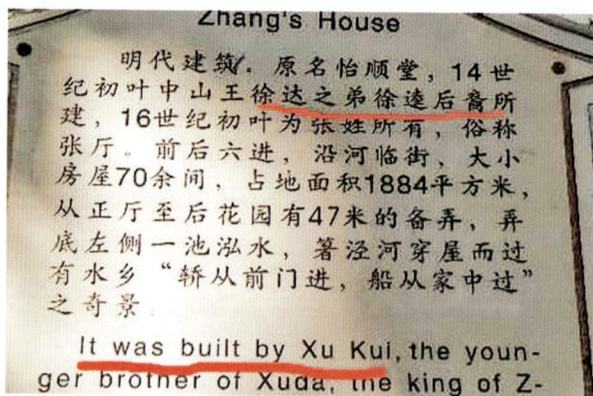

上图为张厅的景点介绍，此处意在介绍景点历史，但是在翻译过程中出现了信息传递上的错误。按照中文原意张厅为徐逵后裔所建，译文却错误地翻译成为徐逵所建，导致向游客传递了错误的信息。

上图为怀善局的景点介绍，此处"义冢"实为错别字，应为"义冢"，是公家置办的用于处理贫困民众丧事的陆上设施；"葬船"是公家置办的用于处理贫困民众丧事的水上设施。此处的译文 justice tomb 与 burying the ship 意为"正义之墓"与"埋葬小船"，原本公益设施的意义全无。

上图为周庄古镇沈厅内的景点介绍。原文为"清乾隆七年沈万三后裔沈本仁所建"，而译文为 It was built by Shen Benren, Shen Wansan's descendant in the seventh year of Qianlong in the Qing Dynasty.。因为中国游客了解本国基本历史常识，所以中文介绍省略了乾隆的皇帝身份，但考虑到外国游客对中国历史可能稍欠了解，此处译文未能充分体现相应文化信息，英译需稍做补充：in the seventh year of Emperor Qianlong's reign。

3. 英语表达错误

3.1 语言质量问题

周庄古镇不少景点的英文介绍在语言运用方面存在语法错误、句式零散、缺乏逻辑性等问题，给人留下英文质量不高、不专业的印象。下图为周庄古镇景区

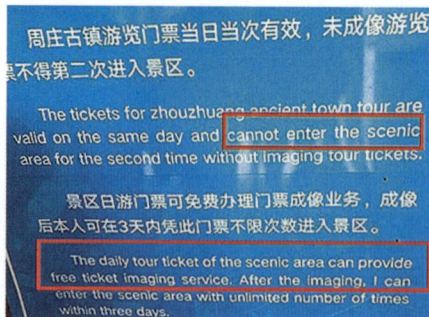

门口公告，以其英文译文为例，分析其中的英语表达问题。

"当日当次有效"译为 valid on the same day，但上文并无 the same day 的参照对象，不符合英语语言逻辑。

"未成像游览票不得第二次进入景区"的实际主语应为"持有未成像（将个人照印刷至门票上）游览票的游客"，而译文则直接将 tickets 作为主语，出现了语法和逻辑错误。

第二段首句主语 The daily tour ticket 的谓语动词为 provide，然而"门票"本身不具备提供成像服务的功能，主语与谓语动词搭配错误。

第二句主语忽然转变为 I，不符合常规公示的翻译规范。正常情况下公示语人称的指代应用第二人称，或直接使用祈使句加强语气，此处第一人称不够正式。

3.2 语法问题

景区内标识出现的语法错误包括：

（1）谓语动词问题：

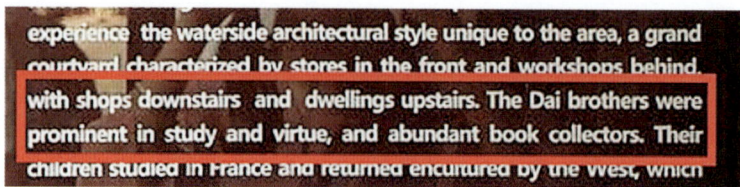

上图为景区内戴宅景点的介绍，其中"戴氏三兄弟品学出众，家中藏书甚多"译为 The Dai brothers were prominent in study and virtue, and abundant book collectors，并列句前后句式不平衡，后半句缺少 be 动词。

（2）缺少冠词：

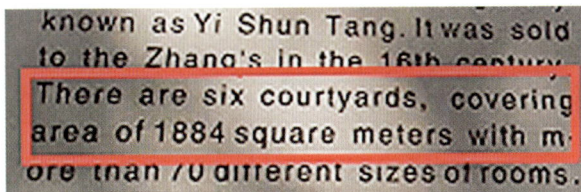

上图为张厅景点内介绍词，其中 area 前缺少冠词 an。

4. 体例格式不规范

周庄景区的英文译写在拼写、大小写、排版等方面存在不规范现象。

4.1 拼写错误

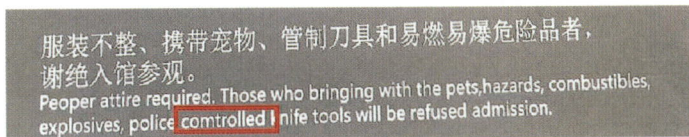

上图为景区注意事项内容，其中 comtrolled 一词拼写错误，应为 controlled。

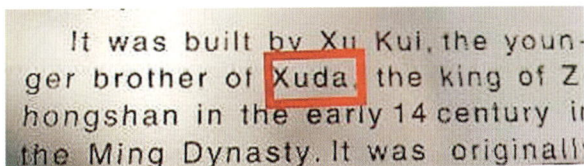

上图为周庄古镇张厅内的景点介绍。其中译文部分 It was built by Xu Kui, the younger brother of Xuda, the king of Zhongshan in the early 14 century in the Ming Dynasty. 涉及人名翻译，Xu Kui 分开了但 Xuda 未分开，应将 Xuda 改为 Xu Da。

4.2 大小写使用不规范

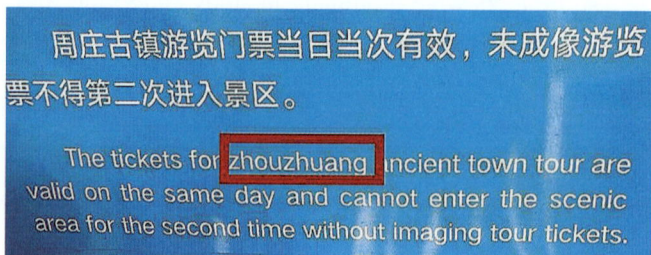

上图为周庄古镇门口的提示标识，其中 zhouzhuang 首字母应大写，改为 Zhouzhuang。

4.3 排版问题

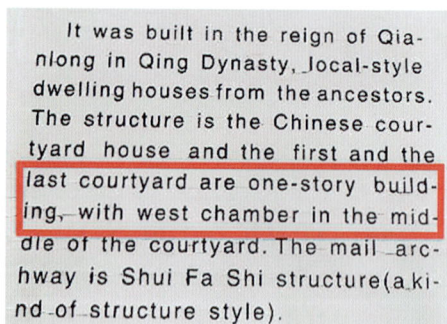

上图为周庄姚氏民居的介绍牌，其中有多处不合适的断行，影响观感，建议调整排版。

以上是周庄古镇景区公共标识英文译写存在的部分问题。因篇幅有限，本报告只是择取问题较为严重或有代表性的示例进行分析讨论。作为 5A 级旅游景区，周庄古镇景区公共标识英文译写的质量还有待进一步提高。

（撰稿人：桂子淑、尚子涵、应敏、吴君、梁嘉聪、孟祥春）

苏州市同里古镇景区
英文译写规范化工作调研报告（摘录）

　　同里古镇景区位于国家历史文化名城苏州市下辖的吴江区，包括珍珠塔、退思园、王绍鏊故居等景点。景区旅游资源丰富，人文历史底蕴深厚，具有极高的旅游价值，常年接待大量中外游客。因此，同里古镇景区内公共标识的英文译写质量显得尤为重要，不仅反映出景区管理的规范化和国际化程度，同时也会影响到苏州的城市形象。

　　江苏省语委、省文化和旅游厅于 2019 年 6 月份下发通知，委托南京大学外语规范与应用研究中心对省内的国家 5A 级旅游景区的英文译写规范化工作展开调研。本课题组在中心的指导下，组织苏州科技大学师生于 2019 年 7 月至 9 月针对同里古镇景区内英文译写情况开展调查。在参照《公共服务领域英文译写规范》的基础上，课题组发现同里古镇景区的英文译写在信息传递、体例规范等方面存在诸多问题。课题组对这些问题进行了整理分析，以下为部分实例。

存在问题

1. 公共标识英文译写未采用《国标》译法

　　2017 年 6 月 20 日，国家质检总局、国家标准委联合发布《公共服务领域英文译写规范》（以下简称"《国标》"）系列标准，并于当年 12 月正式实施。经调研发现，截至 2019 年 8 月，同里古镇旅游景区内仍有部分公共标识的英文译写未采用《国标》译法，降低了景区旅游服务的质量。例如：

上图为珍珠塔内一走廊里的警示牌，"办公区域游客止步"的译文 Office Here, No Tourist 不符合英文表达习惯，建议改译为 Staff Only（见《国标》一、通则 – 表 A.3 示例 47）。

上图为湿地公园内标识，"停车场"译为 Park，会让游客误以为是公园，建议改为 Parking Lot（见《国标》一、通则 – 表 A.1 示例 158）；"无障碍通道"的译文 Barrier-free Access 表达不准确，建议改译为 Wheelchair Accessible Passage（见《国标》三、旅游 – 表 B.1 示例 13）。

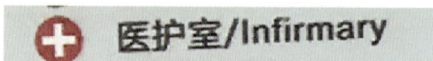

上图为湿地公园内标识，"医护室"的译文 Infirmary 未采用《国标》译法，建议改译为 Clinic（见《国标》一、通则 – 表 A.1 示例 55）。

上图为三桥景区桥下标识牌，"景区"的译文 View Spots 是错译，建议改译为 Scenic Area（见《国标》三、旅游 – 表 A.1 示例 22）。

上图为王绍鏊故居门口标识牌，"请勿携带宠物进入景点"的译文 No pet in the scenic area 未采用《国标》译法，建议改译为 No Pets Allowed（见《国标》三、旅游－表 B.3 示例 11）。

2. 信息传递不准确

　　旅游景区的公共标识传递景点导览、景区设施、导引标识和注意事项等实用信息，信息传递的准确与否会影响到外国游客的观光体验，而同里古镇景区在实用信息的翻译上还存在一些问题，未能很好地实现其服务功能。

（1）译名不统一

　　景区涉及不少人名、地名等专有名词，相关翻译须保持前后一致，否则会给游客造成困惑和误解。例如：

　　上图为入口处关于珍珠塔的介绍，其中"牌楼"分别译为 Ceremonial Gateway 和 Decorated Gateway，会被人理解为两个不同的景点。

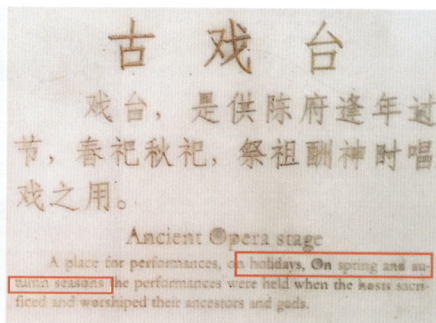

上图为通往珍珠塔古戏台的一块指示牌，"古戏台"分别译为 Ancient Stage 和 Ancient Opera Stage，译名不一致。

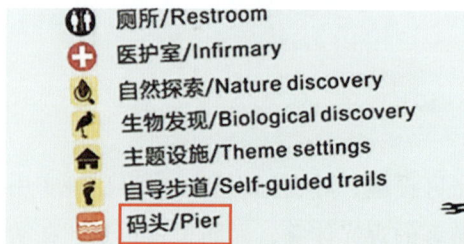

上图为景区交通观光导览和同里国家湿地公园总导览图的标识，码头分别译为 Pier 和 Wharf，英文中 Wharf 主要指货运码头，建议统一译为 Pier（见《国标》三、旅游 – 表 B.1 示例 92）。

（2）错译

上图为罗星洲寺庙中钟楼门口的标识，"巨钟"应是寺庙中僧人或游客敲撞祈福之钟，译文 Great Clock 中的 Clock 是计时之钟，应改译为 Bell。

上图为景区交通观光导览的标识，"电瓶车上车点"的译文 Temporary park 意为"临时公园"，建议参照《国标》，改译为 Electric Car Stop/Station。

上图为珍珠塔茶厅消防间的标识，英文 The Fire 表示火，并没有消防间的意思，建议参照《国标》，改译为 Fire Extinguisher。

3. 语言质量问题

同里景区有许多导览牌、景点文字介绍，涉及景区全貌、名人名园简介、历史背景、景区管理制度等，这些是外国游客观光过程中了解景区历史文化的重要窗口。然而，相关译文存在英文表达不地道、语法有错误等问题，质量有待提高。

3.1 英文表达问题

上图为罗星洲摆渡船上的警示标语，其中 Not put head hand out of window please. 一句虽然仍能使人大致理解其意，但不符合英语表达习惯。建议参照《国标》，改译为 Keep Head and Hands Inside。

上图为三桥景区桥下的手摇木船码头标识。"手摇木船码头"的译文 Hand rocking wooden ship dock 是对汉语原文逐字的硬译，其中 rock 用作动词，指"摇晃，猛烈摇动"，传递意思不准确。另外，作为景点名称，英文首字母应大写。此处的"摇"是指"划桨"，建议改译为 Rowing Boat Dock。

3.2 语法问题

（1）时态问题

上图为珍珠塔闻香读书楼的介绍，译文 "Chen Cuie's Reading room" was a place where Miss Chen reads 时态不一致，reads 应改用过去式 read。另外，room 首字母应大写。

（2）缺少先行词

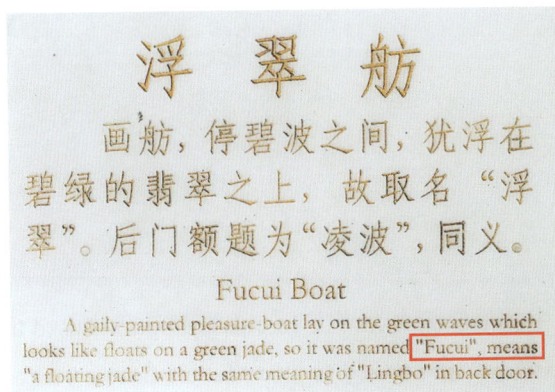

上图为珍珠塔浮翠舫的介绍，译文 so it was named "Fucui", means "a floating jade" 中 means 前缺少 which 来构成定语从句。

（3）缺少动词

上图为罗星洲摆渡船上的标识，"请勿走出舱外"的译文 Do not out of the cabin 缺少动词，应改为 Do not get out of the cabin。

（4）单复数错误

上图为湿地公园内标识，其中 leafs 是错误的名词复数形式，应改为 leaves。

（5）缺少主语

上图为退思园中的旱船简介，译文 In old days, guests used to get off the sedan-chair at the Land Boat and can be used to give shelters from observation 后半句的主语是 guests，但根据中文原意此句的主语应该是"旱船"，意思表达有误。

（6）冠词问题

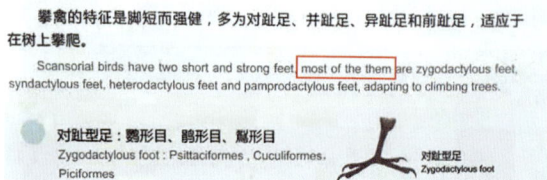

上图为湿地公园内的标识，其中 most of the them 错误地加上了定冠词 the，应改为 most of them。

4.体例格式不规范

4.1 拼写错误

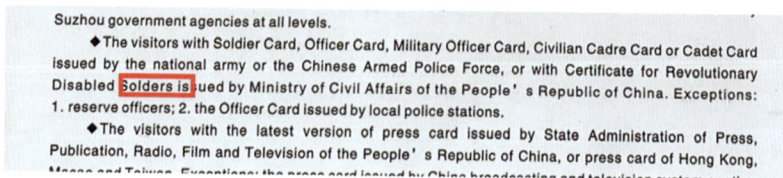

上图为珍珠塔入口处的入园须知，其中 Solder 拼写错误，应为 Soldier。

上图为陈去病故居门口的标识，satisfation 拼写错误，应改为 satisfaction。

4.2 大小写错误

上图为王绍鏊故居门口标识牌。"开放时间"的译文 Opening hours 没有注意大小写，应译为 Opening Hours。

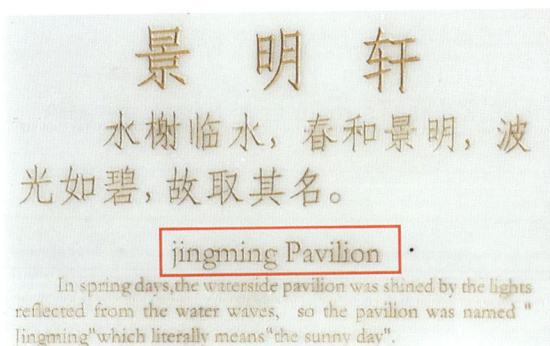

上图为珍珠塔景明轩的介绍，大小写错误，jingming 应改为 Jingming。

4.3 空格错误

上图为湿地公园游客中心厕所内标识，Closestool 缺少空格，应译为 Close Stool。

4.4 标点问题

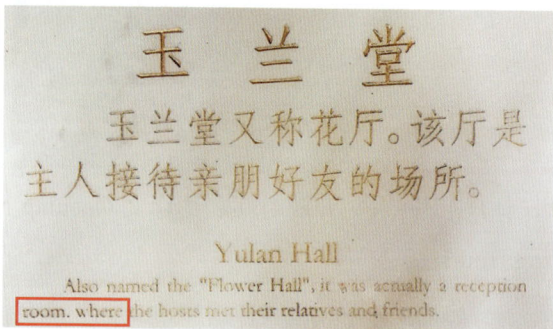

上图为珍珠塔玉兰堂的介绍，room 后多了句号，应删除。

上图为同里景区入口处的提示，译文 Tour coupons are only used on the day, When you go out... 中第一个句子结尾应使用句号而不是逗号，即 Tour coupons are only used on the day. When you go out... 。

4.5 排版问题

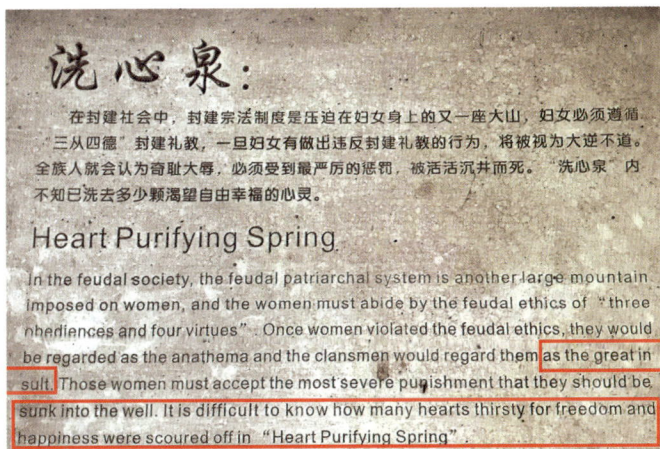

上图为珍珠塔洗心泉的介绍，其中 insult 在分行时被分成了两个单词，属于排版错误，需要调整排版或在换行处加上连字符。

　　以上是同里古镇景区公共标识英文译写存在的部分问题。因篇幅有限，本报告只是择取一些问题较为严重或有代表性的示例进行分析讨论。作为国家 5A 级旅游景区，同里古镇景区公共标识英文译写的质量还有待进一步提高。

（撰稿人：浦雨婷、倪月、陈旭雅、肖姝佑、苏章海）

苏州市金鸡湖景区
英文译写规范化工作调研报告（摘录）

苏州金鸡湖景区作为国家 5A 级旅游景区，风清水秀，人文乐居。景区常年接待大量国内外游客，因此，英文译写尤为重要，其质量反映了景区的国际化程度，会影响到整个景区乃至苏州市的形象。

江苏省语委、省文化和旅游厅于 2019 年 6 月下发通知，委托南京大学外语规范与应用研究中心对省内的国家 5A 级旅游景区的英文译写规范化工作开展调研。本课题组在中心的指导下，组织苏州大学师生于 2019 年 7 月至 9 月针对金鸡湖景区的英文译写情况展开调查。

在参照《公共服务领域英文译写规范》的基础上，课题组发现金鸡湖景区的英文译写在信息传递、英语表达、语言规范等方面存在不少问题。课题组对这些问题进行了整理分析，以下为部分实例。

存在问题

1. 公共标识英文译写未采用《国标》译法

2017 年 6 月 20 日，国家质检总局、国家标准委联合发布《公共服务领域英文译写规范》（以下简称"《国标》"）系列标准，并于当年 12 月正式实施。经调研发现，金鸡湖景区内仍有部分公共标识的英文译写未采用《国标》译法，降低了景区旅游服务的质量。例如：

水深危险　请勿靠近
Danger of Deep Water, No Approaching

　　上图为金鸡湖景区湖边警示标识。"水深危险"的译文未采用《国标》译法，建议改为 WARNING//Deep Water（见《国标》一、通则 –6.2.4 图 3）。

游客服务中心
The tourist service center

　　上图为景区内公共标识。"游客服务中心"的译文 The tourist service center 英文首字母未大写，表达不规范，建议改译为 Visitor Center 或 Tourist Center（见《国标》三、旅游 – 表 B.1 示例 53）。

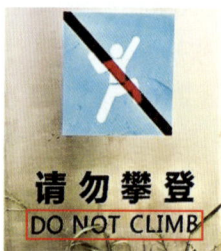

请勿攀登
DO NOT CLIMB

　　上图为景区内警示标识。"请勿攀登"的译文未采用《国标》译法，建议改译为 No Climbing（见《国标》一、通则 – 表 A.3 示例 32）。

2. 信息传递不准确

　　旅游景区的信息传递主要包括实用信息（景点地图、景区设施、导引标识和注意事项等）和文化信息（历史典故、民间传说、特色活动和产品等）。信息传递的准确与否直接关系到外国游客的观光体验，而金鸡湖旅游景区在信息传递方面还存在不足，给游客造成许多不便。

2.1 实用信息的传递

　　向游客传达实用信息是景区标识的重要功能。由于大部分外国游客对中文不够熟悉，标识的译文是他们了解相关实用信息的唯一途径，所以只有准确译写才能帮助外国游客实现旅游便利。然而，金鸡湖景区在实用信息的翻译上存在不少问题，难以实现其服务功能。

（1）译名不统一

金鸡湖景区有些标识存在译名不统一的情况，影响了实用信息的有效传递。

上图分别为景区指路牌与景区地图上"摩天轮"的译文，导览牌上译为 Ferris Wheel Amusement Park，全景图则译为 Water Ferris Wheel，前后不一致。摩天轮乐园中的摩天轮为国内最大的水上摩天轮，是金鸡湖景区重要景点之一，译名不统一会给外国游客造成困惑。

上图为景区导览牌与指路牌上"金姬墩"的译文，分别译为 Jinji Pier 和 Jinji Dun，建议统一。

上图为景区湖心亭景点简介和李公堤景点标识。"李公堤"分别译为 Ligong Causeway、LI GONG DI 和 Ligongdi Causeway，译名不一致，建议统一。

上图为金鸡湖景区内"湖滨新天地"的标识以及导览牌，分别译为 RainboWalk 和 Lakeshore New World，建议统一。

（2）漏译

景区公示语中多处漏译重要信息。例如：

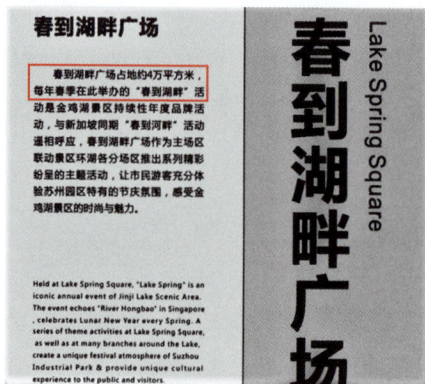

上图为春到湖畔广场介绍牌，其中"春到湖畔广场占地约四万平方米"未译出，而这一信息能让游客对此景点有更直观的了解，不应漏译。

（3）错译

上图为景区导览牌。"香樟园"译为 Camphor Garden，其中 camphor 表示"樟脑丸"的意思，而此处"香樟园"指种满香樟树的树林，译文会让国外游客产生误解，以为此处是"卖樟脑丸的地方"。

上图为金鸡湖景区指路牌。"月光码头"译为 Moon Harbor，英文中 moon 是指"月亮"，harbor 是指"海港"，译文意思不准确，建议译为 Moonlight Pier。

（4）硬译

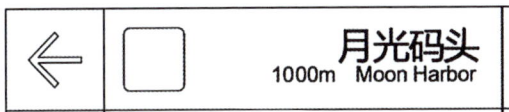

上图为湖心亭中英文简介。"空间豁然无限开阔"的译文 the space spreads widely 是对原文的机械硬译，英文意为"空间宽广地铺展开来"，表达不地道。

2.2 文化信息的传递

金鸡湖景区地处江南水乡，有着深厚的文化底蕴。景区内的介绍、标识不可避免地会涉及许多文化词汇。然而，这些词汇的译文仍有不足，未能准确地传递出相应的文化内涵。

『凌云桥』

是李公堤"桥亭文化"的一个组成部分。桥身设计一孔，桥面两旁八十一级台阶，分别镌刻古代文或官员文禽武兽的九品补服图案，如白鹤、孔雀、麒麟、老虎等，登上此桥即寓意步步高升、平步青云。桥身两侧由四条巨型鲤鱼分别以跃跃欲试、蓄势待发、凌空一跃和一跃冲天的姿态，形象体现了"鱼跃龙门"的美好传说。

LINGYUN BRIDGE

It is a part of the "Bridge Pavilion Culture" of Ligongdi. A hole is designed in the body and the deck has eighty-one steps, on each of which, there is engraved one service pattern of the nine grades of ancient officials - civil the poultry and military the beast, such as white crane, peacock, kylin, tiger etc. Boarding on the bridge

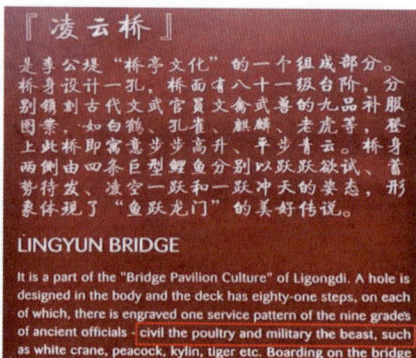

上图为凌云桥中英文简介，其中"文禽武兽"的译文 civil the poultry and military the beast 机械生硬，不符合英文表达习惯。此处"文禽武兽"指的是官员服饰图案，文官绣禽，武官绣兽，以示差别，是区分文武官官职品级的主要标志。译文未将"补服"即"官服"译出，英文单词 poultry 指"家禽"，beast 指"凶残的大型野兽"，用词有误，未能有效准确地传递文化信息。

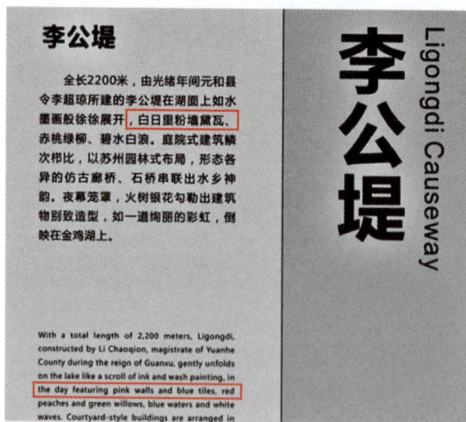

李公堤

全长2200米，由光绪年间元和县令李超琼所建的李公堤在湖面上如水墨画般徐徐展开，白日里粉墙黛瓦、赤桃绿柳、碧水白浪。庭院式建筑次栉比，以苏州园林式布局，形态各异的仿古廊桥、石桥串联出水乡神韵。夜幕笼罩，火树银花勾勒出建筑物别致造型，如一道绚丽的彩虹，倒映在金鸡湖上。

With a total length of 2,200 meters, Ligongdi, constructed by Li Chaoqion, magistrate of Yuanhe County during the reign of Guanxu, gently unfolds on the lake like a scroll of ink and wash painting, in the day featuring pink walls and blue tiles, red peaches and green willows, blue waters and white waves. Courtyard-style buildings are arranged in

Ligongdi Causeway

李公堤

上图为凌云桥简介牌李公堤景点的中英文介绍，其中"粉墙黛瓦"译成 pink walls and blue tiles，传达了错误的文化信息。此处的"粉"不是粉红色，而是指用白粉粉刷过的墙；"黛"不是蓝色，本义是指青黑色的颜料。所谓粉墙黛瓦指的是雪白的墙壁，青黑的瓦，描述了苏州独特的建筑景观，常见译法为 white-painted walls and darkgrey roof tiles。

3. 英语质量问题

3.1 语言表达不准确

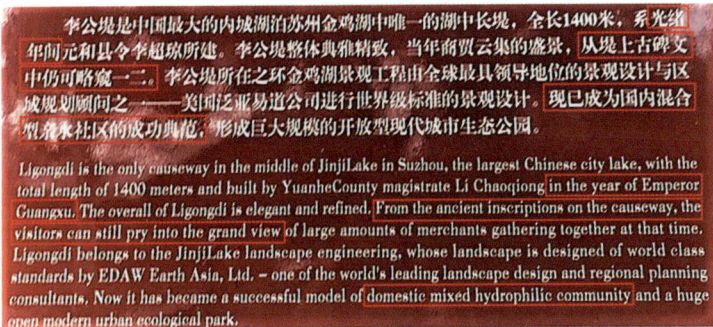

上图为李公堤景点中英文介绍。"光绪年间"译为 in the year of Emperor Guangxu，意思不准确，历史文化信息表达不充分，建议改译为 during the reign of Emperor Guangxu of the Qing Dynasty。"从堤上古碑文中仍可略窥一二"的译文 From the ancient inscriptions on the causeway, the visitors can still pry into the grand view... 中 pry into 指"打探（隐私）"，而非中文中想要表达的"略窥一二"的意思。"国内混合型亲水社区的成功典范"译为 domestic mixed hydrophilic community，英文中 hydrophilic 指"易溶于水的"，而中文意思是"在水域周围的社区"。用词不当导致译文背离中文的意思。

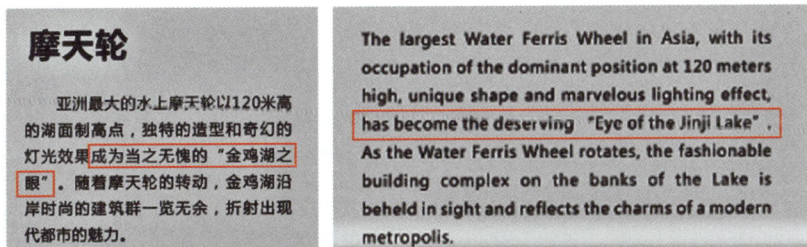

上图为摩天轮中英文介绍，"成为当之无愧的'金鸡湖之眼'"译为 become the deserving "Eye of the Jinji Lake"，英文单词 deserving 作为形容词，指"值得支持的，值得帮助的"，建议改译为 well-deserved。

3.2. 语法问题

（1）主谓不一致

上图为腾龙桥中英文介绍。译文中最后的从句 which vividly show the mean-ing of dragon rising 是修饰前面的句子，先行词 which 作为从句主语应被视作单数，后面谓语动词 show 应使用第三人称单数形式 shows。另外，"腾龙桥"采用音译，并未给出相关文化信息，而译文 the bridge was named so 让人感到费解。建议对景点名采用音译时，添加补充说明，译为 Tenglong (Dragons Rising) Bridge。

（2）介词缺失

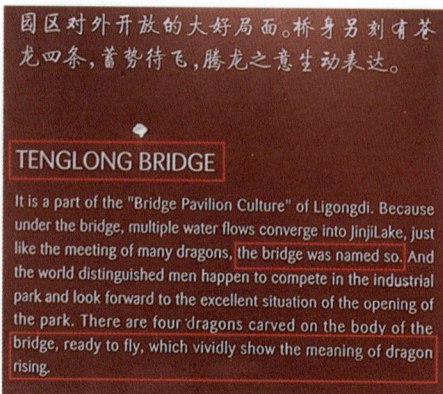

上图为金鸡湖大桥中英文介绍。"飞虹跨东西"译为 like a rainbow spanning east to west，east 前面缺介词 from，建议改译为 like a rainbow spanning from east to west。

3.3 体例格式不规范

In order to commemorate YuanheCounty magistrate Li Chaoqiong's deed to lead people to built the Jinji Lake Causeway.

　　上图为李公堤碑导览牌英文介绍。In order to commemorate YuanheCounty magistrate Li Chaoqiong's deed to lead people to built the Jinji Lake Causeway. 中 YuanheCounty 单词之间应用空格分开；Li Chaoqiong 后的撇号应用英文格式，删除空格；动词不定式后面使用动词原型，built 应改为 build，即 In order to commemorate Yuanhe County Mayor Li Chaoqiong's deed to lead people to build the Jinji Lake Causeway。

Ligongdi is the only causeway in the middle of JinjiLake in Suzhou, the largest Chinese city lake, with the total length of 1400 meters and built by YuanheCounty magistrate Li Chaoqiong in the year of Emperor

　　上图为李公堤导览牌英文介绍。JinjiLake 和 YuanheCounty 单词之间应用空格分开，改为 Jinji Lake 和 Yuanhe County。

It is a part of the "Bridge Pavilion Culture" of Ligongdi. Because under the bridge, multiple water flows converge into JinjiLake, just

　　上图为腾龙桥导览牌英文介绍。JinjiLake 单词之间应用空格分开，改为 Jinji Lake。

　　以上是金鸡湖景区公共标识英文译写存在的部分问题。因篇幅有限，本报告只是择取一些有代表性的示例进行分析讨论。作为国家 5A 级旅游景区，金鸡湖景区公共标识英文译写的质量还有待进一步提高。

（撰稿人：吴佳玮、胡璟、曾若彤、王一宁、束慧娟）

77

苏州市吴中太湖旅游区
英文译写规范化工作调研报告（摘录）

　　吴中太湖旅游区位于苏州西南隅的太湖之滨，占地面积 21.5 平方公里。旅游区包括"中国碧螺春之乡"东山景区，"天下第一智慧山"穹窿山景区和"苏州最美的山村"旺山景区、太湖湖滨国家湿地公园以及周边太湖公园等 8 个景区、景点，是国内首个以太湖为主线，串连太湖古镇、江南山丘、生态自然村落以及半岛等文化元素的完整太湖主题 5A 级景区。太湖是吴文化的发源地，是天然的历史文化博物馆。古镇、古村、古岛等历史人文景观，宛如点缀在太湖山水间的颗颗明珠，数量之多、档次之高堪称世界之最。吴中太湖旅游区旅游资源丰富，人文底蕴深厚，具有极大的旅游价值与文化价值，因此其公共标识的英文译写显得十分重要。

　　江苏省语言文字工作委员会、省文化和旅游厅于 2019 年 6 月下发通知，委托南京大学外语规范与应用研究中心在全省 5A 级旅游景区开展外文译写规范化工作调研。本课题组在中心的指导下，组织苏州科技大学师生于 2019 年 7 月至 9 月针对太湖旅游区陆巷古村、穹窿山、启园、旺山、雕花楼、三山岛等景点的公共标识英文译写情况开展调查与研究。

　　在参照《公共服务领域英文译写规范》的基础上，课题组发现相关景点的英文译写在语言规范、信息传递、英语表达等方面存在一些问题。课题组对这些问题进行了整理分析，以下为部分实例。

存在问题

1. 公共标识英文译写未采用国标译法

2017 年 6 月 20 日，国家质检总局、国家标准委联合发布《公共服务领域英文译写规范》（以下简称"《国标》"）系列标准，并于当年 12 月正式实施。经调研发现，截至 2019 年 8 月，太湖旅游区内仍有部分公共标识的英文译写未采用《国标》译法，降低了景区旅游服务的质量。例如：

上图为三山岛景区入口台阶上的警示牌，"小心地滑"的译文 Carefully Slide 意思为"小心地滑行"，应改译为 CAUTION! Slippery（见《国标》一、通则 – 表 B.1 示例 42）。

左上图为陆巷古村景点入口处的功能设施信息牌，其中"检票入园（Ticket admission）"标识未使用《国标》译法，建议改译为 Admission by Ticket（见《国标》三、旅游 – 表 B.1 示例 40）。

右上图为三山岛景区路边警示牌，"山林防火"的译文未起到警示警告语的功能，建议改译为 CAUTION//Fire Risk（见《国标》一、通则 – 表 A.2 示例 12）。

上图为三山岛景区洗手间的提示牌。"无障碍厕位"未采用国家标准翻译，应改译为 Accessible Toilet（见《国标》一、通则 – 表 A.1 示例 239）。

上图为陆巷古村景点入口处坡道上一处功能设施信息牌，其中"无障碍设施"标识未使用《国标》译法，应改译为 Wheelchair Accessible（见《国标》一、通则 – 表 B.1 示例 12 和示例 13）。

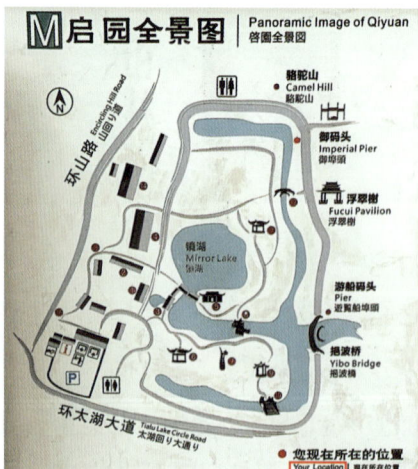

上图为太湖启园景点入口处的指示图例，其中"您现在所在的位置"的译文 Your Location 未采用《国标》译法，应改译为 You Are Here（见《国标》三、旅游 – 表 B.1 示例 74）。

上图为穹窿山景点兵圣堂入口木门上标识，其中"小心台阶"译文未采用国标译法，应译为 Mind Your Step（见《国标》一、通则 – 表 A.2 示例 1）。

上图为旺山景区九龙潭售票口的一处说明指示信息，"免票"未使用《国标》译法，应改译为 Free Admission（见国标三、旅游 – 表 B.1 示例 35）。

2. 信息传递不准确

旅游景区的信息传递主要包括实用信息（景点地图、景区设施、导引标识和注意事项等）和文化信息（历史典故、民间传说、特色活动和产品等）。信息传递的准确与否直接关系到外国游客的观光体验，而太湖旅游景区在信息传递方面还存在不足，给游客造成许多不便。

2.1 实用信息的传递

向游客传达实用信息是景区标识的重要功能。由于大部分外国游客对中文不够熟悉，标识的译文是他们了解相关实用信息的重要途径。太湖景区在实用信息的翻译上存在不少问题，难以实现其服务功能。

（1）译名不统一

景区涉及不少人名、地名等专有名词，相关翻译须保持前后一致，否则会给游客造成困惑和不便。例如：

左上图为景区雕花楼全景图，右上图为雕花楼内状元府简介，对"状元府"的翻译不一致，分别为 First scholar's Mansion 和 Champion Scholar's Residence，建议统一。

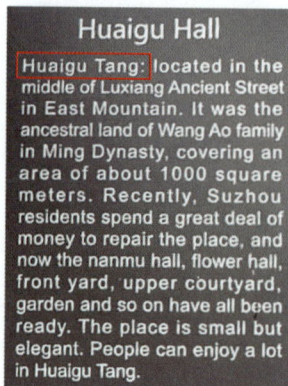

上图为陆巷古村景点怀古堂入口处的一则标识，其中"怀古堂"前后译法不一致，正文中直接使用了拼音译法 Huaigu Tang，而标题则是 Huaigu Hall，应统一。

（2）错译、乱译

景区内的部分标识存在错译、乱译的情况。例如：

上图为穹窿山景点内孙武苑前台阶旁的指示图，将"孙武苑"译为 Play the platform，完全不符合中文原意。

　　上图位于孙武苑台阶旁，"孙武文化园"被翻译成了 Lakeview Park，意为"观湖公园"，与中文意思完全不同。

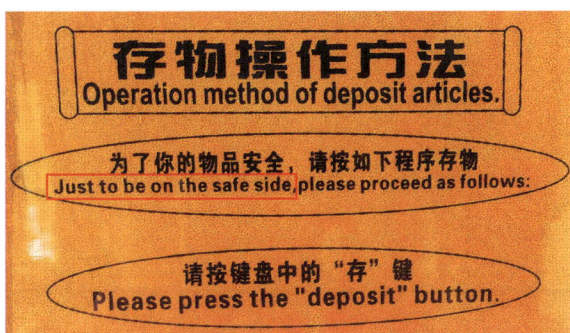

　　上图为启园游客中心物品寄存柜上的提示信息，"为了您的物品安全"的译文 Just to be on the safe side 表达的是"为安全起见"的意思，与中文原意不符。

（3）漏译

上图为雕花楼入口售票处标识，其中"对6周岁以下（含）凭有效证件实行免费"一句漏译，建议补充这一实用信息。

上图为旺山九龙潭景点内治理区的一处标识牌，而标识英译中"治理区"三个字未译出，未能传递相关信息。

上图为陆巷古村景点内"饭间"的介绍标识，"为王家主人吃饭处"英文译文不完整，"吃饭"这一关键信息没有被译出。

（4）机械硬译

上图为陆巷古村景点古西巷墙壁的一则功能设施标识，将"历史文化遗存展示区"机械硬译为 Exhibit Historic Relic，此处 Exhibit 作为动词，动宾结构的短语不符合英文表达习惯，未能有效传递信息。

上图为景区环太湖大道和吴中大道丁字路口处的一处指示牌，"苏州天堂之美 在于太湖美"被逐字机械硬译为 SUZHOU HEAVEN'S BEAUTY LIES IN THE BEAUTY OF TAIHU，译文中 SUZHOU HEAVEN 两个单词并列，语义难以理解。

2.2 文化信息的传递

　　太湖旅游区有着深厚的历史文化底蕴，景区内的介绍、标识不可避免地会涉及许多历史文化背景信息。然而，景区标识对一些文字的翻译没有能充分地传递这些信息，如：

〖遂高堂〗

　　遂高堂，始建于明代弘治年间，是明朝正德年间宰相王鏊胞弟王铨的故居，也是陆巷最为古老的一幢明朝古建筑。遂高堂已被公布为市级文保单位。现堂内展示的是洞庭商帮经商场景，反映出洞庭商人经商的绵延不断和经商精神的世代相传。

Suigao Tang

Suigao Tang, built in Hongzhi period of Ming dynasty, is the former residence of Wang Quan, who is the brother of Wang Ao. Wang Ao was the prime minister in Zhengde period of Ming dynasty. It is also the oldest Mind dynasty building in Lu Xiang Village. Suigao Tang has already been declared as a municipal culture relic protection site. Now the scene of Dongting business group is displayed in it, which reflects the continuity of Dongting merchant's business and the inheritance of business spirit from generation to generation.

　　上图为陆巷古村遂高堂大厅的导览牌，其中将"明代弘治年间"译为 Hongzhi period of Ming dynasty，将"明代正德年间"译为 Zhengde period of Ming dynasty，缺冠词，具体年份不详，没有提供相应的文化信息，不利于外国游客理解。建议将具体年份标出，分别改译为 the Hongzhi Period of the Ming Dynasty (1488-1505) 与 the Zhengde Period of the Ming Dynasty (1506-1521)。

〖后花园〗

　　此为宰相府后花园，又名"从适园"，意指追从舒适、放飞身心之意。明四大才子与王鏊经常在此吟诗作画。每到春天，这里花红柳绿，鸟语花香，十分美丽。

Back Garden

This is the prime minister's back garden, also known as 'Congshi garden', which means pursuing comfort and releasing both body and mind. The four talent in Ming Dynasty and Wang Ao often chanted poetry and painted pictures here. Every spring, people can see bright red blossoms and green willows, hear birds' twitter, smell the fragrance of flowers, and enjoy the beautiful views.

　　上图为陆巷古村王鏊故居后花园内的导览牌。"明四大才子"的译文 four talent 表达不规范，Ming Dynasty 前缺冠词。英文单词 talent 常用于表达"天分，天赋"的意思，如果用于人，此处应用复数。建议改译为 four talented men of letters，可提供"四大才子"姓名等简要信息，帮助游客准确了解景点的历史文化背景。

3. 英语表达有错误

景区在英文翻译中存在表达错误，其中包括语言质量问题及语法问题，会不同程度地影响跨文化交际的有效进行。

3.1 语言质量问题

本部分将以陆巷古村景点游客中心标识为例，分析景区内存在的英语语言质量问题，以供参考。

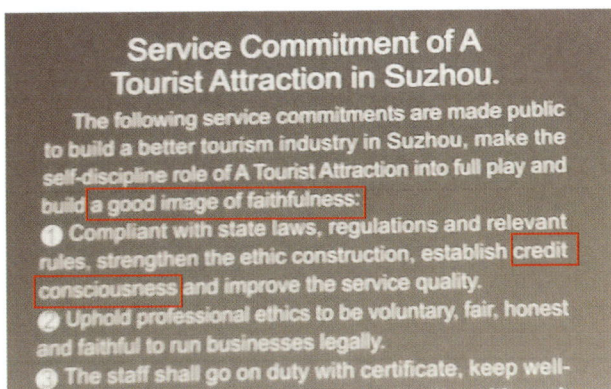

上图为游客中心一则设施功能标识。其中"诚信守约的良好形象"被直接译为 a good image of faithfulness，意思不准确，建议改译为 a good image of honesty and trustworthiness。第 1 点"诚信意识"译文中 credit consciousness 意思与中文原意有出入，英文表达不地道。

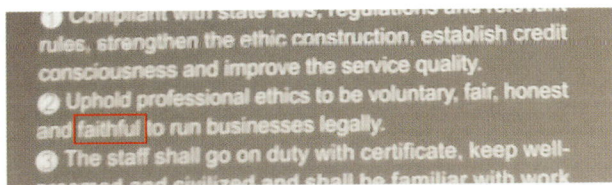

上图为游客中心里内容为旅游承诺的一则功能设施标识，第 2 点将"信用"翻译为 faithful，语义不准确，建议改译为 trustworthy。

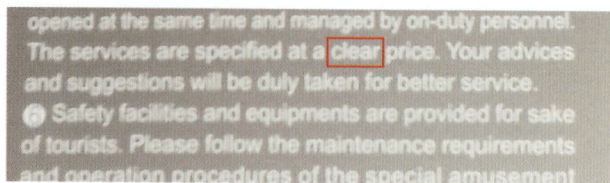

上图为游客中心里内容为旅游承诺的一则功能设施标识。第 5 点将"服务项目明码标价"译为 The services are specified at a clear price，其中 clear price 表示清晰的价格，意思与中文原意有出入，不符合英语表达习惯。

3.2 语法问题

（1）冠词问题

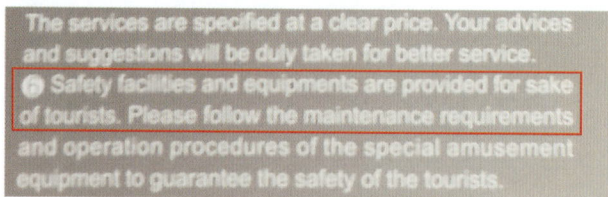

上图为陆巷古村景点游客中心内一则功能设施标识。第 6 点 Safety facili-ties and equipments are provided for sake of tourists. 缺冠词，应改译为 Safety facilities and equipment are provided for the sake of tourists.

上图为穹窿山景点孙武苑智慧泉旁的台阶上的标识，三处缺定冠词 the。

景区不少景点介绍的朝代前缺定冠词，给人留下语言质量不高的印象，会影响游客对景区的整体观感。

（2）单复数错误

The services are specified at a clear price. Your advices and suggestions will be duly taken for better service.
⑥ Safety facilities and equipments are provided for sake of tourists. Please follow the maintenance requirements and operation procedures of the special amusement equipment to guarantee the safety of the tourists.

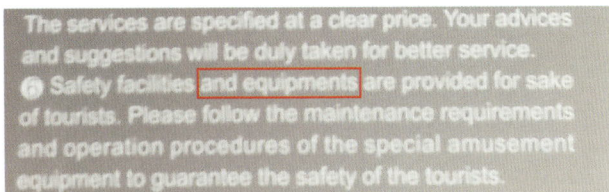

上图为陆巷古村游客中心一则功能设施标识，其中红框处 equipment 为不可数名词，应将 equipments 改为 equipment。

（3）介词问题

石臼 石臼是用来捣毁制作虾圆、鱼圆的器具。
Stone Mortar An instrument used to crushing materials for producing shrimp balls and fish balls。

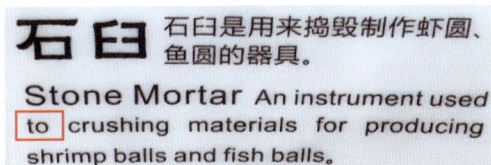

上图为雕花楼景点中金家厨房所出现的译文。"用来捣毁"被翻译成 used to crushing，介词使用错误，意为"习惯于捣毁"，应改译为 used for。

4. 拼写及大小写错误

（1）拼写错误

The Cottage, also called "Sun Wu Cottage", was built under the investment of Fang Runhua, famous entrepreneur of Hong Kong. Stepping in the land behind the bamboo fence, you will see a stream of spring flowing cheerfully which comes from the cliff and is drawn to the cottage by bamboo pipe. What a unique style it is! There are old Chinese-style bed, chairs, straw rain cape and hoe inside the cottage, reproducing the daily life scene when Sun Wu was living in seclusion, driving tea and playing chess with his friends.

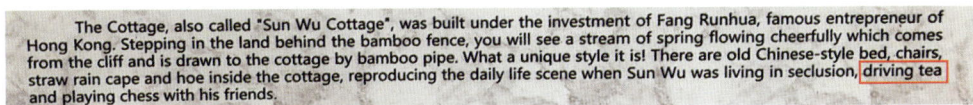

上图为位于穹窿山景点孙武苑茅蓬坞的译文。"饮茶"错误拼写为 driving tea，应为 drinking tea。

The original Yaowang Hall is now changed to the Cart God Temple.
The founder of cart making, Xizhong, is regarded as the cart god by Taoism.
Xizhong, a different surname feudal prince of Xia Dynasty, was a decendant of the Yellow Emperor, the first ancestor of the Chinese nation, surnamed Ren, because he was good at building cart, he served as the "Cart Minister"of the Xia Dynasty, and was enfeoffed Xue land, so he is the ancestor of Xue State. Numerous documents have recorded that Xizhong, who was "living in Xue" in the Xia Dynasty, invented cart. The "Chinese Celebrity Dictionary" records: "The Yellow Emperor created cart, Shaohao added ox, and Xizhong added horse". Qiaozhou's "Ancient History Research" records: "The Yellow Emperor created cart, Shaohao drove the cart. In the Yu time Xizhong drove cart, and he built carts, then widely developed his system".

上图为穹窿山景点上真观的英文介绍。"后代"译为 decendant，拼写错误，应为 descendant。

Suigao Tang

Suigao Tang, built in Hongzhi period of Ming dynasty, is the former residence of Wang Quan, who is the brother of Wang Ao. Wang Ao was the prime minister in Zhengde period of Ming dynasty. It is also the oldest Mind dynasty building in Lu Xiang Village. Suigao Tang has already been declared as a municipal culture relic protection site. Now the scene of Dongting business group is displayed in it, which reflects the continuity of Dongting merchant's business and the inheritance of business spirit from generation to generation.

上图为陆巷古村景点遂高堂大厅内一则功能设施标识的译文。其中"明代"译为 Mind dynasty，拼写错误，应将 Mind 改为 Ming。

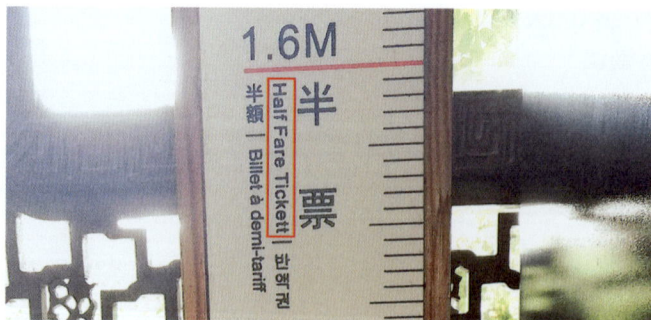

上图为启园入口处的一处指示牌。Tickett 多了一个 t，应改为 Ticket。

上图为启园码头附近的景点介绍，其中 builttocompile 单词与单词之间缺失空格，导致理解困难，应改为 built to compile。

（2）大小写不一致

上图为启园入口处图例，其中"您现在所在的位置"被译为 Your Current position，首字母的拼写不一致，position 首字母同样需要大写。

上图为穹窿山景点孙武苑台阶旁标示牌。"景点"的译文 Scenic spot 没有注意大小写，应译为 Scenic Spot。

以上是吴中太湖旅游区公共标识英文译写存在的部分问题。因篇幅有限，本报告只是择取一些有代表性的示例进行分析讨论。作为国家 5A 级旅游景区，吴中太湖旅游区公共标识英文译写的质量还有待进一步提高。

（撰稿人：丁嘉烨、周妍兵、周源、张子严、金懿行、祝平）

苏州市沙家浜·虞山尚湖旅游区英文译写规范化工作调研报告（摘录）

　　沙家浜·虞山尚湖旅游区是国家5A景区，地处历史文化名城常熟市，包括沙家浜景区、虞山景区和尚湖景区。沙家浜·虞山尚湖旅游区自然景观优美，旅游资源丰富，历史源远流长，具有极高的旅游价值与文化价值。旅游区常年接待大量国内外游客，因此，英文译写工作十分重要，其质量反映了景区的国际化程度，关乎整个旅游区乃至苏州常熟市的形象。

　　江苏省语言文字工作委员会、省文化和旅游厅于今年6月下发通知，委托南京大学外语规范与应用研究中心对省内的国家5A级旅游景区的英文译写规范化工作开展调研。本课题组在中心的指导下，组织苏州科技大学师生于2019年7月至9月针对沙家浜·虞山尚湖旅游区的英文译写情况展开调查。在参照《公共服务领域英文译写规范》的基础上，课题组采用实地考察与实证分析结合的方法，发现旅游区的英文译写在信息传递、语言表达、语言规范、体例规范等方面存在不少问题。课题组对这些问题进行了整理分析，以下为部分实例。

存在问题

1.公共标识英文译写未采用《国标》译法

　　2017年6月20日，国家质检总局、国家标准委联合发布《公共服务领域英文译写规范》（以下简称"《国标》"）系列标准，并于当年12月正式实施。经调研发现，截至2019年8月，沙家浜·虞山尚湖旅游区内仍有部分公共标识的英文译写未采用《国标》译法，降低了景区旅游服务的质量。例如：

左上图为沙家浜景区内标识。"注意安全 当心落水"的译文 Warning danger// Warning falling into water 不规范。右上图为尚湖景区钱氏茶庄过桥后的标识,"当心落水"的译文 Caution, drown 意为"小心,淹死",不符合英文表达习惯,建议改译为 DANGER！ Deep Water(见《国标》三、旅游 – 表 B.2 示例 11)。

上图是虞山景区内员工专用停车场的标识牌。"员工专用停车场"译文 Staff Dedicated Parking Area 不符合英语表达习惯,建议改为 Staff Parking(见《国标》二、交通 – 表 A.1 示例 30)。

上图为尚湖景区杨柳屿码头边的标识。"小心脚下 注意台阶"译为 Be careful at the foot Note the steps,是错译,应改译为 Mind Your Step(见《国标》三、旅游 – 表 B.2 示例 1)。

上图为尚湖景区游客中心内部的标识。"小心滑倒"的译文 Caution, Slip 英文表达不规范,意思有偏差,应改译为 CAUTION//Wet Floor(见《国标》三、旅游 – 表 B.3 示例 12)。

上图为尚湖景区的月堤附近的标识。"母乳哺育室"译为 Breastfeeding Room，是照字面意思硬译，意思有偏差，应改译为 Baby Care Room（见《国标》一、通则 – 表 A.1 示例 155）。

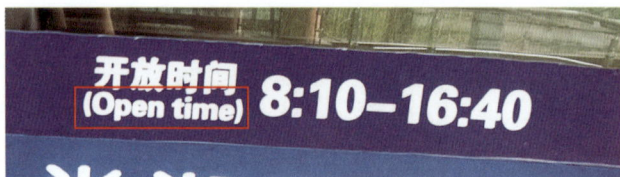

上图为尚湖景区游客中心门口的标识。"开放时间"的译文 Open time 不规范，应改译为 Opening Hours（见《国标》三、旅游 – 表 B.5 示例 61）。

上图为虞山景区内游客中心服务台的标识语。"景区投诉电话"和"旅游局投诉电话"的译文 Complaining Telephone 意为"抱怨的电话"，意思不准确，建议改译为 Complaints Hotline（见《国标》一、通则 – 表 A.1 示例 228）。

2. 信息传递不准确

旅游景区的信息传递主要包括实用信息（景点地图、景区设施、导引标识和注意事项等）和文化信息（历史典故、民间传说、特色活动和产品等）。信息传递的准确与否直接关系到外国游客的观光体验，而沙家浜·虞山尚湖旅游区的英

文译写在信息传递方面还存在不足，给游客造成许多不便。

2.1 实用信息的传递

　　向游客传达实用信息是景区标识的重要功能。由于外国游客对中文不够熟悉，标识的译文是他们了解相关实用信息的重要途径，所以只有准确译写才能帮助外国游客便利旅游。然而，沙家浜·虞山尚湖旅游区在实用信息的翻译上存在不少问题，难以实现其服务功能。

　　景区内的部分标识存在错译、乱译的情况。例如：

　　上图为沙家浜景区内标识。"前方出口 减速慢行"译为 Slow Down In Front Of The Exports，英文 exports 指"出口商品"，单词使用错误，译文意思令人费解，建议改译为 Exit Ahead// Slow Down。

　　上图为虞山景区景点松风亭和剑道的标识牌。"剑道"的译文 KENDO 意指日本剑道，而此处是指以剑命名的道路，译文信息传递错误，容易造成误解。

　　左上图为沙家浜景区游客中心内的标识。"暂停服务"的译文 Suspend Service 是逐字硬译，不符合英文表达习惯。右上图为沙家浜景点标识牌。"本窗口暂停服务"的译文 Window pause service 是对应汉字堆砌英语单词，属于乱译。建议参考《国标》规范译法，将"暂停服务"译为 Temporarily Closed。

　　上图是虞山景区内的禁止乱扔垃圾的警示牌。"举止显文明"译为 be Manners，英文单词 manner 意为"举止，礼仪"，译文是个病句，完全不达意，属于错译和乱译。另外，此处 Manners 首字母不应该大写。

　　上图是虞山景区内的标识牌。"为您指路"译为 FOR YOUR GUIDE，此处介词 for 使用不当，译文意为"为了你的导游"，与原文意思有出入，建议改译为 Tour Guide Service。"助残帮困"译为 HELP DISABLED，未将"帮困"意思译出，而用形容词来代指一个群体的时候前面要加 the，建议改译为 Help Available for Those in Need。

上图为沙家浜国家湿地公园观鸟屋处标识。"监控中 请微笑"被机械硬译成了MONITORING SMILE PLEASE!，意为"监控微笑，请!"，令人费解。该标识实际上是表示"此地有监控"的意思，建议只译出"监控中"即可。

2.2 文化信息的传递

沙家浜·虞山尚湖旅游区有着悠久的历史文化和丰富的旅游资源，景区内的介绍、标识不可避免地会涉及许多文化词汇。然而，这些词汇的译文仍有不足，出现了文化信息误译、文化信息未能充分体现等现象，无法准确地传递出相应的文化内涵，如：

上图为虞山景区内兴福寺景点的标识牌。"禁止自带香烛进入寺院"的译文prohibied to bring their own candles, into monastery错误很多，如：缺少必要的主语，物主代词their使用不正确，into前面不应有逗号，首字母没有大写，将prohibited错误拼写为prohibied等。而译文最主要的问题是monastery表示修道院，常用于天主教教会专门培养神父、天主教修道士居住的地方，而兴福寺是佛教禅寺。此处寺院的英文monastery属于文化信息误译，会引起外国游客的误解，应该改为Temple。

上图为虞山景区剑阁的导览牌。"明代嘉靖年间"漏译"嘉靖年间"，未能充分体现相关的文化信息，应补充译文，即 the Jiajing Period of the Ming Dynasty (1522-1566)；另外，"1934 年曾在原址西建石亭一座，聊做点缀"这一信息没有译出，也属于文化信息翻译的遗漏。

3. 英语表达有错误

在沙家浜·虞山尚湖旅游区里有着大量的景点介绍和标牌标语，其中包含了景区管理制度、指示指令、警示警告等信息。这些都是游客进行观光以及了解景区文化内涵的重要途径。但是，不少译文质量较差，未能准确译出原文意思，存在明显的语法错误，不符合英语表达习惯。

3.1 语言质量问题

这里的语言质量问题主要是指机械硬译、词不达意、与原文意思相悖、译文不准确或不地道。

上图为尚湖景区快乐岛内的标识。"注意安全"的译文 Note Safety 是逐字机械硬译，英文单词 note 并不表示在提示、警示层面上的"留心注意"，译文不符合原文意思。

5、上下楼梯，请注意台阶，当心碰头。
6、雨天地滑，请勿在观鸟屋内奔跑嬉闹，防止滑倒。

1. The attraction is The Bird Hide of Shajiabang National Wetland Park for bird watching only.
2. Civilized manner.Keep quiet. No Smoking.
3. Do not head or lean out of the window, do not climb over the railing.
4. Please pay attention to safety up and down stairs. Walking on the right. Do not push or playfulness.
5. Please watch your step and mind your head up and down stairs.
6. Slide in the rain, do not run or playfulness in the Bird Hide, caution the floor.

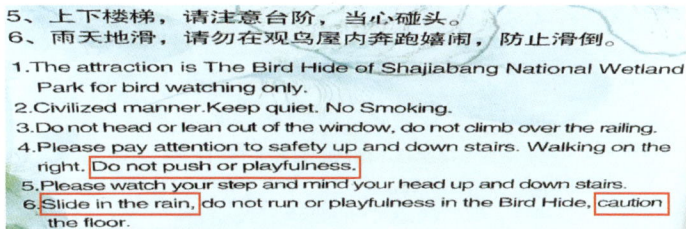

　　上图为沙家浜国家湿地公园观鸟屋"温馨提示"告示牌。"雨天地滑"的译文 Slide in the rain 意为要求游客"在雨中滑行"。Do not push or playfulness 有语法错误，而"防止滑倒"的译文 caution the floor 中 caution 用作及物动词，意为"向地板提出警告"，与原文意思不符。译文在语言质量方面还有待提高。

让文明成为你我的名片！
Man is to be valued by his manner of going

　　上图为虞山景区内游客中心的标识语。英文译文 manner of going 指"走路的姿态"，完全没有译出原文意思，也不符合常识。

护林如爱家
防火靠大家
Protect the forest as you love home

　　上图是虞山景区内树林里的标识语。译文 Protect the forest as you love home 未能传递出原文中"护林"与"爱家"相类比的关系，连词 as 此处表示"在……的同时"，将"护林"与"爱家"并列，令人难以理解两者之间的逻辑关系，而最重要的"防火靠大家"这一警示信息没有译出来。

A. 剑门景区讲解：散客收费60元/次，团队50元/次（约60分钟）；

B. 虞山风景区全程（宝岩、剑门、城墙）讲解：散客180元/天，团队150元/天；

C. 虞山尚湖全程（尚湖、宝岩、剑门、城墙）讲解：散客280元/天，团队200元/天。

● 备注：为保证质量，每团可允许超出15分钟范围内，如超出15分钟，则按二个团进行计算。

A. **Interpretation of Jiangmen Scenic Region** Guide fee: Individual Tourist Guide fee: RMB 60 yuan / time, Groups: RMB 50 yuan /time (about 60 minutes)；

B. Interpretation of Yushan **Scenic Spot** (Baoyan、Jianmen、Yushan wall): Individual Tourist Guide fee: RMB 180 yuan/day, Groups:RMB 150 yuan /day；

C. Interpretation of Yushan–Shanghu **Scenic Area** (Shanghu、Baoyan、Jianmen、Yushan wall)：

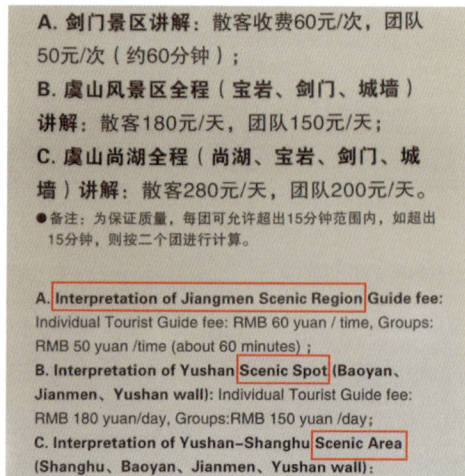

　　上图为虞山景区内剑门导游收费标识。其中有数处语言质量问题："剑门景区讲解"的译文 Interpretation of Jiangmen Scenic Region Guide 表达不地道，interpretation 是"阐释，翻译"的意思，并非原文中的"讲解"；Jiangmen 拼写有误，建议改译为 Guide Service for Jianmen。另外，此标识的"景区"分别译为 Scenic Region，Scenic Spot，Scenic Area，应统一译法。

3.2 语法问题

　　沙家浜·虞山尚湖旅游区内有许多标识牌和景点介绍存在着语法问题，如：

3. Fare policy:
　　(1)According to the provisions of the maritime department,in order to ensure the safety of tourists. Borarding staff including children(except the embrace of the baby)are required to buy travel tickets.

　　上图为尚湖景区电瓶车电瓶船售票处"购票须知"的译文。According to the provision of the maritime department, in order to ensure the safety of tourists. 一句缺少主语和谓语动词；Borarding staff including children(except the embrace of the baby) are required to buy travel tickets. 中"怀抱儿童"的译文 the embrace of the baby 译成了"婴儿的拥抱"，Borarding 拼写错误，(except the embrace of the baby) 前后应有空格。这些错误会影响游客对景区的整体观感。

shelves, barrier-free facilities, lamps, switches, handrails, clothes-hooks, mirrors, wash basins should be kept clean.
4. Trash can should be daily dispose, no spill over.
5. The ground should be no garbage, no water spots, no urine, no dirt, no junk, no dusty corner and so on.

上图是虞山景区内厕所保洁标准的译文。图中红框处被动语态使用不正确，dispose 应为 disposed。

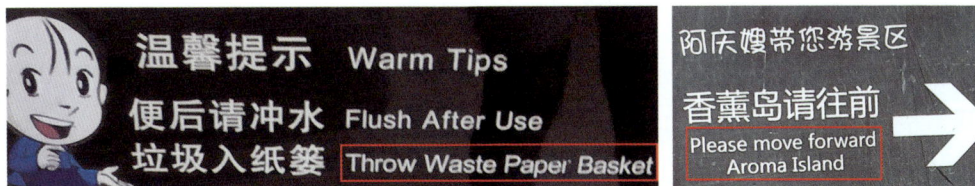

左图为沙家浜景区卫生间内标识。译文 Throw Waste Paper Basket 中缺少介词，应改译为 Throw waste paper into the basket。右图为沙家浜景区室外标识。译文 Please move forward Aroma Island 中缺少介词，应改译为 Please Move Forward to Aroma Island。

4. 体例格式不规范

沙家浜·虞山尚湖旅游区的英文译写在拼写、大小写、标点符号等方面存在不规范现象，这些细节降低了景区译文的专业性，影响游客对景区的整体印象。

（1）拼写错误

上图为沙家浜景区内标识。"游客止步"的译文 Sataff only 中 Sataff 拼写错误，应改译为 Staff Only。

上图为沙家浜景区内标识。"屋里香"的译文 Wulixiang Restruant 中 Restruant 拼写错误，应改译为 Restaurant。

上图为沙家浜景区内标识。"香薰岛"的译文 AROMA LSLAND 中 LSLAND 拼写错误，应改译为 Aroma Island。

上图是尚湖景区内电瓶车售票处的标识牌。其中电池 Battety 拼写错误，应改为 Battery。

上图为沙家浜国防教育园内标识。其中芦苇的英文 Read 拼写错误，应改为 Reed。

上图为虞山景区内紫韵轩处的指示牌。"应急物资供应"的译文 Emergency goods suppl 末尾少了一个 y，并且 Emergency 中的 y 字体倾斜。同时，课题组观察到景区内还有其他类似的标识牌，因此推测此处的缺失应该是长时间的风吹日晒导致，建议景区加强相关的维护工作。

（2）大小写

上图为沙家浜国防教育园内标识。"沙家浜"的英文名称 shajiabang 首字母应大写，改为 Shajiabang。

上图为尚湖风景区内商店处的标识牌。"商店"的译文 Shopping area 大小写不规范，area 的首字母没有大写。

上图为沙家浜景区内标识。译文 Caution! Under construction 大小写不规范，应参照《国标》改译为 CAUTION//Under Construction。

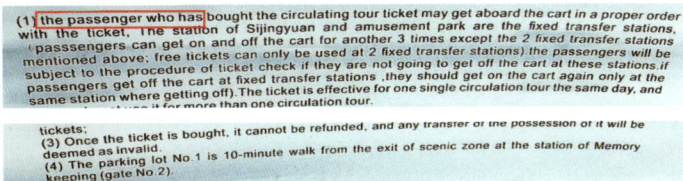

上图为尚湖景区观光车售票处"温馨提示"的译文。第一点第一句话 the passenger who has bought... 中处于句首的单词 the 的首字母没有大写，后面的 passengers can get on and off..., the passengers will..., if passengers get off... 等句子第一个单词的首字母都没有大写，不符合英语书写规范。...at the same station where getting off 有语法错误。上图第四点中"留住记忆站（2号门）"的译文 station of Memory keeping (gate No.2) 中应该大写的字母也未能大写，应改译为 Station of Memory Keeping (Gate No.2)。这些不规范的英文书写降低了景区译文的专业性，会影响外国游客对景区的整体观感。

（3）标点符号问题

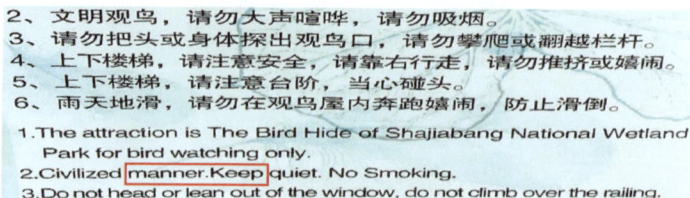

> 2、文明观鸟，请勿大声喧哗，请勿吸烟。
> 3、请勿把头或身体探出观鸟口，请勿攀爬或翻越栏杆。
> 4、上下楼梯，请注意安全，请靠右行走，请勿推挤或嬉闹。
> 5、上下楼梯，请注意台阶，当心碰头。
> 6、雨天地滑，请勿在观鸟屋内奔跑嬉闹，防止滑倒。
> 1.The attraction is The Bird Hide of Shajiabang National Wetland Park for bird watching only.
> 2.Civilized manner.Keep quiet. No Smoking.
> 3.Do not head or lean out of the window, do not climb over the railing.

上图为沙家浜景区观鸟屋"温馨提示"告示牌。按照英文的标点符号使用规范，manner 与 Keep 之间应有空格。

> 清代建筑，是观赏山、水、城、乡自然景色的绝佳处：东可观"塔亭双聚"；西可观"杉林鹭影"；南可观"映日风荷"；北可观"山色涛声"。
>
> This Qing Dynasty structur is the vantage point to enjoy the landscape all around: the hill, the lake, the town, and the countryside. To the east, one sees the Square Pagoda and the Xingfeng Pavilion standing side by side; to the west, the egrets flitting about above the acquatic trees; to the south, the lotus flowers blooming in the sun; and to the north, the rippling lake water against the background of the green hill

上图为尚湖景区四景园的导览图。译文结尾处 green hill 后缺句号。

以上是沙家浜·虞山尚湖旅游区公共标识英文译写存在的部分问题。因篇幅有限，本报告只是择取一些问题较为严重或有代表性的示例进行分析讨论。作为国家 5A 级旅游景区，沙家浜·虞山尚湖旅游区公共标识英文译写的质量还有待进一步提高。

（撰稿人：李希、黄露婵、王澳兰、王俊、段燕）

中央电视台无锡影视基地三国水浒景区英文译写规范化工作调研报告（摘录）

中央电视台无锡影视基地三国水浒景区是为拍摄历史名著《三国演义》和《水浒传》而兴建的大型影视拍摄基地，是我国最早建成的集历史文化、影视文化与旅游文化于一体的主题景区，是首批国家 5A 级旅游景区，每年接待大批中外游客。因此，景区外文译写质量显得格外重要，不仅直接反映了景区的发展质量、文明程度、国际化水平和管理状况，也会影响到无锡的城市形象。

江苏省语言文字工作委员会、省文化和旅游厅 2019 年 6 月下发通知，委托南京大学外语规范与应用研究中心在全省 5A 级旅游景区开展外文译写规范化工作调研。本课题组在中心的指导下，组织江南大学师生于 2019 年 7 月至 9 月，对中央电视台无锡影视基地三国水浒景区的英文译写规范化工作进行调研。通过景区资料调取、实地考察等方法，获取景区语言译写情况的图文资料 1 131 处（三国城 554 处，水浒城 577 处），内容涵盖景区介绍手册、导览牌、导览图、导览标识牌、景物介绍牌、景区公共标识、游览规则、游览设施的英文译写。本课题组对资料按景点进行整理归类，遵照旅游文化翻译的一般原则和跨文化交流功能，参照《三国演义》权威英译本 *Romance of the Three Kingdoms* （Charles Henry Brewitt-Taylor 译）和《水浒传》权威英译本 *Outlaws of the Marsh* (Sidney Shapiro 译)，找出景区译写中存在的问题，并进行分类统计，以下为部分实例。

存在问题

1. 公共标识英文译写未采用《国标》译法

2017 年 6 月 20 日，国家质检总局、国家标准委联合发布《公共服务领域英

文译写规范》（以下简称"《国标》"）系列标准，并于当年 12 月正式实施。经调研发现，三国水浒景区内仍有大量公共标识的英文译写未采用《国标》译法。

上图为水浒城景区路边施工标识。"施工现场 敬请绕行"译文 Please go around the construction site 是按字面意思翻译，未能准确译出中文"绕行"的原意，建议改译为 Construction Ahead//Detour（见《国标》二、交通 – 表 A.4 示例 51）。

上图为水浒城高俅府景区标识。"免费讲解服务点"的译文 The holding area of explanation 是乱译，不能传达原文信息，建议改译为 Free Tour Guide Service（见《国标》三、旅游 – 表 B.1 示例 71）。

右图为水浒城高俅府景区标识。"禁止烟火"的译文 No Burning 意为"禁止焚烧"，信息传达不准确，建议改译为 Smoking or Flames Prohibited（见《国标》一、通则 – 表 A.3 示例 50）。

上图为水浒城景区游艇标识。"必须穿救生衣"译文 Must wear the jacker 存在以下问题：一是不符合公示语的表达习惯；二是语义传达有误，"救生衣"不是 jacker，建议改译为 Life Vest Required（见国标三、旅游 – 表 B.4 示例 9）。

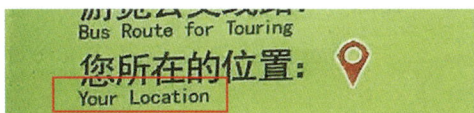

上图为三国城水浒城景区公交线路图标识。译文 Your Location 未采用《国标》译法，建议改译为 You Are Here（见《国标》三、旅游 – 表 B.1 示例 74）。

上图为三国城景区店铺标识。"请勿触摸"的译文 No Touching 未采用《国标》译法，建议译为 Please Do Not Touch（见《国标》一、通则 – 表 A.3 示例 1）。

2. 信息传递不准确

2.1 实用信息

（1）译名不统一

景区标识牌中一共涉及 67 处景区名称翻译，调研小组发现译名出现两种译法

的居多，甚至也有地名出现三至四种译法。译名的不统一会给游客造成困惑和误解，影响旅游体验，给人留下景区英文译写质量不高的印象。本次调研对不统一译名进行了统计。

翻译一致性统计

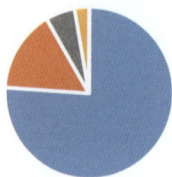

■ 翻译统一　■ 两种翻译　■ 三种翻译　■ 四种翻译

以下是问题较为突出的几处：

以上各例来自三国城景区公交站点图和各个景点导览图。关于"三国城"的译文有 The Three Kingdoms Town，Three Kingdoms City，the Three Kingdoms Town，Three Kingdoms Town 和 Three-Kingdom Town 五种。

Water Margin Town

The Water Margin Town is a complex of buildings constructed in the style of Song Dynasty for CCTV's 43-episode series Water Margin. Designed with various architectural characteristics, the Song Dynasty scene of life vividly reappears in the representative buildings such as the Imperial Palace, the Commander's Residence, the Purple Stone Street, the Lion Tower and the Mount Liang. Plays and shows such as "Revenge on Ximen Qing," "Emperor Huizong Bestowing a Marriage," "Yan Qing's Challenge," "Juggling at Wuqiao" and "Folk skills and stunts" further enhance your enjoyment of the Water Margin glamour. We wish you a pleasant and enjoyable tour!

水滸城について

中央电视台无锡影视基地水浒城导游图

Tourist Guide for **Water Margin City** in CCTV Wuxi Movie & TV Studio Base

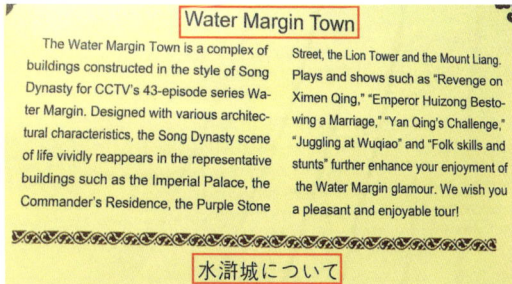

上图为水浒城介绍和影视基地导游图。"水浒城"的译文有 Water Margin Town，Water Margin City 两种。

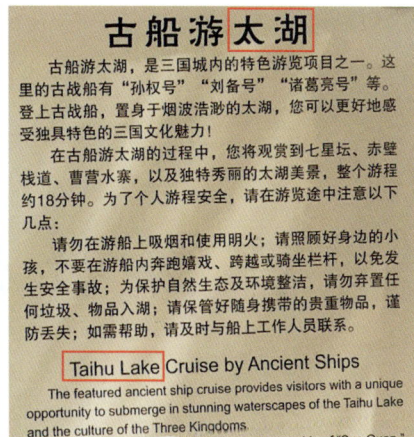

太　湖

Tai Lake

欢迎乘坐古船游览 **太湖**，请有序排队，谢谢合作！

Please line up to board for touring **Lake Taihu**, thank you for your cooperation!

古船游**太湖**

　　古船游太湖，是三国城内的特色游览项目之一。这里的古战船有"孙权号""刘备号""诸葛亮号"等。登上古战船，置身于烟波浩渺的太湖，您可以更好地感受独具特色的三国文化魅力！

　　在古船游太湖的过程中，您将观赏到七星坛、赤壁栈道、曹营水寨，以及独特秀丽的太湖美景，整个游程约18分钟。为了个人游程安全，请在游览途中注意以下几点：

　　请勿在游船上吸烟和使用明火；请照顾好身边的小孩，不要在游船内奔跑嬉戏、跨越或骑坐栏杆，以免发生安全事故；为保护自然生态及环境整洁，请勿弃置任何垃圾、物品入湖；请保管好随身携带的贵重物品，谨防丢失；如需帮助，请及时与船上工作人员联系。

Taihu Lake Cruise by Ancient Ships

The featured ancient ship cruise provides visitors with a unique opportunity to submerge in stunning waterscapes of the Taihu Lake and the culture of the Three Kingdoms.

上图为景区公交站截图、三国景区"古船游太湖"的介绍以及码头标识。关于"太湖"的译文有 Tai Lake，Taihu Lake 和 Lake Taihu 三种。

109

三国城水浒城景区公交线路图
Sightseeing Bus Route of the Three Kingdoms and Water Margin

programs such as cavalry combat, song and dance, and movie stunt never end. The outdoor show of "Three Warriors against Lv B", in particular, is a spectacular emulation of the ancient battle during the Three Kingdoms period. The stunts and effects show "Revenge on Ximen Qing" demonstrates special techniques behind the screen of a swordsmen movie that impresses and excites audiences.

Blending the beauty of nature, legacy of history and excitement of action movies, the Three Kingdoms Town and Water Margin Town are truly worthy of careful taste and delicate appreciation.

中央电视台无锡影视基地三国城水浒城导游图
Tourist Guide for Three Kingdoms City and Water Margin City in CCTV Wuxi Movie & TV Studio Base

太 湖
Tai Lake

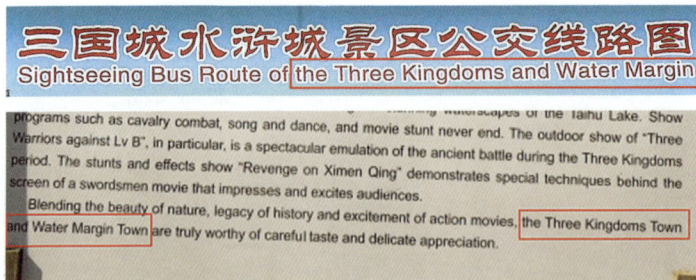

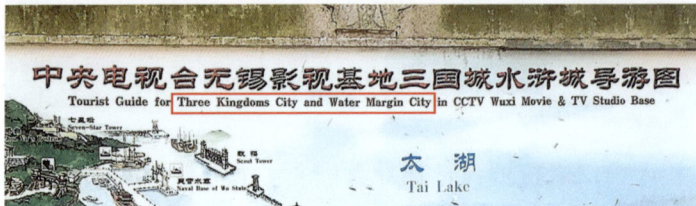

上图分别为公交线路图、景区介绍以及导游图。其中"三国城水浒城"有三种译文：The Three Kingdoms and Water Margin，the Three Kingdoms Town and Water Margin 和 Three Kingdoms City and Water Margin City。

（2）错译、乱译

曹 操 楼 船
Peach Garden

骑马每人每圈20元
一大一小每匹每圈30元
Horse–riding
$20 per person per lap on horseback.
A big one and a small one. $30 per lap.

左上图为三国城景区路边景点指示牌。译文将"曹操楼船"错译成 Peach Garden，意为"桃园"。

右上图为骑马场标识牌，存在误译现象。中英货币有不同的单位符号系统，对应的单位是不等值的。此处中文货币单位"元"（￥）在译文中变成了美元符号 $，信息传达有误。

out any unsafe behaviors including boat climbing or vying with each other.
  3.Fireworks or railings-seating are forbidden after getting on the boat including climbing and standing in the warning area of the boat where usually without any railing.Please keep your belongings in safe.
  4.We appreciate your polite attitude concerning environment or public properties,never discarding any waste into the

上图为古船游览处公共标识。"上船后禁止烟火，请勿骑坐栏杆、攀爬和站立在无栏杆的区域，保管好自己的物品。"译为 Fireworks or railings-seating are forbidden after getting on the boat including climbing and standing in the warning area of the boat where usually without any railing. Please keep your belongings in safe.。此处"烟火"根据语境应指"抽烟"，"用火"或"玩火"，而 fireworks 一般指庆典燃放的烟花，信息传达有误。此外，where usually without any railing 不符合英语语法。

上图为三国城景区太湖旁边的标识。"湖中水深"译为 LAKE WATER DEPTH，意为"湖水的深度"，与中文原意不符。

上图为三国城游览公交售票处的游客需知。"购票后请听从服务人员安排，安全有序上车。"的译文 Please listen to arrange the purchase of a ticket service, safe and orderly go up the tour bus. 按照汉语词序逐词堆砌，令人费解。

（3）漏译

上图为游客中心问讯处标识，其中"办公室投诉电话"未提供译文。

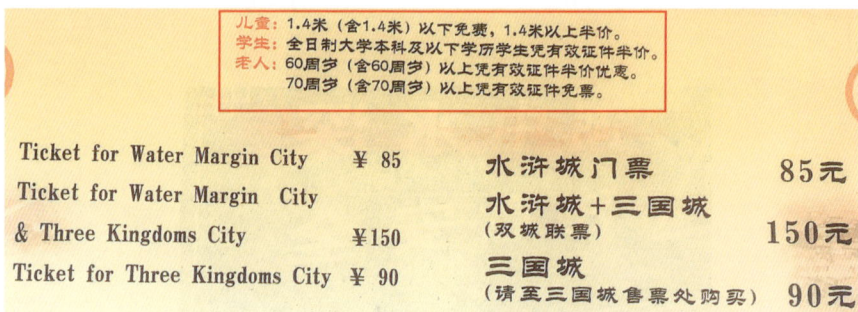

上图为景区售票处价目介绍。图片中加框处文字没有译成英文，未能向外国游客提供购票相关规定和信息。

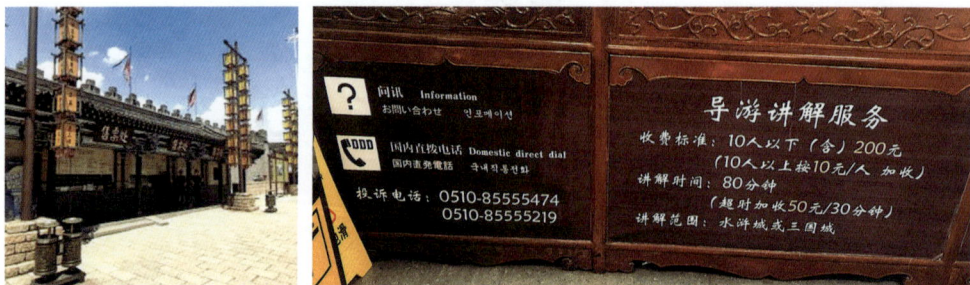

上图为景区售票处和游客中心导游讲解服务标识，是较为重要的信息，没有对应的英语译文，建议补充对应译文。

2.2 文化信息

（1）文化信息误译或表达不充分

上图为三国城景区神龙殿景点指示牌。神龙殿为吴王宫的主殿，是东吴之主孙权处理军政大事的场所。此处将"神龙殿"译为 Gan Temple，不仅没有正确译出景点名称，相关历史文化信息也未能提供。

左上图为三国城景区中军营的介绍。"钲"是中国古代的一种乐器，译文采用音译，译为 the Zheng，未对该词提供相应注解，文化信息传达不充分。

右上图为三国城景区七星坛的介绍。"阴阳鱼形"采用意译法，译为 Taichi symbol；对"八卦"采用音译法，译为 Bagua，未提供相应注解，文化信息传达不充分。

（2）文化信息翻译规范性问题

三国城水浒城景区多见与中国文化有关的人名、地名、称号、称谓、官衔、机构、

典故等词汇，如："武松""水泊梁山""忠义堂""都监""大相国"等。《三国演义》《水浒传》等古典名著已有规范的英译本，景区在翻译时应参照相关译法。以下是几个景区译法不规范的例子：

景区"卧龙岗"译为 Wolong Gang (Crouching Dragon Hillock)，而根据 *Romance of the Three Kingdoms*（Charles Henry Brewitt-Taylor 译），有七处译为 The Sleeping Dragon Ridge，例如：When they drew near the Sleeping Dragon Ridge, they saw a number of peasants in a field hoeing up the weeds, and as they worked they sang.

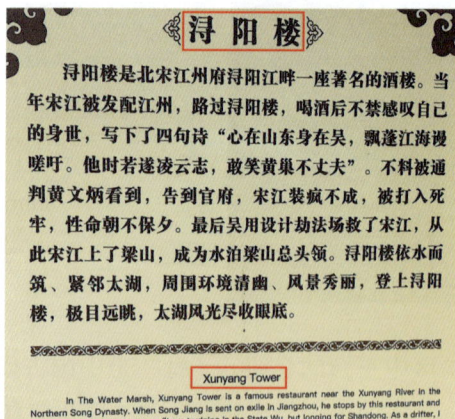

景区"浔阳楼"译为 Xunyang Tower，而根据 *Outlaws of the Marsh*（Sidney Shapiro 译）第 39 章，浔阳楼译为 Xunyang Pavilion，例如："I heard of Jiangzhou's Xunyang Pavilion back in Yuncheng," Song Jiang mused, "and here it is. Although I'm alone, I mustn't miss this opportunity. I'll go upstairs and relax a while."

吴营水寨
Wu Naval Port

景区"吴营水寨"译为 Wu Naval Port，而根据 *Outlaws of the Marsh*（Sidney Shapiro 译）第 96 章，四处译为 naval base 而不是 naval port，例如：The four admirals in the naval base were already informed.

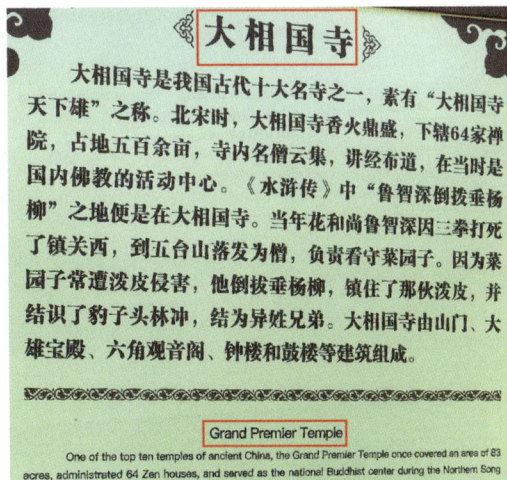

大相国寺

大相国寺是我国古代十大名寺之一，素有"大相国寺天下雄"之称。北宋时，大相国寺香火鼎盛，下辖64家禅院，占地五百余亩，寺内名僧云集，讲经布道，在当时是国内佛教的活动中心。《水浒传》中"鲁智深倒拔垂杨柳"之地便是在大相国寺。当年花和尚鲁智深因三拳打死了镇关西，到五台山落发为僧，负责看守菜园子。因为菜园子常遭泼皮侵害，他倒拔垂杨柳，镇住了那伙泼皮，并结识了豹子头林冲，结为异姓兄弟。大相国寺由山门、大雄宝殿、六角观音阁、钟楼和鼓楼等建筑组成。

Grand Premier Temple

One of the top ten temples of ancient China, the Grand Premier Temple once covered an area of 83 acres, administrated 64 Zen houses, and served as the national Buddhist center during the Northern Song.

景区"大相国寺"译为 Grand Premier Temple，而根据 *Outlaws of the Marsh*（Sidney Shapiro 译），有四处把"大相国寺"译为 the Great Xiangguo Monastery，开封大相国寺的官网译名为 The Great Xiangguo Temple，专有名词翻译应有所依据。

3. 英语表达有错误

3.1 英语不地道

景区的景点、公示语翻译存在不少不符合英文表达习惯的情况，会影响外国游客的观感。下文以"古船游湖须知"公告牌为例，分析其译文不当之处。

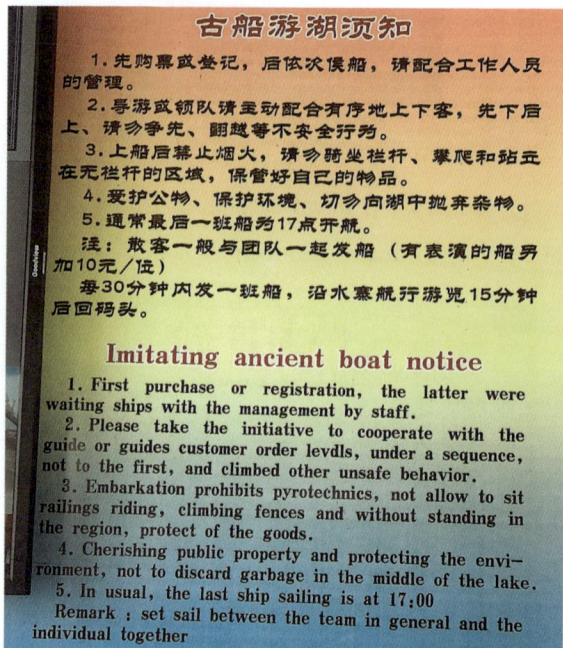

上图为三国景区"古船游湖须知"公告牌。标题"古船游湖须知"译为 Imitating ancient boat notice，imitating 一词易造成误解。"古船游湖"这里理解为"游客乘坐仿制的古船游湖"，而不是游客"仿制 / 模仿古船"。

第一句"先……后……"译成 First..., the latter were...，搭配不当，地道的英文搭配是 First...then...and then...；the latter、过去进行时态、介词的使用等使整个句子读起来不知所云。

第二句是英文单词无序的堆砌，读来一头雾水。

第三句从堆砌的单词上可以揣摩到大意，但行文毫无章法。

第五句 In usual 应为 As usual 或 Usually。"注"译为 remark（评述），表达不地道，应为 Note。

整篇译文选词上牵强附会，句式上结构混乱，语义上模糊不清，不少地方没有表达出原文信息，也不符合英文的表达习惯，有待改进。

3.2 语法错误

（1）时态混乱

上图是观光车上的警示语：Get on or get off the sightseeing bus after it stopped。公示语译文一般使用一般现在时，且该句前半句是祈使句，建议从句中 stopped 改为 stops。

（2）名词单复数使用错误

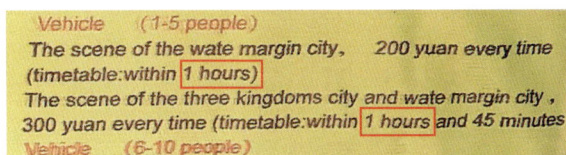

上图为三国城游览车售票处价目表标识。1 hours 单复数使用错误，应改为 1 hour。

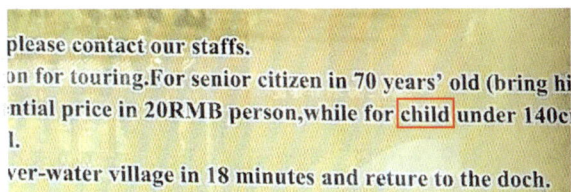

上图为三国城景区古船游湖须知。译文 while for child under 140cm 的 child 前面无冠词，且应用复数形式 children。

4.体例格式不规范

4.1 拼写错误

上图为三国城景区游览车价目表，其中 wate margin city 中的 wate 拼写错误，应为 water。

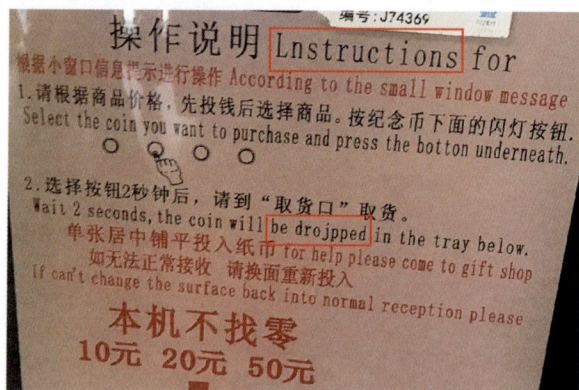

上图为三国水浒景区纪念币自动售币机操作说明译文，其中 Lnstructions 和 drojpped 拼写错误，应为 Instructions 和 dropped。

4.2 大小写不规范

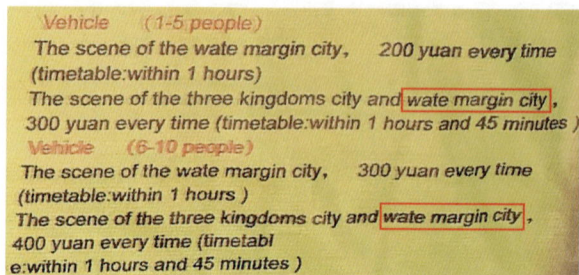

上图为三国城入口处标识。Tourist information 作为标题，建议两个单词的首字母都改为大写，即译为 Tourist Information。

4.3 缺少空格

上图为三国城景区游览车售票处价目介绍的译文，其中 Theentire 两个单词写在了一起。The 和 entire 间应有一空格，即 The entire。

4.4 书名书写不规范

上图为三国城景区城门楼介绍牌，其中《三国演义》的译文应当采用斜体，且 Three Kingdoms 的翻译并不准确，建议采用 Charles Henry Brewitt-Taylor 的译法，译为 *Romance of the Three Kingdoms*。

Commander's Residence

A typical luxurious residence of the Song Dynasty consisting of front and back courts, this I-shaped courtyard is home to Commander Gao Qiu. In The Water Margin, King Duan admires Gao Qiu for his football skills and thus promotes him to be the commander after the king himself ascends the throne of the Song Dynasty as Song Huizong.

In the residence, visitors can experience "Gao Qiu's Football" and "Chinese calligraphy" and can have photos taken with a model playing Gao Qiu.

上图为水浒城景区太尉府的介绍，其中《水浒传》的翻译应当为斜体，且根据 Sidney Shapiro 的译本，应译为 *Outlaws of the Marsh*。

4.5 中英文标点符号混用

上图为三国城景区游览车售票处价目介绍的译文，红框处错误地使用了汉语中的逗号"，"而非英文逗点，导致逗号后面空隙过大，格式不规范。

以上是中央电视台无锡影视基地三国水浒景区公共标识英文译写存在的部分问题。因篇幅有限，本报告只是择取问题较为严重或有代表性的示例进行分析讨论。作为国家 5A 级旅游景区，三国水浒景区公共标识的英文译写质量还有待进一步提高。

（撰稿人：彭方针、袁矛奇、吴雅娜）

无锡市灵山景区
英文译写规范化工作调研报告（摘录）

　　无锡市灵山景区是国家 5A 级旅游景区，位于江苏省无锡市太湖之滨，占地面积约 30 公顷，由小灵山、祥符禅寺、灵山大佛、天下第一掌、百子戏弥勒、佛教文化博览馆、万佛殿等景点组成。灵山景区集湖光山色、园林广场、佛教文化、历史知识于一体，是中国最为完整、唯一集中展示释迦牟尼成就的佛教文化主题园区，也是世界佛教论坛永久会址。景区每年接待大批中外游客，景区的译文质量直接反映了景区的文明程度，甚至影响无锡的城市形象。

　　江苏省语言文字工作委员会、省文化和旅游厅 2019 年 6 月下发通知，委托南京大学外语规范与应用研究中心在全省 5A 级旅游景区开展外文译写规范化工作调研。本课题组在中心的指导下，组织江南大学师生于 2019 年 8 月对无锡灵山景区内的外文译写规范化工作进行调研，实地考察景区内公共标识、导览牌、指示牌、导览手册等的翻译情况。

　　在参照《公共服务领域英文译写规范》的基础上，课题组发现灵山景区的英文译写在信息传递、语言表达、体例规范等方面存在不少问题。课题组对这些问题进行了整理分析，以下为部分实例。

存在问题

1. 公共标识英文译写未采用《国标》译法

　　2017 年 6 月 20 日，国家质检总局、国家标准委联合发布《公共服务领域英文译写规范》系列标准（以下简称"《国标》"），并于当年 12 月正式实施。经调研发现，截至 2019 年 8 月，无锡灵山景区内仍有部分公共标识的英文译写未采

用《国标》译法，降低了景区旅游服务的质量。例如：

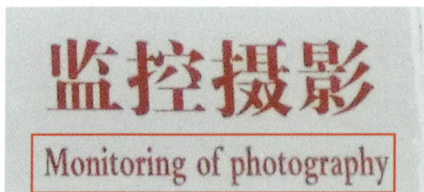

上图为灵山假日广场内公共标识。译文 Monitoring of photography 意为"摄影的监控"，不符合英语表达习惯，也不符合原中文的意思。其实，此处"监控摄影"就是"监控摄像头"的意思，建议改译为 Surveillance Camera（见《国标》六、教育 – 表 A.1 示例 77）。

上图为灵山景区团队接待窗口处摆放的公共标识。译文 SERVICE PAUSE 是按中文字面意思的机械硬译，意为"服务暂停"，建议改译为 Temporarily Closed（见《国标》一、通则 – 表 A.5 示例 13）。

上图为灵山景区观光车站台背景墙上罗列的观光游览车停靠站点。译文 Export 是不考虑上下文按中文字面意思的机械硬译，意为"（外贸领域货物的）出口"，应改译为 Exit（见《国标》一、通则 – 表 A.1 示例 67）。

上图为灵山景区佛博馆附近的公共标识。"禁止停车"的译文 Vehicle Passage Visitors to stop 意为"游客（将）停下来"，不符合英语语法，也不符合原文意思，建议改译为 No Stopping（见《国标》一、通则－表 A.3 示例 20）。

上图为梵宫楼梯口的公共标识。"小心台阶"的译文 Careful Steps 是按中文字面意思的机械硬译，意为"仔细的台阶"，建议改译为 Mind Your Step（见《国标》一、通则－表 A.2 例 1）。

上图为梵宫妙音堂附近的公共标识。译文 NO NOISY 存在语法错误，不符合英文表达习惯，建议改译为 Please Keep Quiet（见《国标》一、通则－表 A.3 例 6）。

2.信息传递不准确

旅游景区的信息传递主要包括实用信息（景点地图、景区设施、导引标识和注意事项等）和文化信息（历史典故、民间传说、特色活动和产品等）。信息传递的准确与否直接关系到外国游客的观光体验，而灵山景区在信息传递方面还存在不足，给游客造成许多不便。

2.1 实用信息的传递

向游客传达实用信息是景区标识的重要功能。由于大部分外国游客对中文不熟悉，标识的译文是他们了解相关实用信息的唯一途径，所以只有准确译写才能帮助外国游客实现旅游便利。然而，灵山景区在实用信息的翻译上存在不少问题，难以实现其服务功能。

（1）译名不统一

景区译文涉及不少人名、地名，相关翻译须保持前后一致，否则会造成误解。

上图是景区对"（灵山）大照壁"的三种不同翻译。灵山大照壁附近的介绍牌上译为 Lingshan Great Screen Wall，游客中心的背景墙上译为 Grand Screen Wall，而游览车站台上则译为 Big Screen。虽然三种译文传达的意思大致相同，但译名的不统一会给游客带来困惑，影响他们的游览体验。

作为景区主要景点之一的"九龙灌浴"也存在译名不统一的问题：

上图为景区对"九龙灌浴"景点的不同翻译。景区提供的导览手册将"九龙灌浴"译为 Nine Dragons Bathing Shakyamuni，而景区内部的标识牌将其先后译作 Nine Dragons Bathing the Baby Buddha，Nine Dragon Fountains Bathe Siddhartha Gautama，Bathing By Nine Dragons。译名的不统一，尤其是对"九龙灌浴"的对象（释迦牟尼太子）出现了三个不同的说法，会使不了解佛教文化的外国游客误以为是三个不同的人，而到了现场却发现只有一个沐浴对象，从而产生困惑，进而影响他们的旅游体验。另外，Shakyamuni 和 Sakyamuni 的两种拼法在全景区有混用的现象，建议统一拼写。

（2）错译、乱译

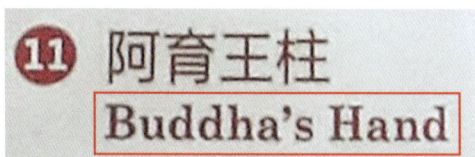

上图为游客服务中心大厅背景墙。阿育王柱（Ashoka Pillar）被译成 Buddha's Hand（佛手），很可能是印刷错误。

上图为游览车站台线路图。此处译文文不对题，中文是"60 米平台"，英文的意思却是"灵山大佛"，属于错译。

上图为灵山红十字救护站的职能告示牌。Health Science 指"保健科学"，并非原文要表达的意思，属于错译。

上图为"平安抱佛脚"入口处的景点介绍牌。该译文有歧义，容易让人误解为"安全的抱佛脚活动"，"平安"在这里应该理解为"抱佛脚"的目的，而不是方式、途径。

上图为游览车车站站牌。"上行"指公交车由终点站返回始发站的过程。假设公交车由 A 站始发到 B 站，往返运行，则由 B 站到 A 站称为"上行"。译文 From its 完全没有传递中文原意，属于乱译。

（3）漏译

上图为五印坛城楼梯口处的指路标牌。"二楼方向"译成 Touring Direction，漏译 to the Second Floor。

（4）机械硬译

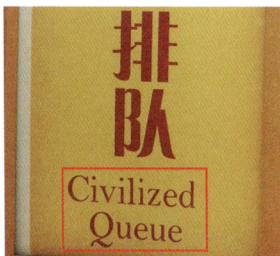

上图为观光车车站附近的指示牌。Civilized Queue 是对"文明排队"逐字的机械硬译，意思成了"文明的队列"。

上图为售票处的告示牌。"凭本人有效身份证证件办理"的译文 With my valid ID documents 中"本人"译为 my，即"我的"，是机械硬译。

2.2 文化信息的传递

作为佛教文化新胜地，灵山景区有着深厚的文化底蕴。景区内的介绍、标识不可避免地会涉及许多佛教文化词汇。然而，这些词汇的译文仍有不足，存在文化信息传递错误或未能充分体现等问题。例如：

上图为灵山大佛附近的景点介绍牌，其中"莲花座"被译成了 lotus position，意思为"莲花坐，打坐"，这是一种坐姿，而不是座席。"莲花座"不等于"莲花坐"。

莲花座，简称"莲座"，又译"莲华座"，意为莲花之台座，佛菩萨之座处。梵文为 Padmasana，英文为 Lotus Platform，Lotus Throne 或者 Buddha Throne。译文没有准确地传递文化信息，建议更正。

The Pillar of King A' yu

上图为景点"阿育王柱"介绍牌，其中对"阿育王"的翻译有误。阿育王是古代印度孔雀王朝的国王，其英译名为 Ashoka。此处将外国人名译成了汉语拼音 A'yu，会让人误以为他是中国人，传递错误的文化信息。另外，此处撇号后空格过大，不符合英文体例格式。

右图为"祥符禅寺"景点入口处的告示牌。"静心止语"是佛教文化中常用的一个词语。静心，表示让心情沉静；止语，表示少说话。这里是对向佛之人的一种告诫，却被译成 Pause Stop，意为"暂停，停止"。会使人误以为此地禁止进入，原有的文化信息完全无法得到传递。

盘 长

Panchang

上图为佛博馆里展品的说明牌。"盘长"属于藏传佛教中的"八宝"之一。盘长，又称"吉祥结"，代表佛的心，又称为无尽结，亦可视为两个"卍"字交搭而成，成为心脉的表征。藏密中常以此结为信众佩戴加持。因此，单纯音译"盘长"无法有效传递其中的佛教文化信息。建议在下面加上相应的英文注解，供外国游客了解。

27 三圣殿

Sansheng Hall

上图为游客服务中心大厅背景板。灵山三圣殿供奉的是西方极乐世界教主阿弥陀佛与他的左胁侍观世音菩萨和右胁侍大势至菩萨，合称"西方三圣"，又称作"阿弥陀三尊"。这里将"三圣"用拼音表示，未能体现对应的佛教文化元素。建议可按照景区内三圣殿指路牌的译法，改为 Three Saints Hall。

3. 英语表达不正确

灵山景区有着大量的文字介绍，涉及景区管理制度、景区全貌、各个景点的介绍、当地文化特产等，这些是外国游客观光过程中了解景区文化的重要窗口。然而，译文存在不少明显的语法错误以及不地道的英文表达，降低了文化信息传递的有效性。

3.1 语法问题

景区内许多译文存在语法错误，使得信息传递、历史文化背景的介绍效果大打折扣。

（1）单复数错误

④ 剧毒、腐蚀性及放射性等化学危险物质
Such hazardous chemical as virulent,corrosive and radioactive items

上图为灵山梵宫入口处的告示牌。chemical 作名词时，意为"化学品"，是可数名词，这里应是多种化学品，应该用复数 chemicals。

（2）冠词错误

and architecture. It also can be regarded as an art gallery, a refuge for Buddhist believers and must for tourists and holiday makers as well.

上图为梵宫景点介绍牌。译文 a refuge for Buddhist believers and must for tourists... 中的 must 作为名词，意为"必去之处"，前面要加一个冠词 a，即 a must。

（3）介词错误

上图为佛博馆里展品的说明牌。"精美龙凤碗"的英译文 Bowls carved by Dragon and Phoenix 中存在介词错误和大小写不一致的问题，意思成了"由龙凤雕刻的碗"。应把 by（由……）改为 with（有……），carved 首字母大写，即 Bowls Carved with Dragon and Phoenix。

（4）物主代词错误

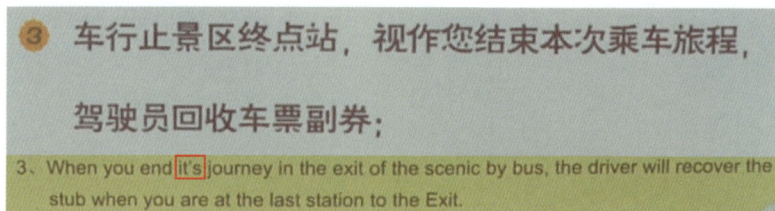

上图为游览车车站告示。这句译文中的"it's"指代不明确，建议改为 your。

（5）词性错误

上图为游览车车站告示。remind 是个动词，不能用名词 friendship 来修饰，建议改为 Friendly Reminder。

3.2 英语表达不地道

在景区内，译文不符合英文表达习惯、语言不地道的现象也屡见不鲜，这影响了外国游客的观感。例如：

上图为灵山假日广场的指示牌。中文内容是"土特产食品区"，而其英文意思大致为"食品区域的土特产"，属于逻辑关系错误。Native 作为形容词意思也不准确，建议改为 Local。

By Satparamita,it means,popularly the six sorts of conduction principles that a Buddhist follower has-to reach.

六度为学佛之人达到佛法五智须遵循的六种行为准则。

上图为"五智门"景点介绍牌，其中英译文字的表达不地道。conduction（传导）应改为 conduct（行为），has-to 应去掉连字符，reach 与 conduct 搭配不当，建议改为 abide by（遵守）。

为了您的安全,小心地滑,下楼梯请扶好楼梯, 照顾好您身边的老人和小孩。
For your safety,caution:slippery floor,down the stairs and please hold handrail. Please take good care of your side of the elderly and children.

上图为景区内警示牌，其译文 For your safety, caution: slippery floor, down the stairs and please hold handrail. Please take care of your side of the elderly and children. 存在严重语言质量问题。首先，For your safety, caution: slippery floor 混用陈述句和标牌警示语句型，不伦不类。其次，短语 down the stairs 与祈使句 please hold handrail 用 and 并列，不合语法规则。"您身边的老人和小孩"被译为 your side of the elderly and children，是机械硬译。虽然能够通过译文中的若干词语大致猜出原文意思，但译文完全不符合英文表达习惯，需要重新翻译。

4.体例格式不规范

4.1 拼写错误

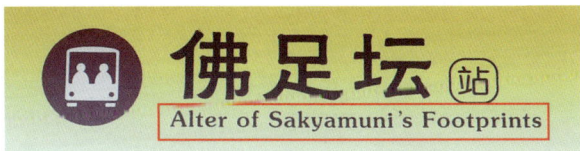

上图为游览车站牌。"佛足坛"中的"坛"被译成 Alter，是 Altar 的误拼。

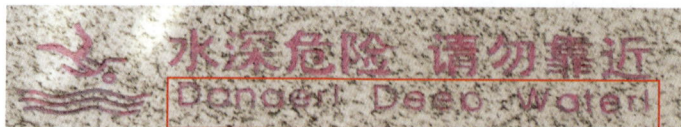

上图为白虎路此处景区附近的湖边警示牌。其英文 Deep 中的字母 p 被误刻成 o。

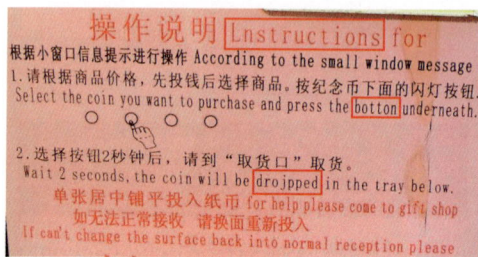

上图为无尽意斋附近的灵山胜境纪念币销售机上的告示。其中出现了多处拼写错误：Lnstruction 应改为 Instructions；botton 应改为 button；drojpped 应改为 dropped。

4.2 大小写错误

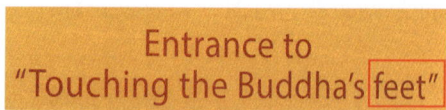

上图为"抱佛脚"入口处的指示牌。feet 应改为 Feet。

以上三图为游客服务中心的告示牌。三个公示语的所有英文单词的首字母都应该大写，即改为 Drinking Water Service，Medical Service 和 Broadcast Service。

4.3 空格错误

The Sangharam Bo Da La is a new extension of Lingshan Wonderland. The whole structure features the architectural style of Huazang Pagoda. Itsimmaculate three-dimensional effect is achieved through its traceless mixture and blend of the elements of the stone cave Buddhist art and the traditional Buddhist architecture by absorbing all the qualities of the architectural art indigenous to the three language-based Buddhist schools. Every stroke of the painting, every groove of carving and every piece of construction material here emit their exquisiteness and beauty which converge into a visual shock and stimulate the visitors ' imagination of the fathomless depth of Buddhism. The Sangharam Bo Da La is at once a well-spring of thoughts and a cornucopia of culture,art,science technology and architecture. It also can be regarded as an art gallery, a refuge for Buddhist believers and must for tourists and holiday makers as well.

上图为梵宫景点英文介绍牌。开篇的 Itsimmaculate 两个单词被错误地连写，应该分开，即 Its immaculate...。

以上是灵山景区公共标识英文译写存在的部分问题。因篇幅有限，本报告只是择取一些有代表性的示例进行分析讨论。作为国家 5A 级旅游景区，灵山景区公共标识英文译写的质量还有待进一步提高。

（撰稿人：卞正东、张乐、谈明珺）

无锡市鼋头渚风景区
英文译写规范化工作调研报告（摘录）

鼋头渚风景区位于太湖西北岸无锡境内，是我国著名的 5A 级风景名胜区，号称游客来锡的必游之地。随着国家对"一带一路"旅游活动的支持力度不断加强，无锡市在"十三五旅游规划"的指导下，近几年每年保持入境游客人数以近 5% 的速度增长。鼋头渚风景区常年接待大量中外游客，景区内公示语的英文译写质量显得尤其重要，不仅反映了景区的国际化程度、管理规范化程度，同时也反映了整个景区和无锡市的整体形象。

江苏省语言文字工作委员会、省文化和旅游厅于 2019 年 6 月下发通知，委托南京大学外语规范与应用研究中心在全省 5A 级旅游景区开展外文译写规范化工作调研。本课题组在中心的指导下，组织江南大学师生对鼋头渚风景区内公共标识、导览牌、指示牌（包括尚未启用的新标识牌）进行实地考察。在参照《公共服务领域英文译写规范》的基础上，课题组发现鼋头渚风景区的英文译写在信息传递、体例规范等方面存在诸多问题。课题组对这些问题进行了整理分析，以下为部分实例。

存在问题

1. 公共标识英文译写未采用《国标》译法

国家质检总局、国家标准委于 2017 年 6 月 20 日联合发布了《公共服务领域英文译写规范》系列标准（以下简称"《国标》"），2017 年 12 月 1 日正式实施。经调研发现，截至 2019 年 8 月，鼋头渚风景区内仍有部分公共标识的英文译写未采用《国标》译法，降低了景区旅游服务的质量。例如：

左上图是位于鼋头渚风景区正门游客入口处的标识语，"游客检票口"译为 Tourists Ticket；右上图是景区内抱青楼景点的验票点指示牌，"验票点"译为 Ticket Checking Place。两处译文均不规范，应改译为 Check-in（见《国标》三、旅游 – 表 B.1 示例 42）。

左上图中，"小心落水、注意安全"译为 BE CAREFUL NOT FALL INTO WATER SAFETY FIRST；右上图的"注意安全，小心落水"译为 Please pay attention to safety and avoid falling into water，译文不够简洁，表达不够地道，建议统译为 Danger! Deep Water!（见《国标》三、旅游 – 表 B.2 示例 11）。

　　上图是景区内游客中心的一处标识牌，表示这里有免费的租赁服务提供，其中"童车"译为 Bassinet，该英文单词指的是"婴儿摇篮或摇篮式婴儿床"，与原文的意思有悖，景区提供的其实是婴儿手推车 Stroller。"拐杖"译为 Stick，通常指"棍，棒等"，建议改译为 Walking stick。"小行李拖车"译成了 Small luggage trailer，英语里的 trailer 多指"拖在另一辆车后面的车或房屋"，与原文的意思有出入。此处规范化的译法应是 Free Rental Services Wheelchair，Stroller，Walking Stick，Umbrella，Small Luggage Cart（见《国标》三、旅游 – 表 B.1 示例 63–66）。

　　上图为七十二峰出口的标识牌。"开门时间"译为 Business Start Time，其中 start 是动词，不能直接修饰名词，建议改译为 Opening Hours（见《国标》三、旅游 – 表 B.5 示例 61）。

　　上图为景区最近制作的一块新标识牌。"游览观光车站"译为 Tourist Station，原文指的是游客乘坐景区内观光车而非旅游大巴等其他交通工具的等候车站。据景区工作人员介绍，该处并不具备大型车站的特点，没有供乘客买票和休息的区域，所以用 stop 更合适。建议改译为 Sightseeing Bus Stop（见《国标》三、旅游 – 表 B.1 示例 82）。

2. 信息传递不准确

　　旅游景区的信息传递主要包括实用信息（景点地图、景区设施、导引标识和注意事项等）和文化信息（历史典故、民间传说、特色活动和产品等）。信息传递的准确与否直接关系到外国游客的观光体验，而鼋头渚景区在信息传递方面还存在不足，给游客造成许多不便。

2.1 实用信息的传递

　　向游客传达实用信息是景区标识的重要功能。由于外国游客对中文不够熟悉，标识的译文是他们了解相关实用信息的唯一途径，所以只有准确译写才能帮助外国游客实现旅游便利。然而，鼋头渚景区在实用信息的翻译上存在不少问题，难以实现其服务功能。

　　（1）译名不统一

　　在上图的一块景区新近制作的全景图导览牌上，"鼋头渚风景区"被译成了 Shantou scenic spot，而景区正门口目前还挂着的全景图上"鼋头渚风景区"（下左）则译成了 Turtle Head Peninsula，景区内其他公共标识牌还有将之译成 The Turtle Head Park（下中）和 Yuan Tou Zhu Scenic Spots（下右）的情况。这几种译名有的采用音译，有的采用意译，导致景区名称译文各异，会给外国游客造成误解和不便。

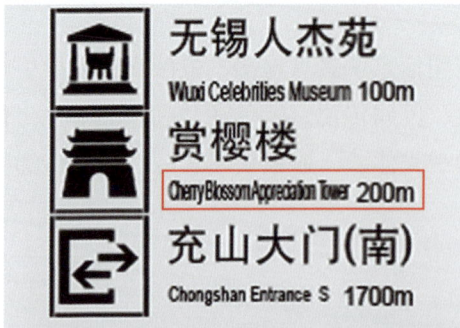

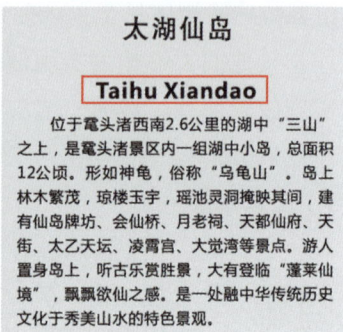

译名不统一的情况还包括一些景点名的译法。如上图，"赏樱楼"是春季游客观赏樱花的热门景点，在景区新制的公共标识牌上，有一处将它译成了 Shangying Tower，另一处则是 Cherry Blossom Appreciation Tower。"太湖仙岛"在新制作的区域导览牌上被译为 Taihu Xiandao，而在另一些地方则译成了 Taihu Fairy Island。这些译名亟须统一，否则会令外国游客感到困惑。

（2）错译、乱译

上图中"湖边危险，请勿靠近"的译文 Do Not Close 意为"不要关门"，与"请勿靠近"意思相悖，属错译。

步行游览道至樱花谷、
Walking tour to the cherry valley,
游船码头（步行约15分钟）
cruise codeHead (about 15 minutes walk)

　　上图中，"游船码头"译为 cruise codeHead，"码头"直接变成了"密码"（code）加上"头"（Head）的结合，属于错译乱译。

上行过"南天门"便是"摘星亭"，而"天街"和"天都仙府"别有一番天上人间的趣味。右侧的"月老祠"、"同心锁"景点最能吸引恋爱男女。

Walking up through " Southern Gate of Heaven " is " Star-picking Pavilion " , " Heavenly Street " and " Heaven Calital and Fairy Mansion " do not have some taste of heaven and earth. The right side of the " Matchmaker God Temple " and " One-Heart Lock " are the most attractive spots for men and women in love.

　　上图的鼋头渚区域导览图中有一段形容景点天都仙府"别有一番天上人间的趣味"的语句，中文里的"别有一番趣味"，指的是特别有趣味，而不是没有趣味。译文拘泥于中文的表达形式，直译成 do not have some taste of heaven and earth，意为"没有天上人间的味道"，令读者不知所云。

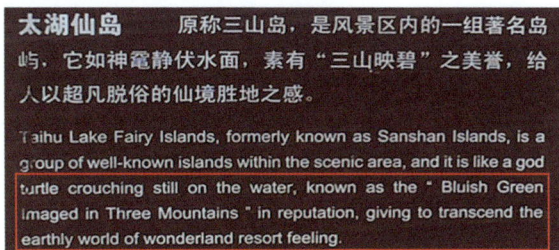

太湖仙岛　　原称三山岛，是风景区内的一组著名岛屿，它如神鼋静伏水面，素有"三山映碧"之美誉，给人以超凡脱俗的仙境胜地之感。

Taihu Lake Fairy Islands, formerly known as Sanshan Islands, is a group of well-known islands within the scenic area, and it is like a god turtle crouching still on the water, known as the " Bluish Green Imaged in Three Mountains " in reputation, giving to transcend the earthly world of wonderland resort feeling.

　　上图太湖仙岛的介绍文中形容仙岛"素有二山映碧之美誉，给人以超凡脱俗的仙境胜地之感"，译文为 known as the Bluish Green Imaged in Three Mountains in reputation, giving to transcend the earthly world of wonderland resort feeling。对于"三山映碧之美誉"，译文只是简单地堆砌英文单词，不仅意思表达有误，语法和句式结构等也都存在问题，令读者感到困惑；英文短语 giving to 也没有"给人……之感"的意思。

上图的"临时下客"是机械硬译的又一典型例子，原译文为 Under the tenporary guest，意思是"在临时客人之下"，让人费解。tenporary 是拼写错误，"临时"应为 temporary。

（3）漏译

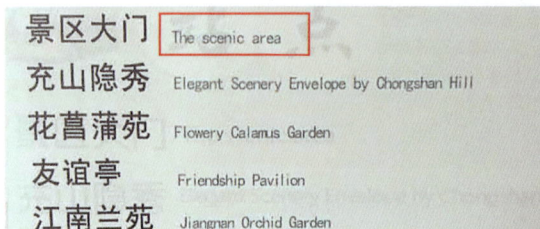

左上图是"观光游览车"的导览牌。"景区大门"只译为 The scenic area，将核心词 Gate 漏译了。右上图是景区游客中心的公告牌。"导游服务价目表"译为 tour route planning，只译出了"导游服务"这层意思，忽略了"价目表"这一主要信息。

除了公共标识牌外，一些导览牌在用较长的篇幅介绍某个景点时，也出现长篇中文段落漏译现象。如上图的七桅罛船景点介绍牌上，该船为"省级文物保护单位"这一重要信息没有译出，而"船长 27 米，宽 5 米有余，有 13 舱，7 杆帆桅，顺风六级鼓帆，船速可达每小时 20 公里，采用百年柏木打造，船型为南宋岳家军水师战船改建"等细节描述也没有相应的英文译文。

2.2 文化信息的传递

電头渚景区的多处景点有着十分丰富的文化内涵，所以这些景点名称通常包含着汉语独到的文化意境。在跨文化翻译的过程中，应该准确把握其意义，否则就会产生歧义，误导海外游客。上图抱青楼中的"抱青"本是指小楼"拥抱青山"而非"拥抱青楼"，景区的公共标识牌上将之译成了 Hold the Brothel，意为"拥抱妓院"，极为荒谬，造成低俗恶劣的影响。

> It covers an area of more than 160 mu and contains Nieer Pavilion, Japanese Iris Garden, Yixiu Bridge and other scenic spots, combining science popularization education with sightseeing.

上图中介绍陈家花园占地面积"160 余亩"，译为 more than 160 mu，让外国游客费解。中国丈量单位"亩"后应加注，或换算成公顷，译成 more than 11 hectares。

3. 英语表达有错误

3.1 语言质量问题

> Fourth, please pay attention to the safety warning, observe the order of the tour, do not climb, cross the safety fence; Do not enter the unopened attractions to play; Do not crowd and fight, step up and down, to be careful.

上图为景区景交车制度公告牌上的部分译文。原文要求游客"请勿进入未开放的景点游玩；请勿拥挤打闹，上下台阶时，要小心谨慎"，英语译文明显受中文句式的束缚，效仿中文用数个逗号把若干分句隔开，质量较差。另外，Do not crowd and fight, step up and down, to be careful 也是一个病句，不符合英语表达习惯。

上图中"游览景区请走入口"的译文 go to the entrance to go to the sightseeing area 中 go to the entrance 与后面的 go to 叠加，显得累赘冗长，英语表达不地道。原文想说明的是如何"到达景区"，"经由入口"只是一个方式，此处"请走入口"应处理成表示渠道或方式的相关表达。

上图是放置在景区门口的一块标识牌。"出入景区，车辆慢行"的译文 Entering the scenic spot go slow 是逐字硬译，不符合英语表达习惯，给人留下语言质量粗糙的印象。

3.2 语法问题

鼋头渚英文译写的常见错误包括单词搭配错误，介词用错，单复数、大小写、动词形态用错等问题。

6, please protect the scenic spot resources, strictly prohibit the destruction of scenic spots, cultural relics, sightseeing facilities; It is forbidden to climb flowers and trees; It is strictly forbidden to harm and capture wild animals; Fishing and other harmful practices that damage water quality are strictly prohibited.

上图是景区内的一条使用须知，要求旅客不能攀折花木。原文译作 It is forbidden to climb flowers and trees，属于动宾搭配有误。英文动词 climb 应搭配 trees，如搭配 flowers，就违背常识了。

友情提示：

- 凭游览观光车票有序乘车，每人一票，当日全程单次使用。
- 1.2米以上儿童需购全票，1.2米以下免票。
- 票款请当面点清，售出概不退换，副票自行撕下无效。
- 请妥善保管好车票，遗失不予补办。
- 按站点顺序可在途中各站点自由上下，随意换乘。不可逆站顺序乘坐。
- 车辆回到终点站，游客须统一在此站下车。
- 车辆行驶中，请您扶好坐稳，请勿站立、翻越，随意调换座位，将身体探出车外。车未停稳，请勿上下车。

used only once within the entire bus route on the single day it was bought.

- Children above 1.2m should buy the normal adult tickets, children under 1.2m is free for entry.
- Please check the payment when buying tickets, we will not deal with ticket replacement or cancel affairs after the transaction is completed, the tickets will be considered invalid with the vice-ticket torn down
- Please taking care of your tickets, no free ticket replacements will be offer.
- You can choose boarding or getting off any buses at any stations within the single direction way, while taking a bus to the converse direction is not available
- When the bus is in its arrival at the terminal station, all tourists should get off the bus.
- When the vehicle is operating, please hold the hand rail and sit securely, do not casually standing up climbing up and changing your seats, remaining any part of your body out of the vehicle window. Do not boarding or getting of the vehicle until the vehicle is stopped securely.

上图这一则乘坐游览观光车的友情提示中存在多处动词形态用错的情况。"凭游览观光车票有序乘车"，以 Please 和 do not 开头的祈使句后都需用动词原形，而原文用了动词 -ing 形式。并且，图中还有多处地方犯了用逗号连接独立句子的低级语法错误。

This is the seclusion in Chongshan Mountain famous by trees, flowers and natural scenery. This place is called "Ruo Pu", originally built by ethnic businessmen as "Chen Family Garden".

介词用错的现象也并不少见。如上图充山隐秀的景点导览中，"这以树木花草、自然野景取胜的充山隐秀"的译文，"以……取胜"被译为 famous by，而英文里的固定搭配应该是 famous for。

Enhance natural beauty with artificial beauty. Create elegance from vastness. Use vivid architectural elements to outline the most beautiful corner in the northern of Taihu Lake.

缺乏主语导致句子不完整的现象在鼋头渚景区的英文译写中也存在。上图为景点鼋渚春涛中的描述性话语。原文为"以人工美来提炼天然美，与苍茫中出典雅，使用生动的建筑语汇勾勒出无锡太湖北半球最佳一角，秀美而又丰富的轮廓线"，译文 Enhance natural beauty with...Create Elegance from...Use vivid architectural elements，三个动词原形分别引导三个并列句子，均缺少主语，片段化的结构显得行文支离破碎且过于随意，影响读者的理解。

4. 语言与体例格式不规范

鼋头渚景区内的英文译写还存在拼写错误、标点符号错误、空格错误等低级的语言问题和体例不规范问题，需要引起景区工作人员的特别注意，因为它们容易给游客造成景区人员工作不够专业的不良印象。

4.1 拼写错误

景区内公共标识牌上的英文单词拼写错误时有出现。比如，上面两张图是游客中心的标识牌，上面的单词拼写错误多达三处，显得异常扎眼："便民服务"的 convenience 错拼成了 conuenience，"受理投诉"的 complaint 错拼成了 complaiat，"多媒体查询"的 multimedia 错写成 nultimedia。另一张图是路旁导览牌，其中"温馨提示"的 reminder 一词少了个字母 r。

4.2 大小写问题

公共标识牌上指示场所等专有名词的英文，一般需要首字母大写。左上图"游客中心"译文中 center 的首字母没有大写，右上图中门票 ticket 的首字母也没有大写。

其他的体例格式不规范问题还包括标点符号用错、大小写错误、冠词错误、空格错误等问题，下图集中体现了这些问题，仅以此作为范例。

● 景区内标识牌存在标点符号用错或缺失的情况，譬如上图在英文排序中混淆了中英文的标点符号，采用了英文里不存在的顿号（、）。

● 第 1 点中，please take the bus 与前面的句子是单独分开的独立句，与 taking the bus 之间应该有一个空格，且 please 首字母应大写。

● 第 2 点中，single thip tickct 缺少不定冠词 a，thip 是拼写错误，RMBperperson 是三个单词，需用空格隔开，即 RMB per person。

●第 4 点中，prohibited inthe bus，in 与 the 之间缺少一个空格，please 与前文的句号之间需要一个空格，please 首字母要大写，并且该句的结尾少了一个句号。

●第 5 点中，"老弱病残"的英文译写里，weak 和 sick 之间缺少一个空格，sick 与后面的逗号之间多出一个空格，handicapped 与前面的逗号之间则少了一个空格，另外原文并没有提到"孕妇"，译文超越了原文的意义范畴。

●在第 6 点中，facilities 一词后应应用句号，却用了逗号，且逗号与后文的 Don't 之间需要一个空格，而 don't 的一撇与 t 之间则多出来一个空格。

以上是鼋头渚景区公共标识英文译写存在的部分问题。因篇幅有限，本报告只是择取一些问题较为严重或有代表性的示例进行分析讨论。作为国家 5A 级旅游景区，鼋头渚景区公共标识英文译写的质量还有待进一步提高。

（撰稿人：蒋怡、吴阚、邵琴）

常州市环球恐龙城休闲旅游区
英文译写规范化工作调研报告（摘录）

　　常州市环球恐龙城休闲旅游区是国家 5A 级景区，主要包括游乐设施和中华恐龙馆两个主体，融展示、科普、娱乐、休闲于一体。景区每年接待大批中外游客，公共标识、导览牌的英文译写质量显得十分重要，不仅直接反映了景区的国际化程度，还影响到整个景区乃至常州市的形象。

　　江苏省语言文字工作委员会、省文化和旅游厅 2019 年 6 月下发通知，委托南京大学外语规范与应用研究中心在全省 5A 级旅游景区开展外文译写规范化工作调研。本课题组在中心的指导下，组织南京大学师生于 2019 年 7 月至 9 月对环球恐龙城休闲旅游区的英文译写情况展开调查。

　　在参照《公共服务领域英文译写规范》的基础上，课题组发现该景区的英文译写在信息传递、英语表达、体例格式等方面存在不少问题。课题组对这些问题进行了整理分析，以下为部分实例。

存在问题

1.公共标识英文译写未采用《国标》译法

　　2017 年 6 月 20 日，国家质检总局、国家标准委联合发布《公共服务领域英文译写规范》（以下简称"《国标》"）系列标准，并于当年 12 月正式实施。经调研发现，截至 2019 年 8 月，环球恐龙城休闲旅游区内仍有部分公共标识的英文译写未采用《国标》译法，降低了景区旅游服务的质量。例如：

上图为恐龙馆入口处标识。译文 CONSULTANT AND SERVICE CENTRE 照搬中文结构，表达不规范，建议改译为 Information Center（见《国标》三、旅游 – 表 B.1 示例 54）。

上图为恐龙馆入口处标识。"投诉电话"译文 Suit telephone 中的 suit 指"起诉、控告某人"。此处为顾客投诉，用词不准确，建议改译为 Complaints:____（"____"填入电话号码）（见《国标》三、旅游 – 表 B.1 示例 56）。

上图为游乐设施温馨提示公共标识。"禁止攀爬"译为 NO CROSSING，意思表达不准确，建议改译为 No Climbing（见《国标》一、通则 – 表 A.3 示例 32）。

上图为区域围栏处标识。"当心有电请勿触摸"的译文 Do not close 意为"请勿关闭"，属错译，建议改译为 Danger! High Voltage（见《国标》一、通则 – 表 A.2 示例 12）。

5.请保持场内清洁卫生；
Please maintain the environmental sanitation.

上图为两处游乐设施注意事项内容。"请保持场内清洁卫生"的译文 Please maintain the environmental sanitation. 未采用《国标》译法，建议改译为 Please Keep This Area Clean.（见《国标》四、文化娱乐 – 表 B.5 示例 11）。

2. 信息传递不准确

信息传递的准确与否直接关系到外国游客的观光体验和景区的科普教育效果，而环球恐龙城休闲旅游区译文在信息传递方面还存在不足，给游客造成许多不便。

（1）译名不统一

景区内有些景点名称译文不一致，例如：

上图为"冒险恐龙岛"的两种不同译文，该区域的其中一个入口的译文为 ADVENTURE DINOSAUR ISLAND，而另一个入口的译文则为 Adventure on Dinosaur Island。虽然两种译文传达的意思大致相同，但译名的不统一会给游客留下译写工作不专业的印象，影响其对景区的整体观感。

（2）错译

景区内部分标识存在错译的情况。例如：

　　上图为观光游览车租赁处的标识。"租赁"被错译为 TICKETING，意为"售票处"，与实际功能不符，建议改译为 Sightseeing Car Rental。

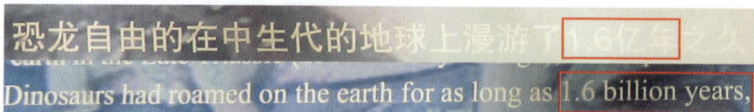

　　上图为"神秘的恐龙王国"的介绍。译文"1.6亿年"的译文 1.6 billion years 意为16亿年，应改译为 160 million years。

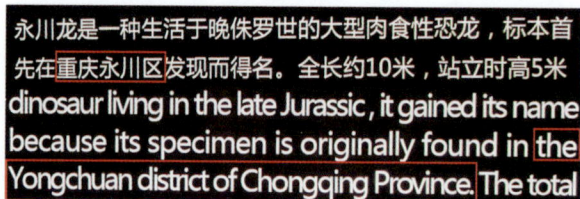

　　上图为永川龙的中英文简介。此处地名涉及中国行政区域的划分，重庆是直辖市，Province 用词不准确，应改为 Municipality。

　　上图为景区内雷龙过山车导览牌。译文 Recently, a traveler who has recently undergone surgical procedures 将 recently 摆在句首，用来修饰整个句子，意思表达不符合中文原意，而且 surgical procedures 用词不准确，建议改译为 traveler who has recently undergone surgery。后半句"因体型无法使装置保证其安全的游客"的译文 a tourist whose body shape can not guarantee the safety of the device 表达的意思是"游客的体型无法保证装置的安全"，显然没有准确理解原文，逻辑上有错误，建议改译为 a tourist whose safety cannot be guaranteed by the device due to his/her body shape。

（3）漏译

景区内的英文标识还存在漏译关键信息的情况。例如：

上图为恐龙基因研究中心的游客须知内容。"孕妇、怀抱婴儿者、醉酒者"的译文为 pregnant, drunk，漏译了"怀抱婴儿者"。游客须知第一条是安全注意事项，应该详尽地译出不宜参加此游乐项目的情况，以免发生意外。

3. 语言表达不正确

环球恐龙城休闲旅游区内有着大量的文字介绍，涉及景区管理制度、科普信息介绍、景区全貌等，这些是外国游客观光过程中了解景区文化的重要窗口。然而，其英文译写还存在着机械硬译、表达不正确、语法错误等问题。

3.1 英语质量问题

在景区内，公共标识、导览牌有的译文不符合英文表达习惯，语言不够准确地道。例如：

上图中的译文存在以下问题。

（1）"这里有高压电线"译为 LINE VOLTAGE PRESEHT，表达和拼写都有错误，建议改译为 High Voltage。

（2）"请勿进入此围墙"译为 DO NOT NETER THIS ENCLOSURE，表达冗

长，拼写有误，且不符合英文警示语的表达习惯，建议改译为 Keep Out。

（3）"否则可能会遇到危险"译为 May Be Danger，属于中式英语，意为"可能是危险"，未能准确表达中文原意，建议改译为 Danger。

（4）"官方人员警告"的译文 AUTHORISED PERSONNEL WARNING 是僵化的硬译，建议改译为 Warning。

以下物品不能带入园区，请您自行处理，或至寄存室寄存。
Following goods can't be taken into the park please deposit in the storage room or deal with yourself

上图为园区入口处的须知内容。"自行处理"译为 deal with yourself，英语 deal with 后面跟人，表示"对付、对待某人"，后面跟物，表示"处理、解决某问题"，此处缺宾语 goods，会给游客造成误解，而动词 deal with 本身用词也不准确。另外，Following goods can't be taken into the park please deposit... 中 park 与 please 之间应用逗号分开。

您的行为是孩子的榜样
YOUR BEHAVIOR IS A ROLE MODEL FOR CHILDREN

上图为阿细实验室内的标语。"您的行为是孩子的榜样"译为 YOUR BEHAVIOR IS A ROLE MODEL FOR CHILDREN，behavior 成为 role model 的主语，但英语中 role model 通常用来指人，而不是行为、行动。

3.2 语法问题
（1）时态错误

目前，世界各大洲均有恐龙化石发现，

At present, the dinosaur fossils were found in every continent.

上图为"神秘的恐龙王国"中英文介绍。译文中 At present 和 were found 时态互相矛盾，建议使用现在完成时。

（2）介词缺失

上图为"直捣龙穴"游乐设施的入口标识。"直捣龙穴"的译文 Drive Stright Dragon Den 缺少介词，建议改译为 Drive straight to/into the Dragon Den。

上图为游客须知的中英文内容。译文中遗漏了介词 in，应改译为 below 1.4 meters in height。

（3）拼写错误

上图为恐龙馆的趣味展板。Extiction 拼写错误，且后面缺少介词，应改译为 The Extinction of Dinosaurs。

（4）单复数错误

上图为中华鲟的分布信息。译文主语 the amount and type 为复数形式，谓语 is 是单数形式，应改译为 are。

● 每个座舱限1名游客；
Each gondola is limited to 1 passengers;

上图为景区内炫彩大风车游客须知的内容。数量词"1"是单数，可是修饰的名词却变成了复数，未能保持单复数一致。

4. 体例格式不规范

恐龙馆的译文存在拼写、大小写、空格等不规范现象，这些错误会给人留下不专业的印象，同时影响游客对内容的理解。

4.1 拼写错误

地球是我们人类和自然界各类生物共有的家园，它从形成到现在已有46亿多年的历史了。地球提供给人类最重要的生存条件，带来万物霸天竞自由的奇妙景象，同时也构成一个相互依存的和谐的生物圈。

theohher other creatures. The earth supplies us with the most important conditions tosurvive and brings us splendid scenario that aii kinds of species live together to form an interdepen dence and harmonious bisphere.

上图为恐龙馆中关于地球的中英文介绍。译文中 aii 拼写错误，应为 all，bisphere 拼写错误，应为 biosphere。

Carhival sale-room

上图"嘉年华"的译文 Carhival 拼写错误，应为 Carnival。

4.2 大小写问题

旦宝的魔法屋
Danbao's Magic house

上图为恐龙馆导览图中的内容。其中 house 的首字母 h 没有大写，应改译为 Danbao's Magic House。

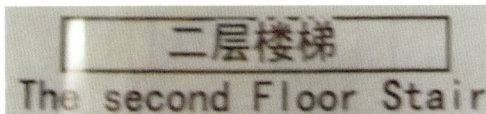

二层楼梯
The second Floor Stair

上图为恐龙馆导览图中的内容。"二层楼梯"的译文 The second Floor Stair 中 second 的首字母 s 没有大写，其表达也不规范。

4.3 空格错误

中华恐龙馆导览图
China Dinosaur Museum TouristMap

上图为"中华恐龙馆导览图"的译文，其中 Tourist 和 Map 之间没有空格，应改译为 China Dinosaur Museum Tourist Map。

地球是我们人类和自然界各类生物共有的家园，它从形成到现在已有46亿多年的历史了。
提供给人类最重要的生存条件，带来万物霜天竞自由的奇妙景象，同时也构成一个相互依

The earth,which has a history of 4.6 billion years since ist formation, is themutuai homeland for our humankind and all theohher other creatures. The earth supplies us with the most

上图为恐龙馆中关于地球的中英文介绍。译文中 earthwhich 两个单词间未空格，themutuai 单词间也未空格，且有拼写错误，应改译为 the mutual。theohher 单词间未空格，且有拼写错误，应改译为 the other。

(CONTACT THE WORKING STAFF FOR SAFEKEEPING). TAKE CARE OFVAL UABLE OBJECTS BY YOURSELVES；

上图为景区红磨坊游客须知部分内容的译文。"贵重物品请自行妥善保管"的译文中单词 VALUABLE 从中间分开，并将 OF 和 VAL 连在一起，影响游客对内容的理解，建议改为 take care of valuable objects by yourselves。

以上是环球恐龙城休闲旅游区公共标识英文译写存在的部分问题。因篇幅有限，本报告只是择取一些有代表性的示例进行分析讨论。作为国家 5A 级旅游景区，环球恐龙城休闲旅游区公共标识英文译写的质量还有待进一步提高。

（撰稿人：蒋思佳、刘璐、武凡舒、吴慧敏、承雨嫣）

常州市天目湖景区
英文译写规范化工作调研报告（摘录）

　　天目湖景区位于江苏省溧阳市境内，是国家 5A 级旅游度假区，拥有天目湖山水园景区、天目湖水世界、南山竹海景区以及御水温泉四大核心景区，每年接待大批中外游客。因此，天目湖景区内公共标识的英文译写质量显得尤为重要，不仅反映出景区管理的规范化和国际化程度，同时也会影响到常州和溧阳的城市形象。

　　江苏省语言文字工作委员会、省文化和旅游厅 2019 年 6 月下发通知，委托南京大学外语规范与应用研究中心在全省 5A 级旅游景区开展外文译写规范化工作调研。本课题组在中心的指导下，组织南京大学师生于 2019 年 10 月对天目湖景区的英文译写情况展开调查。

　　在参照《公共服务领域英文译写规范》的基础上，课题组发现天目湖景区的英文译写在信息传递、语言表达、体例规范等方面存在不少问题。课题组对这些问题进行了整理分析，以下为部分实例。

存在问题

1. 公共标识英文译写未采用《国标》译法

　　2017 年 6 月 20 日，国家质检总局、国家标准委联合发布《公共服务领域英文译写规范》（以下简称"《国标》"）系列标准，并于当年 12 月正式实施。经本课题组调研发现，天目湖景区内仍有部分公共标识的英文译写未采用《国标》译法，降低了景区旅游服务的质量。例如：

上图为景区入口标识。译文 Left Luggage 直译成中文是"左边的行李"，明显与想要传达的实际含义"行李寄存"不一致，建议改为 Luggage/Baggage Deposit（见《国标》一、通则 – 表 A.1 示例 64）。

上图为天目湖和南山竹海等处"小心地滑"的译文。Be careful of slip on the floor！，Slip Carefully，Carefully slide Caution！在表意上存在错误，英文表达不规范，应改译为 CAUTION//Slippery Surface（见《国标》三、旅游 – 表 B.2 示例 12）。

左上图为天目湖南山竹海售票处的告示牌。"营业时间"的译文 Time In The Park 表示"公园里的时间"，意思表达不准确，大小写格式也不规范，建议改译为 Business Hours（见《国标》一、通则 – 表 A.5 示例 8）。

右上图为南山竹海景区内舞狮表演场地的告示牌。译文 The arena 有"竞技场，斗兽场"的含义，意思表达不准确。另外，英文单词首字母应大写，建议改译为 Performance Area（见《国标》三、旅游 – 表 B.1 示例 104）。

左上图为南山竹海停车场附近乘车点的标识牌。"旅游直通车乘车点"的译文 Travel Through Bus Site 意为"通过公交站点旅行",用词和语法上都存在错误,建议改译为 Sightseeing Bus Stop(见《国标》三、旅游 – 表 B.1 示例 82)。

右上图为天目湖山水园景区入口处的指示牌。"无障碍通道"译文 Barrier-free access 未采用《国标》译法,应改译为 Wheelchair Accessible Passage(见《国标》三、旅游 – 表 B.1 示例 13)。

2. 信息传递不准确

旅游景区的信息传递主要包括实用信息(景点地图、景区设施、导引标识和注意事项等)和文化信息(历史典故、民间传说、特色活动和产品等)。信息传递的准确与否对外国游客的观光体验有直接的影响,天目湖景区译文在信息传递上仍存在一些不足,会给外国游客带来困惑和不便。

2.1 实用信息传递不准确

景区标识译文的一大主要功能是向外国游客传达实用信息,因此准确的译写能够实现旅游便利。然而,天目湖景区中的一些标识在实用信息的翻译上仍然存在问题。

(1)译名不统一

景区涉及大量人名、地名等专有名词的翻译,因此需要保持前后一致,以避免信息传达出现问题,造成误解。例如:

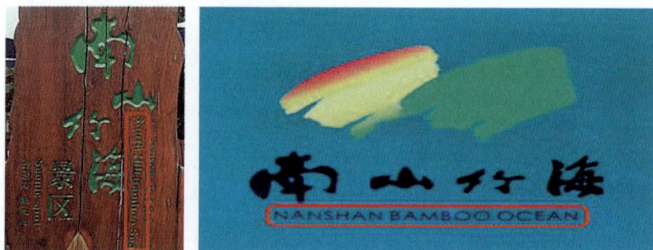

上面两图是天目湖"南山竹海"景区的两种不同翻译：South Hill Bamboo Sea 和 NANSHAN BAMBOO OCEAN，分别见于景区入口和宣传册。实地考察中还发现了 Bamboo Forest 等译文，景区名称译文应统一。

上面两图分别是状元文化区的指示牌和状元阁内部简介牌上的译文。针对"状元"的翻译，状元文化区的标识直接采用了拼音译法 Zhuangyuan，而状元阁内部的简介则使用了英文表达 the Top-one Scholars，建议统一。

（2）错译

景区内的部分标识存在错译的现象。例如：

上图是南山竹海旅游观光车乘车点的指示牌。"向前 50 米处"的译文 to the second floor 意为"请到二楼"，与原文意思完全不符。

左上图是天目湖湖水世界景区内标识。"贵重行李物品寄存区"被错译为 Male Bathing Area，意为"男士沐浴区域"，与中文标识内容完全不对应，是乱译，无法起到标识应有的作用。

右上图是天目湖湖水世界景区内标识。"帐篷营地由此向前"的译文 From here the tent camp moves forward 是错译。原文中"由此向前"是请游客继续前行，而英文翻译中主语变成了 tent camp，会造成外国游客的理解困难，使得指示牌的功能大打折扣。

上图为天目湖景区入口处的标识。译文 Network Exception Order Processing 是对原文"网络异常订单处理"的逐字翻译，每个英文词对应一个中文词语，堆砌在一起，无法传达原文含义，令人费解。

上图是南山竹海景区金氏家规家训馆的门牌。中文"金氏"是指金家，译为 JISHI FAMILY 是错译，而"家规家训"的译文 Rules Training Precepts 是英文单词堆砌，意思不明，"馆"字漏译，没有传达出场馆的信息，令人费解。

（3）机械硬译

景区内的英文标识还存在机械硬译，不符合英文表达习惯的现象。例如：

上图为南山竹海景区缆车处的告示牌。"礼让三分，和谐十分"的译文 three points of courtesy, ten points of harmony 显然受到中文影响，不符合英文表达习惯，无法准确传达意思。

上图是南山竹海观光车候车区域的告示牌。面向老弱病残孕等群体的"爱心等候区"和"爱心座位"等表达是中文特有的，译文 Love waiting area 中的 love 作为"爱心"的机械翻译，并不能传达出面向特殊群体这一层含义。建议译为 Courtesy Seats。

上图为南山竹海景区入口处告示牌。"小火车需入园乘坐"的译文 Small trains must be taken into the park. 是对照中文逐字僵化翻译，意思为"必须要携带小火车入园"，未能准确传递指示牌中文原意。

2.2 文化信息传递不准确

天目湖周围现存许多著名的历史文化遗址，包括以春秋时代伍子胥命名的伍员山、东汉大文学家蔡邕读书台、太白楼、报恩禅寺等，文化底蕴深厚。因此景区内的介绍、标识不可避免地会涉及许多文化词汇。然而，这些词汇的译文仍存在较多不足，无法准确地传递出相应的文化内涵。例如：

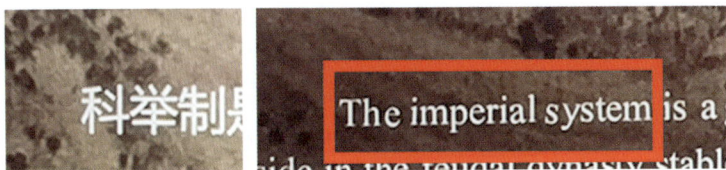

上图是景区内状元阁内标识。"科举制"的译文 The imperial system 意为"帝国制度"，是错译，也没有传递相关的历史文化信息。

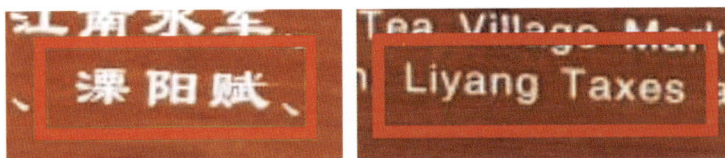

上图是天目湖景区内江南茶村的介绍标牌。原文"溧阳赋"中的"赋"是指中国古代的一种诗歌体裁，而译文 Liyang Taxes 将其误译成"税赋"的意思，不仅意思不对，也未能传递相关历史文化信息。

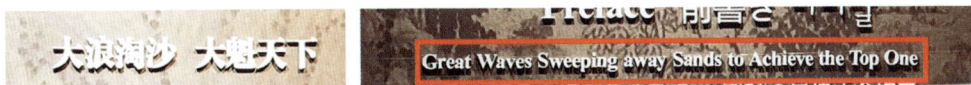

上图是天目湖景区状元文化馆的中英文介绍，"大浪淘沙 大魁天下"的译文 Great Waves Sweeping away Sands to Achieve the Top One 是对照中文逐字僵化翻译，句子意义表达不明，未能传达出在天下人才中筛选出状元的中文原意。

庵，今溧阳别桥镇马家村人，为清顺治十八年（166□□
元。一生有《十三经汇解》、《理学渊源录》、《匡庵文
集》、《华阳游志》、《李杜诗汇注》等作品。

Ma Shijun (AD1617–1666 years), whose beginning name was Shiqi, styled Zhangmin, and with nickname Kuang'an, was a top one scholar in 18 years of Qing Dynasty (in 1661), whose works are "The Variorums

上图中"清顺治十八年"的译文 18 years of Qing Dynasty 意为"清代的 18 年"，是错译，与中文原意有很大出入，应补充相关历史文化信息，改译为 in the 18th year of the Emperor Shunzhi's reign during the Qing Dynasty (1661)。

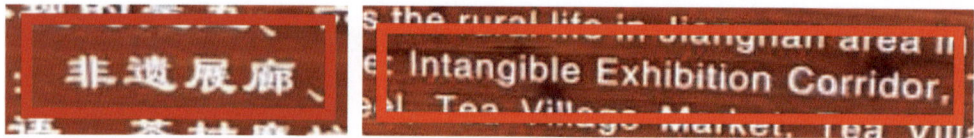

非遗展廊 | ...the rural life in Jiangnan area i... Intangible Exhibition Corridor, ...Tea Village Market, Tea Vill...

上图是天目湖景区内江南茶村的介绍标牌。其中"非遗展廊"的译文为 Intangible Exhibition Corridor，意思是"无形的展廊"。"非遗"本是"非物质文化遗产"的简称，英文应为 Intangible Cultural Heritage，但译文漏译了"文化遗产"，意思与中文原意不对应，丢失了相关文化信息。

3. 语言表达不正确

天目湖景区内有着大量的文字介绍，涉及景区管理制度、文化历史介绍、景区全貌、当地文化特产等，这些是外国游客观光过程中了解景区文化的重要窗口。然而，其英文译写存在着表达不地道、语法错误等不少问题。

3.1 语言质量问题

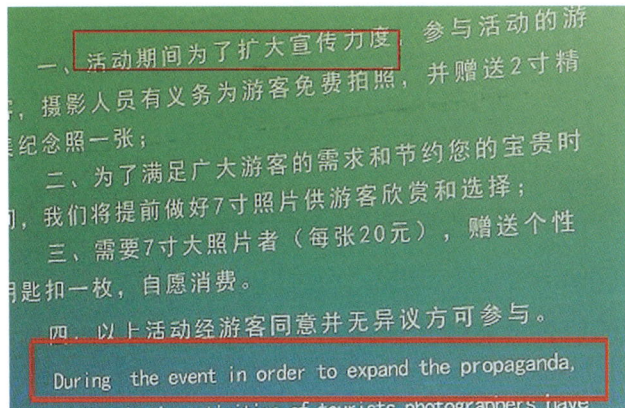

上图是南山竹海某游客通道的告示牌。"活动期间为了扩大宣传力度"的译文 During the event in order to expand the propaganda. 是对中文的逐字翻译，词不达意，不符合英文表达习惯，意思令人费解。

上图为天目湖靠近湖边的警示牌。"水深危险 请勿嬉玩"的译文 Danger do not play a water depth 中 Danger 应换行，不符合英语书写规范。do not play a water depth 意为"请勿嬉玩水的深度"，未能准确表达中义原意。建议改译为 WARNING//Deep Water。

165

上图是南山竹海观光小火车内的公共标识。"注意上下车安全"译文 Pay attention to safety of loading and unloading 中的 loading and unloading 是车装卸货物的意思，与中文原意不符。

3.2 语法问题

景区标牌介绍的内容涵盖自然地理、人文历史等多方面，翻译时应针对不同的内容选择相对应的语法范畴，而天目湖景区内的译文存在明显的语法混乱现象。

上图是景区内的警示牌。Don't... 为祈使句，后面应该搭配动词原形，译文 Don't spanking 用了动名词形式，存在语法错误，而英文单词 spank 表示"打小孩的屁股"，用在此处不符合中文原意。

上图是景区游客中心的身高提示牌。"比我高请买全票"的译文 Please pay the fare is higher than me 出现了两个谓语动词，不符合语法规则，且意义含糊；"比我高请买半票"的译文 Please buy a half ticket taller than me 中缺少连接，taller than me 修饰的成分不明。

上图为熊猫馆的中英文导览牌，存在不少语法错误。"在饮食方面具有独特的食物特性和特殊的消化系统"译为 In dietary respect with unique food and special features of the digestive system，此句语法成分不完整，缺少主语和谓语动词，并且将介词 with 误用作实义动词。

"人类喜爱的很多食物大熊猫都是不能消化的"译为 A lot of food of human love giant pandas are can't digest 语法混乱。food of human love 搭配不当，句中有 food 和 giant pandas 两个主语，存在 are 和 can't 两个谓语。

"因此，投喂额外的食物很容易导致大熊猫消化不良"译为 Feed the extra food, therefore, it is easy to cause the pandas could not digest well，cause 后接动词的固定搭配是 cause...(not) to do，此处的搭配有误。

"大熊猫信赖我们人类朋友，但它没有分辨食物健康与否的能力"译为 Giant pandas trust our friends, but it doesn't have the ability to distinguish food is healthy or not 有误。our friends 指"我们的朋友"，而不是中文原文中的"我们人类朋友"；Giant pandas 是复数，而后面代词用了单数的 it；distinguish 后面的宾语成分应补充为 whether the food is healthy or not。

4. 体例格式不规范

　　天目湖景区的英文译写在单词拼写、大小写、标点符号、排版等方面也存在不规范现象。这些细节大大降低了景区译文的专业性。

4.1 拼写错误

　　景区标识中出现多处拼写错误。例如：

　　上图为南山竹海景区地面缆车处的告示牌。"请勿入内"的译文 Don Not Enter 中 Don 拼写错误，应改为 Do Not Enter 或按照《国标》译为 No Admittance。

　　上图为天目湖山水园景区状元文化馆介绍展板的标题。译文将"止于至善"的"善"（perfection）错写成 perfeotion。

4.2 标点符号和空格使用不规范

上图取自天目湖景区中"天下第一壶"雕塑的介绍，其中空格和逗号的使用都明显存在不规范的情况：数十个字母没有空格地连在一起，造成极大的阅读困难；逗号有时前后都有空格，有时又都没有，不符合英文标点书写规范。

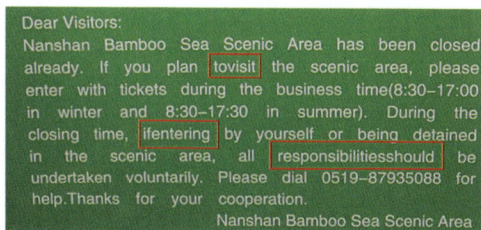

上图为南山竹海景区的公共标识，其中 tovisit，ifentering，responsibilitiesshould 单词之间缺少空格，不符合英文书写规范。最后一行 help 句号后应有空格，与 Thanks 分开。

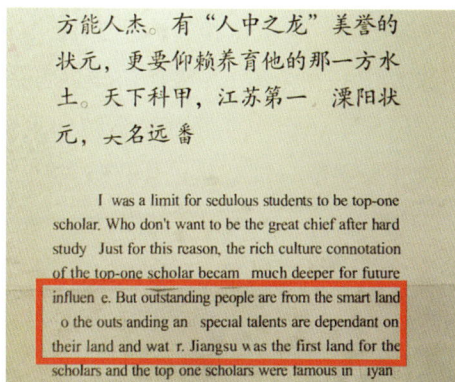

上图译文中有多个单词英文字母缺失，给人留下景区译文质量不高、不专业的印象。

以上是天目湖景区公共标识英文译写存在的部分问题。因篇幅有限，本报告只是择取一些示例进行分析讨论。作为国家 5A 级旅游景区，天目湖景区公共标识英文译写的质量还有待进一步提高。

（撰稿人：刘越、刘晨旭、谢鹏飞、王安潮）

常州市中国春秋淹城旅游区
英文译写规范化工作调研报告（摘录）

　　中国春秋淹城旅游区位于江苏省常州市武进区，包括春秋淹城遗址、淹城春秋乐园、淹城野生动物世界、淹城传统商业街坊和淹城宝林禅寺五个景点。中国春秋淹城旅游区是国家 5A 级旅游景区，每年吸引着数以百万计的游客，其中不乏大量外国游客。因此，景区公示语、景点介绍词等旅游文本的外文译写质量显得尤为重要，不仅直接反映了景区的文明程度，甚至还影响到常州的城市形象。

　　江苏省语言文字工作委员会、省文化和旅游厅 2019 年 6 月下发通知，委托南京大学外语规范与应用研究中心在全省 5A 级旅游景区开展外文译写规范化工作调研。本课题组在中心的指导下，组织江苏理工学院师生于 2019 年 6 月至 11 月对中国春秋淹城旅游区内的外文译写规范化工作进行调研，对景区内公共标识、导览牌、指示牌等进行实地考察。

　　在参照《公共服务领域英文译写规范》的基础上，课题组发现景区的英文译写在信息传递、语言表达、体例规范等方面存在一些问题。课题组对这些问题进行了整理分析，以下为部分实例。

存在问题

1. 公共标识英文译写未采用《国标》译法

　　2017 年 6 月 20 日，国家质检总局、国家标准委联合发布《公共服务领域英文译写规范》（以下简称"《国标》"）系列标准，并于当年 12 月正式实施。经调研发现，中国春秋淹城旅游区内仍有公共标识的英文译写未采用《国标》译法，降低了景区旅游服务的质量。例如：

上图为中国春秋淹城乐园景区内注意事项标识。译文 Carefully slide 为错译，意思是"小心地滑行"，建议改译为 Caution! Wet Floor（见《国标》一、通则 – 表 A.2 示例 9）。

上图为景区内指示牌。"游船码头"的译文 Marina 不是常用的单词，建议改译为 Pier（见《国标》三、旅游 – 表 B.1 示例 92）。

上图为春秋淹城遗址内的警示牌。"严禁烟火"的译义 No Open Flames 仅仅译出"禁止明火"的意思，未完整表达出原文"禁止吸烟和明火"的意思，建议改为 Smoking or Open Flames Prohibited（见《国标》一、通则 – 表 A.3 示例 50）。

　　上图为淹城春秋乐园内警示牌，其中"小心台阶"的译文 Beware of the Steps 意思表达不准确，建议改译为 Mind/Watch Your Step（见《国标》一、通则 – 表 A.2 示例 1）。

　　上图为淹城景区诸子百家园内警示牌。"前有陡坡"的译文 Watch out the slope ahead 意思表达不准确，建议改译为 Steep Descent Ahead（见《国标》二、交通 – 表 A.2 示例 5）。

2. 信息传递不准确

　　旅游景区的信息传递主要包括实用信息（景点地图、景区设施、导引标识和注意事项）和文化信息（历史典故、民间传说、特色活动和产品等）。信息传递是否准确直接影响外来游客对景区甚至整个城市文化的体验，而中国春秋淹城旅游区在信息传递方面还存在不足。

2.1 实用信息传递

（1）译名不统一

　　景区涉及不少景点名称，相关翻译需保持一致，否则容易造成误解。例如：

上图为景区内对游乐设施"西施谜宫"的两种英文翻译。在景区内的指示牌上，该游乐设施被翻译成了 Xishi Palace，而在游乐设施入口处的说明告示上，"西施谜宫"被译为 Xi Shi Maze，对同一设施的不同翻译容易造成困惑，给游客带来不便。实际上，这一设施并非传统的迷宫，而是带有一定迷宫性质的剧场式演出，两种译法均有一定道理，但建议两处统一译名。

奄 君 殿

奄君殿以展示数百件春秋时期的出土文物（复制品）、包括青铜剑、鼎、玉带钩等稀世罕见的春秋时期礼器、兵器及奄王等宫廷贵族的生活场景；在这里每一件兵器包含一个政治符号、每一件文物反映一段经济面貌，每一件器皿都有他其中的艺术价值与文化内涵。充分展示了中华民族高尚而特有的价值观和审美观，通过现场多媒体演示，中华民族博大精深的哲学和军事思想以及伦理道德有了立体的解读。

Palace of the King of Yan State

The Palace of the King of Yan State displays several hundreds of the unearthed relics (replica) of the Spring and Autumn Period, including bronze sword, Ding, Jade Belt Hook and other very rare sacrificial vessels and weapons of the Spring and Autumn Period as well as scenes of life of the court nobles including the King of Yan State; here, each and every piece of weapon contains a political symbol; each and every piece of relics represents the economic visage of a period. Each and every vessel has its own artistic value and cultural connotations. It fully shows the lofty and specific values and aesthetics of the Chinese nation. With multi-media presentation on site, the extensive and profound philosophy, military thought and ethics and morals of Chinese nation are interpreted in full aspects with the multi-media presentation on site.

奄君殿遗址
Site of Yan Monarch Palace

奄君殿
Yanjun Hall
Palast Yanjun
엄군전

上图为景区内对景点"奄君殿"的三种不同翻译。在景区内宣传牌上，"奄君殿"被译为 Palace of the King of Yan State，而景点的介绍牌上则是 Yan Monarch Palace，景区内指示牌上则将"奄君殿"译成了 Yanjun Hall。三处不统一，会影响游客的旅游体验，建议统一规范译名。

（2）错译

孙武，齐人也，以兵法见於吴王阖庐。被后人尊称其为孙子、孙武子、兵圣、百世兵家之师、东方兵学的鼻祖。领兵打仗，战无不胜，与伍子胥率吴军破楚，五战五捷，率兵3万打败60万楚国大军，攻入楚国郢都。北威齐晋，南服越人，显名诸侯。

Sun Wu, from the State of Qi, Presented a book on the tactics of war to He Lu, the King of Wu. It has been known among the later generations as Sun Tzu, Sun Wuzi, the Ultimate Master of War, Teacher of Military Strategies and founder of the oriental strategics. Under his leadership, his armies were invincible. He led the troops of the State of Wu to Defeated the State of Chu together with Wu Zixu with five victories. He led only 30,000 soldiers to defeat the great army of 600,000 soldiers of the State of Chu, finally occupying Yingdu of the State of Chu. After defeating the States of Qi andJin in the north and the State of Yue in the south, the State of Wu became the most powerful state among other vassal states.

上图为景点兵圣屋的介绍牌，译文出现了错译的现象。汉语原文中说的是孙武其人又被后世称之为孙子、孙武子等，而英文中却错译了主语，译成了 It has been known ...，结合上文，意思成了孙武献给吴王的兵法被后人尊称为孙子、孙武子等，传递了错误的信息，建议修改主语，改为 He。

烽火飞索
Firefly

烽火飞索又叫空中飞人，它的前身是特种部队在执行任务时经常使用的一种战术装备，后被演变成现在的游乐项目。本项目落差18米，全场230米，是一项具有挑战性和娱乐性的游乐项目。它给游客带来一种高空飞翔、速度与激情的感觉，深受广大游客的喜爱。本项目为自愿消费项目。

The Firefly is called the flying man. Its predecessor was a tactical equipment often used by special forces when it performed its mission. It was later evolved into a current recreational project. This project is a 18 meter drop and 230 meters in the audience. It is a challenging and entertaining ride. It gives visitors a sense of high-altitude flight, speed and passion and is deeply loved by tourists. This project is a voluntary consumer project.

上图为景区内游乐设施烽火飞索的中英文导览牌。"本项目落差 18 米，全场 230 米"的译文 This project is a 18 meter drop and 230 meters in the audience 是错译，未能传达中文原意，英文意思令人费解。

本项目为自费项目，有不便，请谅解。

The project is self funded and inconvenient. Please understand.

上图为景区内游乐设施烽火飞索的收费说明。The project is self funded and inconvenient 意为"本项目为自我资助且不方便"，错误地将"有不便"放到了前句译文中，并且对"自费"的翻译不准确，全句令人难以理解。考虑到英文译文仅需表示出"本项目需自费"的意思，建议修改为 Please be noted that this facility requires extra charges.

武经堂
Wu Jing Tang
Halle der Militär-Klassiker
무경당

孙武所著《孙子兵法》十三篇，又称《孙武兵法》，是世界上第一部军事著作，世界三大兵书之一，为后世兵法家所推崇，被誉为"兵学圣典"，置于《武经七书》之首，被译为英文、法文、德文、日文，成为国际间最著名的兵学典范之书。

The book *Sun Tzu's Art of War* written by Sun Wu, covering 13 chapters, also known as *Sun Wu's Art of War*, is the first military work in the world and one of the world's three major books on tactics. It was highly praised by the subsequent tacticians and has been renowned as "Military Canon". Ranking first among *Seven Military Classics*, it has been translated into English, French, German and Japanese and has been known as the best-known classic military book in the world.

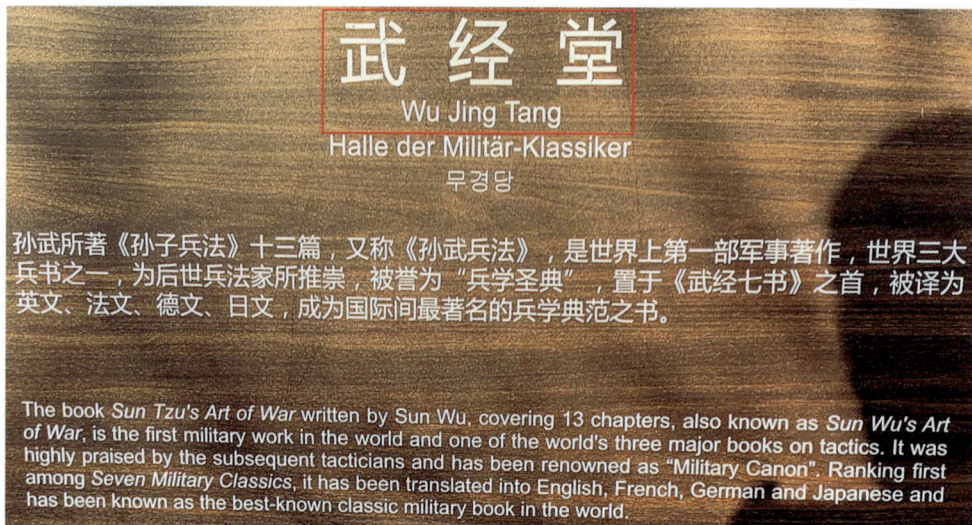

　　上图为淹城遗址内景点"武经堂"的景点告示牌，其中对景点名称的英译直接使用了原文的拼音 Wu Jing Tang，从英文的角度来讲完全没有意义。这里的"武经"实际上是指《武经七书》，即武学经典，所以可以参考下文介绍中对《武经七书》的翻译，译为 The Hall of Military Classics。

（3）机械硬译

扫扫地图在手
Sweep the map in hand

　　上图为淹城春秋乐园内标识。译文 Sweep the map in hand 直译为"清扫手上的地图"，是对原文的机械硬译，并没有传达出应有的意思。实际上，原文指的是用手机扫描二维码获取地图，建议译文将其内在意思表达出来，而不是逐字翻译。

2.2 文化信息传递

作为历史遗址公园，中国春秋淹城旅游区有着深厚的文化底蕴。景区内的标识涉及许多具有文化色彩的词语或者文本，译者需要通过翻译帮助外国游客理解中国文化。然而景区内一些文化信息的翻译仍然存在一定问题，不利于文化信息的传递。

上图为景区内"五霸鬼屋"的介绍牌。该游乐设施以春秋五霸为文化背景，但在其翻译上传递了错误的文化信息。春秋五霸出现在中国第一位皇帝——秦始皇之前，且在名义上均为周天子属下的诸侯，译文将"五霸"译为 Five Emperor（五位皇帝）不准确。建议参考维基百科对"春秋五霸"的翻译，译为 Five Hegemons 或 Five Kings。

上图为淹城遗址内"枯山水"的介绍牌。"枯山水"译为 Zen Garden，意为"禅意花园"，在西方语境中多指日式的花园风格。Zen Garden 虽然意境上与"枯山水"类似，但未能准确传递景区的文化信息，建议修改，可以采用"拼音＋注释"的形式。

编钟最早出现在商代，兴于西周，盛于春秋战国直至秦汉。淹城编钟乐宫以展示春秋时期的青铜编钟为主，糅合了古代踢踏舞、剑舞、水袖舞、踏歌等春秋宫廷乐舞的"编钟乐舞"，让您聆听春秋恢宏礼乐的同时，尽享古代王室宴会之乐。

Music composition originated in the Shang Dynasty, popularized in the West Zhou Dynasty and prospered in Warring States till the Qin and the Han Dynasties. Music Composition Palace in Yancheng mainly demonstrates bronze bell in the Spring and Autumn Period, integrating ancient tap dance, sword dance, long-sleeve dance, Ta-ge (singing and dancing at once) and other court music and dances, embracing you with magnificent music and enabling you to enjoy banquet of music of ancient royal family.

上图为景点编钟乐宫的介绍。介绍词中出现了我国古代的多个朝代，如商代、西周、春秋战国等。多个朝代的出现容易对不了解中国历史的游客造成一定困惑，难以传递有效的文化信息。建议在译文中加入相关的年代，以便理解。

3. 英语表达不正确

春秋淹城旅游区内有着大量的文字介绍，涉及景区管理制度、淹城文化背景、景区全貌、历史趣闻、当地特产等，这些是外国游客观光过程中了解景区文化的重要窗口。然而，译文存在不少明显的语法错误以及不地道的英文表达，降低了景区译文质量。

3.1 语言质量问题

景区内的导览牌虽然配备了足够的英文译文，但在具体文字方面依然存在译文不符合英文表达习惯、语言不地道的现象，存在一定的语言质量问题，影响游客的观感。

Warm prompt: 1.Please follow the instructions of the staff during the playing course;please take good care of your belongings;No litter,please;please don't horse or wander around.
2.When it is full up,play will be started;when there is vacancy,please be patient and wait about 20 minutes(timingstarts from tickets checked).
3.In case of bad weather such as thunderstorms and gales,wharf projects shall be shut down.

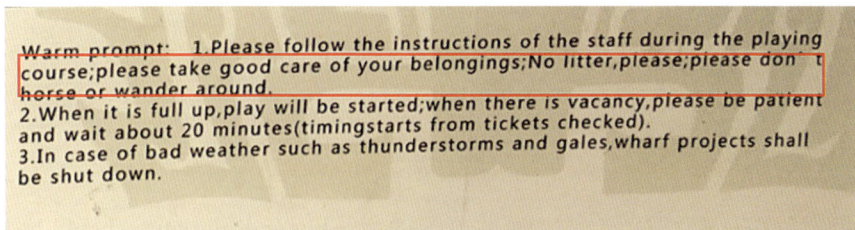

上图为春秋淹城乐园内注意事项标识。译文 No litter, please; please don't horse or wander around 是对汉语原文逐字的机械硬译，虽然能体现出原文的意思，但在表达方面非常不地道，建议调整为 please do not litter, and do not disturb other visitors。

友情提示
Friendship Tips / 우정 힌트

票已售出，概不退还
酌情考虑，谢谢合作
Tickets are sold without refund As appropriate, thank you for your cooperation.

上图为景区内公共标识。"友情提示"的译文 Friendship Tips 意为"友谊小贴士"，与中文原意有出入；"酌情考虑"译为 As appropriate，词不达意，不符合英语表达习惯，存在语言质量问题。

护林木，不吸烟
文明就在你身边
Tree protection, non-smoking Civilization is right beside you

上图为景区内公共标识。译文的语言质量差，意思与中文原意有出入。Tree protection 意为"树木保护"，non-smoking 意为"非吸烟"，均与中文原意不符，且标点符号使用不规范。

3.2 语法问题

景区内部分译文还存在一定的语法问题，例如：

> 4. Disinfection and deodorization treatment should be provided for more than three times every week. In special seasons, fly and mosquito should be killed according to the arrangement of the company;
> 5. Water supply and flushing facilities should be frequently inspected. Any

上图为春秋淹城乐园内注意事项的译文。Fly and mosquito should be killed according to the arrangement of the company 中名词单复数使用有误，fly（苍蝇）、mosquito（蚊虫）都是可数名词，此处需使用其复数形式，即 flies、mosquitoes。

> **在游玩过程中请注意以下几点：**
> •请有序排队，安全上、下客；
> •进入观景舱后，请均匀散开站在圈内，人员不要过于集中；
> •若遇其他特殊突发事件，请按照工作人员的安排正确应对。
> 特别提醒：如遇雷雨或大风天气将暂停开放。
>
> **Please pay attention to following aspects:**
> •Queue orderly, get on and off safely;
> •Please scatter evenly in the chamber; do not gather in concentration;
> •Please follow arrangement of our staff if there were unexpected emergency occurred.
> Warm reminder: the Platform would be closed when there is thunderstorm or heavy wind.

上图为春秋淹城乐园景区内注意事项标识。译文 Please follow arrangement of our staff if there were unexpected emergency occurred. 中 occurred 用过去时是错误的，应该用一般现在时，改为 Please follow arrangement of our staff if unexpected emergency occurs.

> Dear tourists:
> For convenience of your visit, please wear the bracelet under guidance with the staff. It serves as a proof for your return to Chunqiu Amusement Park after visiting the Relic Park. Do not take it off yourself before returning. Thanks for your cooperation!

上图为春秋淹城遗址入口处标识。under guidance with the staff 缺少相应的冠词，且介词使用错误，应改为 under the guidance of the staff。

上图为淹城乐园内告示牌，其中存在语法错误问题。locations 使用了错误的单复数形式，应改为 location；inconvenient 词性错误，应改为名词 inconvenience。

4. 体例格式不规范

春秋淹城乐园景区内许多译文存在拼写错误和大小写使用错误，使得历史文化背景的介绍效果大打折扣。例如：

4.1 拼写错误

上图为春秋淹城乐园内游乐项目"疯狂罗盘"介绍。译文 ...the howls of wind make you fee like staying in a magnificent battlefield. 中 fee 拼写错误，应该是 feel。

上图为景区内"岳飞点将台"的介绍牌，其中存在拼写错误。这里汉语原文是"1130 年 3 月，金军进攻常州"，因此英文译文中 attached 一词拼写错误，应为 attacked。

4.2 大小写、标点符号、空格问题

8、进入鬼屋前需换好雨鞋，雨鞋租赁属于自愿消费，也可自带雨鞋，雨鞋为一次租赁，第二次游玩需再次租赁；

7. Due to the darkness of the venue during the play, please pay attention to your belongings to prevent loss;
8. need to change the rain boots before entering the haunted house, rain boots rental is voluntary consumption, you can also bring your own rain boots, rain boots for a leasing,The second play needs to be rented again;
9. There are some areas in the haunted house that are wet and slippery. Do not chase in the haunted house to prevent slipping or injury;
10. in order to play safely, the real-time monitoring of the haunted house, please follow the instructions, thank you for your cooperation.

上图为景区内鬼屋的中英文游客须知。译文第 8 点的 need 和第 10 点的 in 首字母没有大写。need to change the rain boots before entering the haunted house 和 you can also bring your own rain boots 后应该用句号而不是逗号。The second play needs to be rented again 句子前面是逗号，The 首字母没有小写。"雨鞋为一次租赁"的译文 rain boots for a leasing 缺谓语动词，此处可改译为 Rain boots are rented for one visit, and re-rental is required for the second visit.

注： 所有室外演出，逢雨停演。如逢重大节假日或特殊情况有所调整，请看当日告示或听园内广播。

Note : All of the performances outside won't be played on rainy days.Any adjustment would be made encountering special circumstances and major holidays,Please pay attention to day notices or park radio.

上图为景区内公共标识。译文第一个句子的句号后缺空格。第二个句子结尾应该用句号而不是逗号，此处也缺空格，体例不规范。

站在高55米、360度旋转的空中,让您俯瞰淹城遗址三城三河全貌，感受春秋战国时期名将孙武点兵布将的声势浩大和运筹帷幄的大将之风。

Standing on a 360-degree rotary platform 55m above ground, you can witness three towns and three rivers of City Ruins of Yancheng in bird' s-eye view and experience the grand view and gorgeous style of Sun Wu, the famous general in Warring States in the Spring and Autumn Period, commanding his soldiers.

上图为景区内游乐设施"孙武点将台"的介绍。按照英文版式，译文中 bird's-eye 的撇号后不应有空格。

4.3 书名书写不规范

，依次是子城、子城河、内城、内城河、外城、外城河，三城三河相套。淹城独特的建筑形制，与《孟子》等传世文献描述完全相符。而这种形制，既利于防范御敌，又利于防洪

Imperial city, imperial city moat, inner city, inner city river, outer city and outer city moat. The unique architecture of Yancheng exactly meets the description in various handed-down literatures, including The Works of Mencius. The structure of Yancheng can not only facilitate protection and guard against enemies, but also can facilitate flood

上图为春秋淹城遗址公园的导览牌，译文在书名的书写方面存在不规范现象。根据汉语原文可知，The Works of Mencius 特指《孟子》而非"孟子的作品"，是单独的书名，因此应使用斜体，即 *The Works of Mencius*。

以上是中国春秋淹城旅游区公共标识英文译写存在的部分问题。因篇幅有限，本报告只是择取部分示例进行分析讨论。作为国家 5A 级旅游景区，中国春秋淹城旅游区公共标识英文译写总体情况不错，但从高质量文化发展的要求来看，仍需改进完善，进一步提高质量。

（撰稿人：路蒙娜、李蒙蒙、孔奕、郭芮、杨国萍、罗艺腾）

镇江市金山・焦山・北固山旅游景区英文译写规范化工作调研报告（摘录）

金山・焦山・北固山旅游景区地处江苏省西南部，长江下游南岸，具有"真山真水"的独特风貌。由金山风景区、焦山风景区、北固山风景区组成的三山风景区现为国家 5A 级旅游景区，旅游资源丰富，极具旅游价值，同时历史人文内涵厚重。景区常年接待大量国内外游客，因此，景区内公共标识的英文译写质量显得尤为重要，不仅反映了景区的国际化程度，还关乎整个景区乃至镇江市的形象。

江苏省语言文字工作委员会、省文化和旅游厅 2019 年 6 月下发通知，委托南京大学外语规范与应用研究中心在全省 5A 级旅游景区开展外文译写规范化工作调研。本课题组在中心的指导下，组织南京大学师生于 2019 年 7 月至 9 月对镇江市金山・焦山・北固山旅游景区的英文译写情况展开调查。

在参照《公共服务领域英文译写规范》的基础上，课题组发现该景区的英文译写在信息传递、语言表达、体例规范等方面存在不少问题。课题组对这些问题进行了整理分析，以下为部分实例。

存在问题

1.公共标识英文译写未采用《国标》译法

2017 年 6 月 20 日，国家质检总局、国家标准委联合发布《公共服务领域英文译写规范》（以下简称"《国标》"）系列标准，并于当年 12 月正式实施。经调研发现，截至 2019 年 8 月，金山・焦山・北固山旅游景区内仍有部分公共标识的英文译写未采用《国标》译法，降低了景区旅游服务的质量。例如：

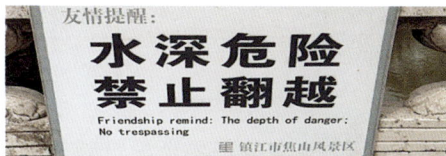

上图为焦山风景区内标识。Friendship remind 不符合英文使用习惯，"水深危险"的译文 The depth of danger 意为"危险的深度"，"禁止翻越"的译文中 trespassing 意为"非法侵入"，与原文意思相差很大，是错译，应改译为 WARNING//Deep Water（见《国标》一、通则 – 表 A.2 示例 14）。

上图为焦山景区内标识。"无障碍通道"的译文 Barrier-free access 是机械硬译，建议改译为 Wheelchair Accessible Passage（见国标三、旅游 – 表 B.1 示例 13）。

上图为北固山景区内标识。译文 No Burning 含义模糊，不够确切，未采用《国标》译法，建议改译为 Smoking or Open Flames Prohibited（见《国标》一、通则 – 表 A.3 示例 50）。

上图为北固山景区入口处标识。译文未采用《国标》译法，建议改译为 Clinic（见《国标》一、通则 – 表 A.1 示例 55）。

上图为金山风景区内标识，分别位于各个导览牌处。"您所在的位置"译文 Place where you are located 不够规范和简洁，建议改译为 You Are Here（见《国标》三、旅游 – 表 B.1 示例 74）。

2. 信息传递不准确

　　旅游景区的信息传递主要包括实用信息（景点地图、景区设施、导引标识和注意事项等）和文化信息（历史典故、民间传说、特色活动和旅游产品等）。信息传递的准确与否直接关系到外国游客的观光体验，而金山·焦山·北固山旅游景区的英文译写在信息传递方面还存在不足，给游客造成了困惑和不便，直接影响了镇江的涉外旅游形象。

2.1 实用信息传递不准确

　　向游客传达实用信息是景区标识的重要功能。由于外国游客对中文不够熟悉，标识的译文是他们了解相关实用信息的重要途径。景区在实用信息的翻译上或多或少存在着一些问题，未能很好地实现其服务和信息传递的功能。

　　（1）译名不统一

　　景区涉及不少人名、地名等专有名词，相关翻译须保持前后一致，否则会造成误解。例如：

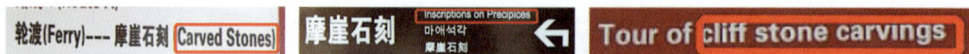

　　上图为焦山景区对"摩崖石刻"的三种不同翻译。其中，宏观景区导游线路图将其译为 Carved Stones，另一处线路图中则为 Inscriptions on Precipices，焦山游艇价目表上将其译为 cliff stone carvings，同一景点出现了三种不同的翻译，且字母大小写不规范。对于不了解该景区的外国游客来说，译名不统一会给他们带来不必要的困扰。

上图为景区对"北固楼"的两种不同翻译。景区门口导览牌将其译为 Beigu Pavilion，景点介绍牌将其译为 Beigu Tower，建议统一。

上图为景区内"观音阁"的标识牌，分别译为 Goddess of Mercy Pavilion 和 Guanyin pavilion。虽然这两种不同的译法均可接受，但是一名多译，表达不统一，会给外国游客带来不便。

上图为景区对"碑林"的三种不同翻译。其中，宏观景区导游线路图将其译为 Forest of Tablets，在另一处线路图中译为 Forest of Steles，焦山碑林简介译为 Tablets Forest，同一景点出现了三种不同的翻译，虽然意思大致都能够传达出来，但是译名混乱会让游客产生困惑或误解，影响他们的旅游体验。

（2）错译

景区内的部分标识存在错译的情况。例如：

上图为焦山景区内乘坐快艇娱乐项目旁的标识。"在此排队候船"译为 Queue here by boat，意思变成了"坐着船在这里排队等"，会让外国游客十分费解。

上图为焦山景区内的标识。"请不要在禁火区域使用明火"译为 please don't use fire to fire forbidden area.，意思是"请不要使用明火把禁区给烧了"，不是原文想表达的意思，信息传达偏差较大，未能起到标识应有的警示作用。

东吴铁瓮城遗址所在地，甘露寺 雄踞山巅 有 "北固寺冠山" 之说。

Building . Beigushan from three p...
of the tomb of the tomb of the tomb of the East Wu, Ganlu Temple male
mountain, "BeiguTemple crown mountain" said.
...Ganlu Temple, Beigu Building, Multi

上图为北固山景区正门入口导览牌上的介绍信息。其中"雄踞山巅"被逐字译为 male mountain，指"雄性的山"，与中文原意不符，英文意思令人费解。

2.2 文化信息传递不准确

金山·焦山·北固山旅游景区内很多景点都涉及大量的历史传说和文化典故，有着深厚的文化历史底蕴。但景区翻译人员在翻译时，由于未能准确理解其中的文化信息，导致文化信息误译或漏译，文化内涵无法得到充分传递。例如：

要场所，也是每年跨年、除夕进香 的必选之地。其中三福桥、宝相花地刻、撞钟架、转经轮、佛教文化柱、照壁等景观将渊远的佛教文化融入其中，作为金山寺大雄宝殿轴线的延伸，金山文化广场是较为经典的景观。

rallies, but also the annual New Year, New Year's Eve fragrance must choose the land. Which Sanfo bridge, treasure phase flower engraved, hit the bell tower, turn the wheel, Buddhist culture column, according to the wall landscape will be far from the Buddhist

上图为金山风景区金山文化广场的介绍。简介中提到了大量和佛教文化相关的法事活动和佛教景观，如"除夕进香""三福桥""宝相花地刻""撞钟架""转经轮""照壁"等，但是在英文译本中，这些具有佛教文化特色的旅游景观未能很好地传译出来。比如，这里的"进香"被翻译成 New Year's Eve fragrance，意思是"除夕之夜的香气"，"照壁"被翻译成 according to the wall landscape，意思是"根据墙面景观"，这显然是望文生义，没有根据景点实际情况和所含寓意进行翻译，没能达到推介当地文化的目的。

上图为北固山景区正门入口导览牌上的介绍。对于原文"梁武帝曾题'天下第一江山'",译文 Liang wudi had "the best in the world" 意为"梁武帝拥有'世界上最好的东西'",对汉语原意有所曲解,影响了信息的传递。梁武帝是梁朝的建立者,谥号武皇帝,真名萧衍,而 Liang wudi 只是表达了普通人名的意思,应改译为 Emperor Wudi of Liang,补充必要的历史文化信息。

上图是焦山景区的简介。原文中的"反映'康乾盛世'"在译文 the Vacation Palace of Emperor Qianlong of the Qing Dynasty 中没有体现出来,而这是该景点的历史意义。

上图为金山风景区景点游览示意图对"天地同庚"这一景点的翻译。译文为 The Sky is as Old as The Earth,意为"天和地同岁"。经查证,"天地同庚"这四个字源于慈禧太后庆贺 60 岁大寿时的一个文化典故,寓意慈禧的年寿会像天地那样长长久久。而目前的译文未能准确传递文化信息,建议译文根据文化内涵进行调整处理,采用合适的方式,补充背景信息,以消除游客的困惑。此外,The 首字母应小写。

江天禅寺，建于东晋，至今已有1600多年历史，原名泽心寺，亦称龙游寺。清康熙帝曾亲笔题写"江天禅寺"牌匾，南朝、唐朝初称为金山寺。江天禅寺是中国佛教诵经设斋、礼佛拜忏和追荐亡灵的水陆法会的发源地，清代与普陀寺、文殊寺、大明寺并列为中国四大名寺。寺庙依山而建，殿宇栉比，亭台相连，遍山布满金碧辉煌的建筑，因而有"金山寺裹山"之说。

Jiangtian Buddha Temple, built in the eastern jin, has been 1600 years of history, formerly known as Ze heart temple, also known as Longyou temple. The Qing Emperor Kangxi

上图为金山风景区江天禅寺的介绍。其中"泽心寺"译为 Ze heart temple。对于旅游景点的翻译，译界一般遵循的原则是"音译为主，适当意译，照顾通译"，但是 Ze heart temple 的译文是"拼音加翻译"的随意组合，并无实意，不能让外国游客既知其名，又晓其意。另外，作为专有名词，首字母没有大写，不符合英文书写规范。

3. 语言表达不正确

金山·焦山·北固山旅游景区有着大量的文字介绍，涉及景区管理制度、景区全貌、历史介绍等，这些是外国游客观光过程中了解景区文化的重要窗口。然而，译文质量存在不少问题，句子有明显的语法错误，降低了文化信息传达的有效性。

3.1 语言质量问题

慈寿塔
Cishou Pagoda

慈寿塔矗立于金山的西北峰，塔高30米，始建于1400多年前的齐梁，宋哲宗元符末年，享相曾布在金山寺超荐其母，在南北半山各建一塔，一名"荐慈塔"、另一名"荐寿塔"。明初，双塔倒坍。双塔倒坍后，在光绪年间重现坍塌，适逢慈禧60寿辰，取名慈寿塔。此塔玲珑、秀丽、挺拔。塔为砖木结构，八面七级，内有螺式木梯，外有栏杆相接，围面有景，层层风光各异。

Cishou Pagoda stands in the northwest peak of Jinshan, tower height of 30 meters, was built in 1400 years ago, Qi Liang, Song Zhezong Yuan Fu at the end of the year, the prime minister Zengbu in Jinshan Temple super recommended mother, in the north and south half of the

上图为金山风景区慈寿塔的英文简介，英文句子不堪卒读。tower height of 30 meters 按照中文逐字翻译，不符合英文表达习惯；"始建于 1400 多年前的齐梁，宋哲宗元符末年"的译文 was built in 1400 years ago, Qi Liang, Song Zhezong Yuan Fu at the end of the year 中拼音的堆砌给人一种眼花缭乱、不知所云的错乱感；"齐梁"应译为 the Qi and Liang Dynasties，"宋哲宗元符末年"是指 the later years of Emperor Zhezong's reign during the Song Dynasty；"超荐其母"的译文 super recommended mother 是按照中文逐字译出，意思不明，英文句子质量较差。

3.2 时态问题

景区所介绍的人物事迹多为历史，应用过去时态，然而部分译文时而采用现在时，时而采用过去时，造成时态混乱。例如：

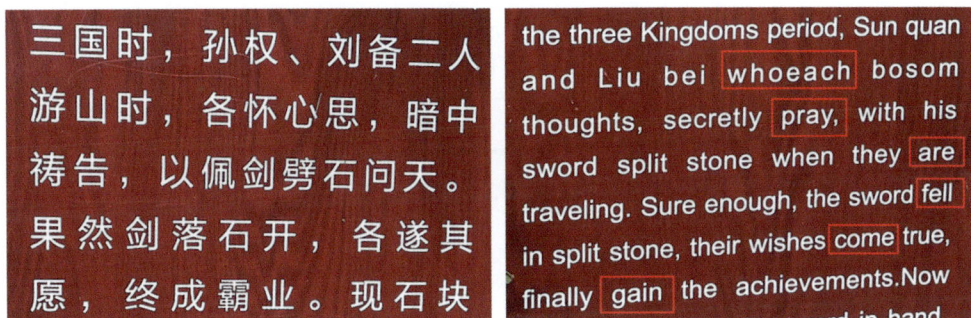

上图为北固山景区内试剑石景点的介绍牌标识。三国时期为历史时期，孙权刘备二人游山应为过去发生的事情，因此时态应采用过去时态。然而译文中动词 pray、are、come、gain 都采用现在时态，在第二句又使用了过去时态 fell，时态使用混乱。"各怀心思"的译文 whoeach bosom thoughts 缺少谓语动词。另外，Sun quan 和 Liu bei 作为人名，首字母应大写；whoeach 两个单词之间应有空格。

全国重点文物保护单位。原为
李卫公石塔，后毁。北宋元丰元年

Originally it is Li Weigong stone tower, destroyed. Northern song dynasty (1078) of the

上图为北固山景区内铁塔景点的介绍牌标识。"原为……"表示过去发生的事情，时态应采用过去时态，而译文采用现在时态 Originally it is...，有时态错误，应改为 Originally it was...。

1990年底建成，碑额由中国佛教协会会长、著名书法家赵朴初题写，日文部分由日

by the Chinese buddhist association, famous calligrapher write at head of stone tablet, the Japanese part writed

上图为北固山景区内阿倍仲麻吕诗碑景点的介绍牌标识。碑额的题写者"赵朴初"这一人名在英文翻译中漏译。译文 famous calligrapher write at head of stone tablet, the Japanese part writed 中 write 有时态错误，其过去式应为 wrote 而不是 writed。另外，"中国佛教协会"作为专名，首字母应大写，改译为 The Buddhist Association of China。

3.3 名词单复数使用错误

如烟蕴，人过则亡。唐高僧灵坦入洞参禅，大蟒归海而去。民间传说由此可

death.Tang monk Lingdan meditation temple into the cave, pythons run into the sea. Folklore

上图为金山风景区白龙洞的景点介绍。其中的"大蟒归海而去"被译为 pythons run into the sea。由上下文可知，这里的大蟒就是前文里提到的白蟒 the white python，因此这里的"大蟒"应该用单数而不是复数。

3.4 介词错误

"守法、守业、守诚"。　　to "abide the law, maintain the

上图为北固山景区内凤凰池景点的介绍牌标识。"守法"的英文表达为 abide by the law，而译文缺少介词 by，造成语法错误，建议修改。

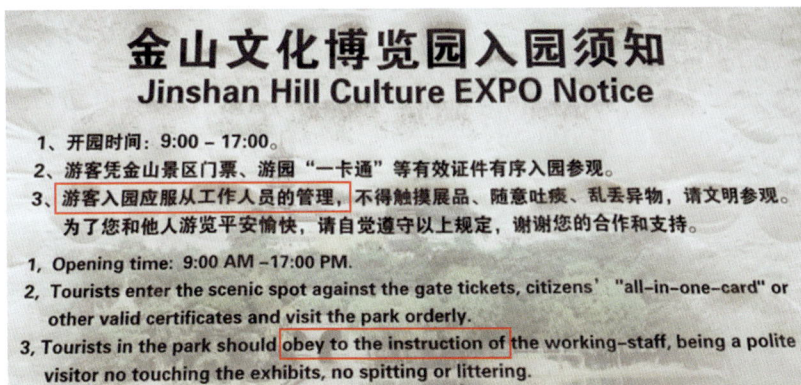

上图为金山风景区金山文化博览园入园须知。其中"游客入园应服从工作人员的管理"被翻译为 Tourists in the park should obey to the instruction of the working-staff。这里的 obey 为及物动词，作为"遵守，服从"的意思时，后面应该直接跟宾语名词，如守法 obey the law，因此这里的介词 to 应删除。

3.5 句子成分不完整

2004年落成开放。为纪念现代著名　　Completed and opened to the public in 2004. It was established in order to commemo-

上图是焦山景区对茗山法师纪念堂的介绍。开头第一句直接仿照中文，用了两个非谓语 Completed 和 opened 来修饰，然后戛然而止。在英文语法规范中，这显然不是一个完整的句子，缺失主语和谓语，这样的语法错误会影响景区译文的专业性，不利于景区良好形象的建构。

木，乌桕是一种色叶树种，春秋季叶色红艳夺目，不下丹枫。为中国特有的经济树种，已有1400多年的栽培历史。

oilseed (sub) tree, spicy tree. the tallow is a kind of color leaf tree species, age season leaf color red is dazzling, Dan maple For China's economic tree species, more than 1400 years of cultivation history.

上图为金山风景区内乌桕的介绍。简介中最后一句"乌桕为中国特有的经济树种，已有 1 400 多年的栽培历史。"译为 For China's economic tree species, more than 1400 years of cultivation history.，将一句话断成两个短句来翻译，前后没有逻辑，缺少谓语动词。

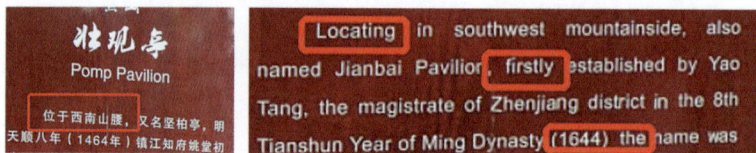

壮观亭
Pomp Pavilion

位于西南山腰，又名坚柏亭，明天顺八年（1464年）镇江知府姚堂初

Locating in southwest mountainside, also named Jianbai Pavilion, firstly established by Yao Tang, the magistrate of Zhenjiang district in the 8th Tianshun Year of Ming Dynasty (1644) the name was

上图为焦山景区内的一处标识，译文缺失主语，成分残缺。locating 应改为 located；firstly 不准确，应改为 first；the name 之前缺少句号。

4. 体例格式不规范

金山·焦山·北固山旅游景区的英文译写在拼写、大小写、标点符号、印刷排版等方面存在不规范现象。

4.1 拼写错误

景区标识中出现多处拼写错误。例如：

亦称日本书道文化交流亭。1993年镇江市对外友好协会与日本东洋书道艺术协会合建。为圆锥

Also called a pavilion for calligraphic culture exchange for Japan tt was jointly established by Association for Friendship with

上图为焦山景区内标识，出现了拼写错误，tt 应为 it。

上图为金山风景区的游览船须知。第一条规则中提到的"依次排队购票"译文为 buy tickets in term。其中的 in term 出现了拼写错误，"轮流，依次"应该是 in turn。

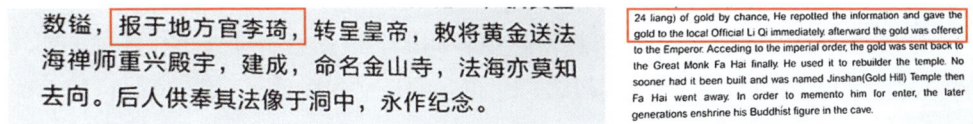

上图为金山风景区法海洞的中英文介绍。"报于地方官李琦"的译文 He repotted the information and gave the gold to the local Official Li Qi 中 repotted 拼写错误，应为 reported。另外，Official 首字母应小写。

4.2 大小写错误

景区中一些人名、地名的英文书写存在大小写错误。例如：

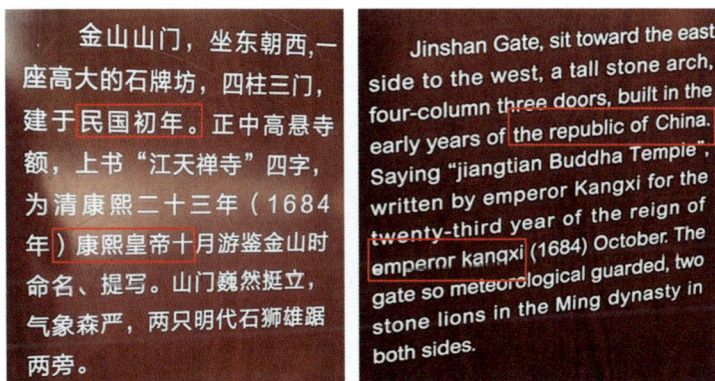

上图为金山风景区金山山门的介绍。"民国"的译文 the republic of China 中 republic 首字母没有大写，应改译为 the Republic of China。"康熙皇帝"的译文 emperor kangxi 首字母没有大写，应该是 Emperor Kangxi。

| 20日下午，毛泽东由南京飞 | 1957, MAO zedong flew from nanjing |

上图为北固山景区内汉阙景点的介绍牌标识。其中，人名、地名出现多处大小写错误，例如此处的人名 MAO zedong 应为 Mao Zedong，地名 nanjing 应为 Nanjing。

| 李卫公石塔，后毁。北宋元丰元年 | Originally it is Li Weigong stone tower, destroyed. Northern song dynasty (1078) of the |

上图为北固山景区内铁塔景点的介绍牌标识。根据首字母大小写规则，朝代的实词首字母应该大写。因此朝代名"北宋"的译文 Northern song dynasty 应改为 Northern Song Dynasty。

4.3 标点符号、空格不规范

景区的英译时常出现标点符号使用不规范的现象。例如：

| 焦山古炮台为江防要塞。1842年7月15日，英国军舰弗莱吉森号来焦 | Ancient Jiaoshan was a fortress for defense along Yangtze River On July 15, 1842, a UK war- |

上图为焦山景区内标识。译文 Ancient Jiaoshan was a fortress for defense along Yangtze River 是一个完整的句子，后面应该有一个句号。另外，Yangtze River 前应加上定冠词 the。

| 的同时，注意看管好您自己的贵重物品；我行提供免费的充电服务，不提供物品看管服务！望阅读知晓谢谢！ | We providefree charging services, does not provide custody services goods; Hope reading know, thank you! |

上图为焦山景区内的标识牌，其中 provide 和 free 中间应有空格。

此处有监控
Camerasand Surveillance

上图为金山风景区内的标识牌，其中 cameras 和 and 中间应有空格。

4.5 印刷不规范

上图为焦山景区内的渡口守则标识牌。词组 to jointly safeguard the safety of transit 重复了两遍，属于印刷排版错误。

上图为北固山景区入口处导览牌介绍。译文 is the site of the site of the tomb of the tomb of the tomb of the tomb of... 中，the site of 和 the tomb of 重复了三四遍，属印刷错误。

4.6 其他不规范情况

上图是焦山景区内的一处介绍。可以看到，中文已经做出改动，是"唐朝"，但是英文还没有及时修改，仍为 Ming Dynasty。

上图是金山风景区对藏书楼的介绍。中文介绍中提到了大量的典籍著作，如《文宗阁赋》《四库全书》《再题文宗阁》《文宗阁写真图》《金山图》等，但是英文译本却没有对这些书籍名称进行规范书写。在英文中，对书名的规范写法应该是斜体，虚词如连词、介词、冠词等要小写（书名中的第一个词除外），实词的首字母应大写。除了规范书写，同时作品的规范名称也需要进行考证，这样才能保证景区译文的严谨性和专业性。

以上是金山·焦山·北固山旅游景区公共标识英文译写存在的部分问题。因篇幅有限，本报告只是择取一些有代表性的示例进行分析讨论。作为国家 5A 级旅游景区，金山·焦山·北固山旅游景区公共标识英文译写的质量还有待进一步提高。

（撰稿人：刘引卓、史杰明、骆开颜）

镇江市句容茅山景区
英文译写规范化工作调研报告（摘录）

句容茅山景区位于我省西南部镇江市句容市境内，是国家 5A 级风景区及文旅融合的"先行者"。茅山景区作为中国道教七十二福地中的第一福地，吸引了众多爱好中华文化的外来游客前来赏游。因此，景区公示语、景点介绍词等的外文译写质量显得尤为重要，不仅直接反映了景区的文明程度，甚至还影响到镇江句容的城市形象。

江苏省语言文字工作委员会、省文化和旅游厅 2019 年 6 月下发通知，委托南京大学外语规范与应用研究中心在全省 5A 级旅游景区开展外文译写规范化工作调研。本课题组在中心的指导下，组织南京大学师生于 2019 年 7 月至 9 月对句容茅山景区外文译写的规范化工作进行调研，对景区内公共标识、导览牌、指示牌等进行实地考察。

在参照《公共服务领域英文译写规范》的基础上，课题组发现景区的英文译写在信息传递、语言表达、体例规范等方面存在不少问题。课题组对这些问题进行了整理分析，以下为部分实例。

存在问题

1. 公共标识英文译写未采用《国标》译法

2017 年 6 月 20 日，国家质检总局、国家标准委联合发布《公共服务领域英文译写规范》（以下简称"《国标》"）系列标准，并于当年 12 月正式实施。经调研发现，截至 2019 年 8 月，句容茅山景区内仍有部分公共标识的英文译写未采用《国标》译法，降低了景区旅游服务的质量。例如：

上图为三天门附近草坪旁的标识语。《国标》规定，一般性警示事项可译为 mind...，此标语中"注意安全"译为 Taking care of safety 不准确，可改为 mind your safety（见《国标》一、通则 –5.2.3.1）。

上图为仙人洞附近山石旁的标牌。"小心滑倒"的译文 Preventing falls 不准确，可改为 CAUTION// Slippery（见《国标》一、通则 – 表 A.2 示例 8）。

上图为金牛岭附近河边标识语。"小心落水"的译文 Be Careful To Fall Into Water 意为"小心地落到水里"，属错译，介词首字母也不应该大写。应译为 WARNING// Deep Water（见《国标》一、通则 – 表 A.2 示例 14）。

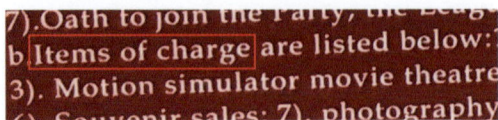

上图为茅山新四军纪念馆外的标牌。"收费项目"的译文 Items of charge 不准确，建议改为 Pay Items（见《国标》三、旅游 – 表 B.1 示例 38）。

收费项目：讲解（100元/场）

b.Items of charge are listed below:1. Explanations,

上图为新四军纪念馆外的标语牌。"讲解"的译文 Explanations 不准确，未能传达原语境中"引导"的内涵，建议改为 Guidance Service（见《国标》四、文化娱乐 – 表 B.1 示例 43）。

2. 信息传递不准确

旅游景区的信息传递主要包括实用信息（景点介绍、地图指引、场馆须知、标志提醒等）和文化信息（历史典故、文化特质等）。信息传递的准确与否直接影响游客的观光体验，而茅山景区的英文译写在信息传递方面还存在一些不足。

2.1 实用信息的传递

向游客传达实用信息是景区标牌的重要功能，对外国游客的游览起指示和辅助作用。茅山景区在实用信息的翻译上存在不少问题，难以实现其服务功能。

（1）译名不统一

景区指示牌涉及各类地名和宫殿名称，相关翻译须保持前后一致，否则会给游客造成困惑和不便。例如：

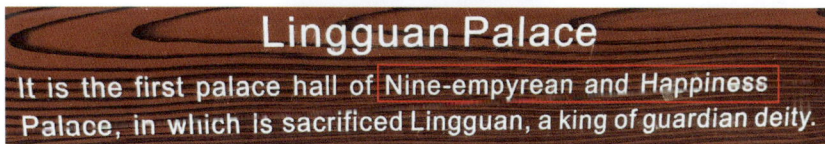

非常道 Special Tao
九霄万福宫 Nine-Empyrean Palace
东进栈道 Dong Jing Boardwalk

Lingguan Palace

It is the first palace hall of Nine-empyrean and Happiness Palace, in which is sacrificed Lingguan, a king of guardian deity.

上两图分别为景区导览牌和灵官殿外的介绍语。景区导览牌上"九霄万福宫"译为 Nine-Empyrean Palace，而灵官殿外介绍语中却将其译为 Nine-empyrean and Happiness Palace，建议统一。此外，Nine-empyrean 应为 Nine-Empyrean。

上两图分别为游客中心和金牛岭景点外游客服务点标语牌，其中前者将游客服务点译为 Tourist Service Centre，后者译为 Tourist Service Point，两处翻译不一致。后者对"点"的翻译略显生硬，建议统一译作 center 会更贴切。

（2）错译

景区内部分中文翻译错误。例如：

上图为三天门旁的介绍语，其中出现多处错译。"又名"译成 it is with another name，不符合英文表达习惯，且 with another name 在此处有可能使人误解为门上刻了另一个名字。"三茅兄弟"译为 three brothers Mao，使人难以将 Mao 理解为三兄弟的姓氏。建筑物的"恢复"译成 recovered 不准确，该词通常形容人，而非建筑物。"最高点"译成 highest place 含义模糊，与"山巅"的意义有一定偏差。

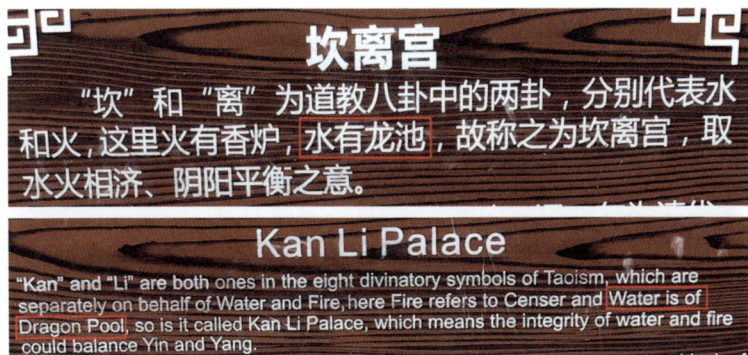

上图为坎离宫外的介绍语，将"水有龙池"误译为 Water is of Dragon Pool，意为"水是龙池中的一部分"，而原文中的水代指的是龙池，建议采用前文"火有香炉"（Fire refers to Censer）译法。

上图为香炉边的告示。标题中将"文明进香"逐字翻译为 Civilization Pilgrimages，表示"朝圣文明之旅"之意。"进香"与"朝圣之旅"（pilgrimage）是不同概念，属错译。

（3）漏译

景区内的部分标语牌上遗漏了关键信息，例如：

上图为苏南抗战胜利纪念碑的介绍牌。译文"世界一绝"没有译完整，且从标点符号来看，最后一句话未译完。

上图为茅山新四军纪念馆门口的介绍牌。中文的开放时间有详细说明，指出"周一闭馆，法定假日正常开馆"，而英文未译出这些信息。

（4）机械硬译

景区内部分文字介绍译文为机械硬译，偏离了原本含义。例如：

上图为管理间外的标语牌，"管理间"译为 Between management 为机械硬译，令人费解。

上图为茅山新四军纪念馆门口的介绍牌。"监督投诉"的译文 Appeal and supervision 意为"上诉与监督"，机械生硬，令人费解。

2.2 文化信息的传递

景区有着丰富的文化底蕴，也涉及许多文化相关的词汇。然而，由于某些内容翻译不当，可能造成跨文化交流中的理解障碍。例如：

茅山全家福
Maoshan Family Package

上图为商铺外的标语。"茅山全家福"原义是指出售祭拜品套装（纸钱、香烛等），却被翻译为 Maoshan Family Package，2019 年 2 月景区进行翻译校对中又将其改为 Maoshan Family Package Meal。第一则译文 Package 未能体现出所售物品为祭祀品；第二则译文中 Meal 属错译，具有误导性。

文明进香 诚信礼拜 三支为上 多则成障
Pilgrimages with Civilization Worshipping with Integrity Only Three Incenses is Best, More should be Waste.

上图为景区香炉边的公告牌，其中"多则成障"里的"障"被译成 waste，表示"浪费"的意思，与原意有偏差，未能体现出"业障"背后的丰富文化内涵。

3. 英语表达有错误

3.1 语言质量问题

某些译文不符合英语的表达习惯，不够准确地道，有时仅为信息堆砌，未形成语篇。例如：

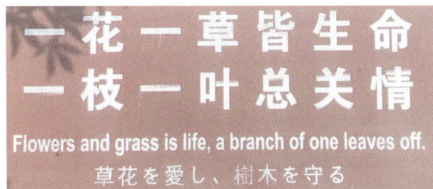

一花一草皆生命
一枝一叶总关情
Flowers and grass is life, a branch of one leaves off.
草花を愛し、樹木を守る

上图为睹星门附近草坪上的标语牌。"一花一草皆生命，一枝一叶总关情"的译文 Flowers and grass is life, a branch of one leaves off 有语法错误，为词语堆砌，意思不明。

上图为景区游览车内贴的提示语。其中出现多处中式英语或译文不够准确地道的现象，比如"温馨提示"译为 warm prompt，"坡陡弯急"译为 slope steep turn nasty，"坐稳扶好"译为 sit tight hold，"站点外一律不停"译为 site shall be kept outside，"敬请谅解"译为 please understanding，译文质量较差，意思不明。

3.2 语法问题

景区标语上有部分语法错误，比如：

（1）介词使用不正确。例如：

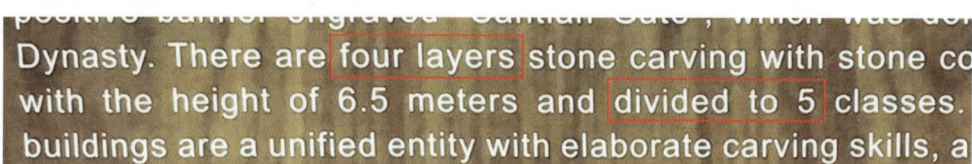

上图是三天门外的介绍牌，其中 four layers 之后少了介词 of，divided to 应改为 divided into。

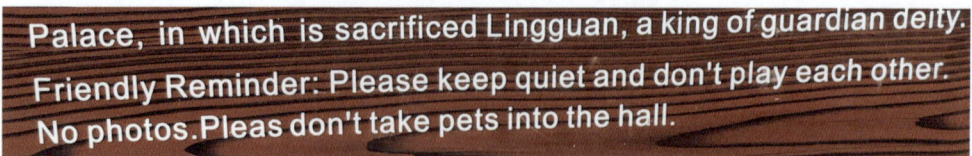

上图为灵官殿外的介绍牌。将"嬉闹"译为 play each other 缺少介词，语法错误，应当是 play with each other。

（2）单复数错误。例如：

Dragon Pool, so is it called Kan Li Palace, which means the integrity of water and ~~could balance Yin and Yang.~~
On the sides of the brick walls at the entrance to Kan Li Palace, there are two block of stone steles inlayed in the walls, the east one is the donations of merits and virtues stele for repairing Lingguan Temple and Dragon King Temple in Daoguang 28 Years (1848) of Qing Dynasty and the west one is a Qing Dynasty stele carved three

上图为坎离宫外的介绍牌，其中 block 应为复数形式，漏了 s。

（3）冠词缺失。例如：

Dynasty. There are four layers stone carving with stone columns on both sides, being with the height of 6.5 meters and divided to 5 classes. The whole stone archway buildings are a unified entity with elaborate carving skills, and be of primitive simplicity. It is one of important Taoism buildings remained and also the best Taoism building in Ming Dynasty.

上图为三天门外的介绍牌，其中 one of 后少冠词 the。

It was originally a place for Taoists in the Yingong observing stars and Qi ,which was built in Song Dynasty at first and destroyed in Qinag Dynasty. The remaining building now was rebuilt in 1987. Duxing Gate actually is a stone archway with width of 21.8 meters. On the positive banner engraved three red words of "Duxing Gate", it was written originally by Wang Tianfu, the 46th Grand Master of Shangqing School, Qi....

上图为睹星门外的介绍牌，译文 with width 中间少定冠词 the。

（4）语态错误。例如：

which given a place in the Guinness Book of World Records, strange Tiancheng Honeycomb, the mystery of the Taoism "Symbol Map", etc. This is an amazing place with a strange fascination.

上图为元符万宁宫外的介绍牌。which given 语法错误，应为被动语态 which was given。

South Jiangsu Victory of Anti-Japanese War Monument

South Jiangsu Victory of Anti-Japanese War Monument was built on September, 2nd, 1995 to honor heroic sacrifice martyrs in Anti-Japanese War. The monument is with height of 36 meters and ... ... straight into the sky. The

上图为苏南抗战胜利纪念碑旁的介绍牌，其中，sacrifice 应为被动语态，sacrificed。

4. 体例格式不规范

（1）拼写错误。例如：

> 原为印宫内道士观星望气之处，始建于宋代，毁于 清代 ，现存建筑为1987年重建。睹星门实为一石砌牌坊，宽21.8米，正门额石刻 "睹星门" 三个红字，原为元末上清46代宗师王天符所书；四根石柱柱顶雕刻青石云头盘

> It was originally a place for Taoists in the Yingong observing stars and Qi ,which was built in Song Dynasty at first and destroyed in Qinag Dynasty. The remaining building now was rebuilt in 1987. Duxing Gate actually is a stone archway with width of 21.8 meters. On the positive banner engraved three red words of "Duxing Gate", it was written originally by Wang Tianfu, the 46th Grand Master of Shangqing School. On the

上图为睹星门外的介绍牌，其中的 Qing 拼成了 Qinag。

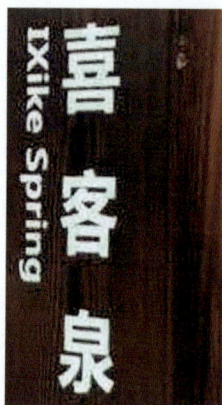

上图为金牛岭旁登山步道处指示牌，其中 "喜客泉" 中的 Xike 被错拼为 IXike。

（2）大小写错误。例如：

> It is with another name Soaring Platform. It is said that the soared from here to be immortals. It was recovered in May, 20th, place of Big Maofeng with elevation of 372.5 Meters.
> The Soaring Platform

上图为三天门外的介绍牌，其中 Meters 作为单位时首字母不用大写。

Lao Tz Statue

Lao Tz Statue was finished and consisted of 226 copper sheets welded in 1998, with the net height of 33 meters and weight of 106 Tons, facing the south. It is the highest open-air Taoism Lao Tz Statue in the world and was selected into Shanghai World

上图为老子神像旁的介绍牌。Tons 作为单位时首字母无需大写。

（3）空格错误。例如：

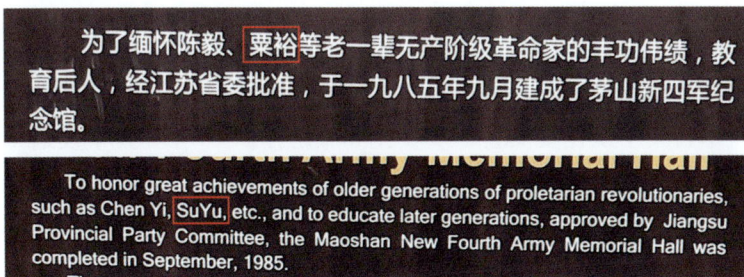

为了缅怀陈毅、粟裕等老一辈无产阶级革命家的丰功伟绩，教育后人，经江苏省委批准，于一九八五年九月建成了茅山新四军纪念馆。

To honor great achievements of older generations of proletarian revolutionaries, such as Chen Yi, SuYu, etc., and to educate later generations, approved by Jiangsu Provincial Party Committee, the Maoshan New Fourth Army Memorial Hall was completed in September, 1985.

上图为新四军纪念馆的介绍牌，其中的 SuYu 之间应有空格。

以上是句容茅山景区公共标识英文译写存在的部分问题。因篇幅有限，本报告只是择取一些问题较为严重或有代表性的示例进行分析讨论。作为国家 5A 级旅游景区，句容茅山景区公共标识英文译写的质量还有待进一步提高。

（撰稿人：俞越、刘浩）

扬州市瘦西湖风景区
英文译写规范化工作调研报告（摘录）

瘦西湖风景区是江苏省 5A 级旅游景区，位于历史文化名城扬州。随着扬州对外开放程度的进一步加深，每年都吸引了众多外国游客。因此，景区导览牌、景点介绍牌等的英文译写尤为重要，其质量影响到景区乃至扬州的城市形象。

江苏省语言文字工作委员会、省文化和旅游厅 2019 年 6 月下发通知，委托南京大学外语规范与应用研究中心在全省 5A 级旅游景区开展外文译写规范化工作调研。本课题组在中心的指导下，组织扬州大学师生于 2019 年 7 月至 9 月对瘦西湖风景区外文译写的规范化工作进行调研，对景区内公共标识、导览牌、指示牌等进行实地考察。

在参照《公共服务领域英文译写规范》的基础上，课题组发现景区的英文译写在信息传递、语言表达、体例规范等方面存在不少问题。课题组对这些问题进行了整理分析，以下为部分实例。

存在问题

1. 公共标识英文译写未采用《国标》译法

2017 年 6 月 20 日，国家质检总局、国家标准委联合发布《公共服务领域英文译写规范》（以下简称"《国标》"）系列标准，并于当年 12 月正式实施。经调研发现，截至 2019 年 7 月，瘦西湖风景区内仍有部分公共标识的英文译写未采用《国标》译法，降低了景区旅游服务的质量。

上图为长堤春柳附近的公共标识，译文 No Stepping 未采用《国标》译法，建议改译为 Please Keep off the Grass and Flowers（见《国标》一、通则－表 A.3 示例 5）。

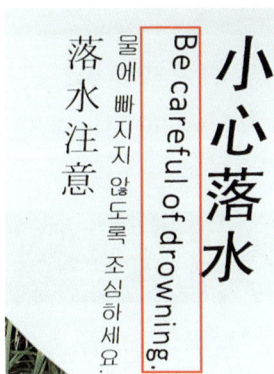

上图为长堤春柳旁的公共标识，译文 Be careful of drowning 意为"小心地溺水"，与原标识意思相悖，建议译为 WARNING//Deep Water（见《国标》一、通则－表 A.2 示例 14）。

上图为景区路线导览图上的公共标识，"救生圈"的译文 Swim Ring 未采用《国标》译法，建议改译为 Life Buoy 或 Life Ring（见《国标》三、旅游－表 B.1 示例 70）。

您所在的位置
Your Location

上图为景区路线导览图上的公共标识。"您所在的位置"的译文 Your Location 未采用《国标》译法，建议改译为 You Are Here（见《国标》一、通则 – 表 A.5 例 24）。

核载人数
Maximum Persons

上图为游船码头上价格表的公共标识。"核载人数"的译文 Maximum Persons 意思不准确，建议改译为 Maximum Capacity（见《国标》一、通则 – 表 A.5 示例 20）。

检票口
Check in
改札口 | 검표구

上图为游船码头的标识。"检票口"的译文 Check in 缺少连字符，语言使用不规范，建议改译为 Check-in（见《国标》三、旅游 – 表 B.1 示例 42）。

色，与扬州古城紧密相依的国家级重点风景名胜区。

West Lake, it is a state-level key scenic area closely inter-dependant with the ancient city

上图为瘦西湖风景区入口处的公共标识。"国家级重点风景名胜区"的译文 state-level key scenic area 未采用《国标》译法，建议改译为 National Tourist Attraction（见《国标》三、旅游 – 表 A.1 示例 26）。

2. 信息传递不准确

旅游景区的信息传递包括实用信息（景点地图、公交线路、餐饮购物、开放时间和票价等）和文化信息（历史典故、民间传说、建筑景观、特色活动和产品等）

的传递。信息传递的准确与否将直接影响游客的旅游体验，而瘦西湖风景区在信息传递方面还存在一些不足。

2.1 实用信息的传递

向游客传达实用信息是景区标识的重要功能。外国游客不熟悉中文，不准确的实用信息翻译会直接影响到游客的游览体验，甚至会给游客选择景点和安排旅游路线带来不便。

（1）译名不统一

上图为景区对"徐园"的两种不同翻译。景点介绍牌上将其译为 Xu Yuan，而景区导览牌上译为 Xuyuan Garden。按照《国标》要求，建议采用"专名＋通名"的译写方式，统一译为 Xuyuan Garden。

上图为景点"小金山"的三种翻译。景区内不同标识牌将"小金山"分别译为 Little golden hill 和 Xiaojin Hill，而瘦西湖旅游官方网站景点介绍一栏中又将其译为 Small Golden Hill。译名的不统一会使外国游客产生困惑，给其带来不便，建议统一译文。

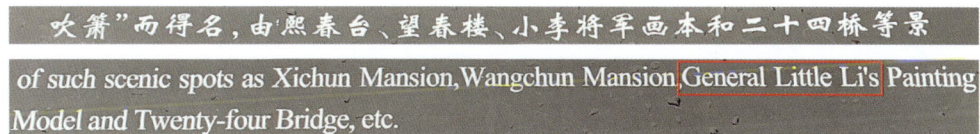

of such scenic spots as Xichun Mansion, Wangchun Mansion, General Little Li's Painting Model and Twenty-four Bridge, etc.

Little General Li's Drawing Copy

上图为景点小李将军画本的两处不同译文。二十四桥景区的介绍牌和观光游览车停靠站标识牌分别将"小李将军画本"译为 General Little Li's Painting Model 和 Little General Li's Drawing Copy。小李将军画本是瘦西湖中的一个亭阁，是指此地的景色和小李将军的山水画画意十分相近，好像小李将军的画本一样，现有译文都不能体现出该景点的建筑特征，建议修改并统一。

（2）错译

南北线需分别购票乘车
Riding by tickets of southern and northern line respectively

上图为景区观光车停靠站导览牌，"南北线需分别购票乘车"的译文 Riding by tickets of southern and northern line respectively 未传递"购票"的意思，southern and northern line 可理解为南北向的一条线，而实际上是南线和北线，作为专有名词，英文首字母应大写，即 South Line 和 North Line。

必购游礼
Must buy tour gift

必看演出
A required performance

必寻佳处
Need to find the best place

上图为景区入口处导览牌上的几处翻译。这里"必购游礼""必看演出""必寻佳处"的译文 Must buy tour gift，A required performance，Need to find the best place 不符合英语表达习惯，令人费解。must、required 都含有祈使、命令的意味，未能准确传递中文标识中想要吸引游客来购买纪念品、观赏节目和游玩的意思。

2.2 文化信息的传递

瘦西湖作为扬州市的代表性景点，具有深厚的文化底蕴。景区的部分英文翻译并未准确表达其文化内涵。

"吹箫"而得名，由熙春台、望春楼、小李将军画本和二十四桥等景点组成。主体建筑熙春台碧瓦飞甍，气势雄伟，再现北方皇家园林之气概。

Twenty-four Bridge Scenic Area

The name came from the poetic masterpiece throughout the ages by Dumu, a poet of the Tang Dynasty, which goes like this: Where on earth are the beautiful women playing the erect bamboo flute so amazingly at the moonlit night of the twenty-four bridge. It consists of such scenic spots as Xichun Mansion, Wangchun Mansion, General Little Li's Painting

上图为二十四桥景区的中英文简介，其中"吹箫"译为 playing erect bamboo flute，用词不准确。为介绍中国器物文化，可采用音译加注释的译法，改译为 playing Xiao (vertical bamboo flute)。

瘦西湖许多景点都跟诗句或典故有关，在景点介绍时相关的英文译文未能体现这一点。例如：

春江花月夜 MOON RIVER

来扬州必看的一场演出

唐宋元明清 从古看到今

上图为景区内特色演出的标识图。"春江花月夜"是唐代诗人张若虚的一首诗的诗名，这里被引用来作为特色演出的名字，但是译文 Moon River 容易让外国游客联想起英文歌曲《月亮河》，与原意不符合，建议译为 A Moonlit Night on the Spring River。

上图为景点听鹂馆的中英文介绍，"听鹂馆"取自唐代诗人杜甫的诗句。这里漏译了"取自杜甫"这一重要的文化信息。

3. 英语表达有错误

3.1 语言质量问题

上图为景点小金山的石碑刻文。"院内有两株百年银杏，绿叶蔽空"的译文 There are two gingo trees with green leaves of thousands years' history 表达有误，语义不明。首先银杏的拼写错误，应该把 gingo 改为 gingko；其次，"百年"错译成了"千年"；最后 with green leaves of thousands years' history 表达有误，直接翻译过来变成了"有千年历史的绿叶"。

3.2 语法问题

> 年银杏，绿叶蔽空，绿荫下置一钟乳石石盆，此为北宋花石纲遗物，因战争而滞留扬州。

> green shade,there is a stone basin of stalactite which is the relics of the north song

上图为景点小金山的石碑刻文。"绿荫下置一钟乳石"的译文 a stone basin of stalactite which is the relics of 中，relics 的复数形式与系动词 is 不一致，应改为 relic。

> 殿在小金山庭院，传说当年主人为感谢关帝托梦成功堆土成山，特在此建殿。关帝殿内有楹联两副：意感长春，遥指青山开画境；威闻武圣，真凭赤胆薄云天。

> It is said that once the Kuan Kung appeared in the owner's dream to give him the clue to build the hill successfully. In order to commemorate him, we built Kuan Kung hall here.

上图为关帝殿景点的中英文介绍，"关公"的译文 the Kuan Kung 作为人名不需要加冠词，此处的定冠词 the 应删除。

> 五亭桥原名莲花桥，是扬州城市的标志。此桥建于1757年，集南秀北雄，被誉为是中国亭桥结合的典范。白塔建于 1784年，在扬州自古有"一夜造塔"的传说。凫庄四面环水，如野鸭浮水，俨然一座精妙小园，与五亭桥、白塔相互辉映，相映成趣。
>
> Five Pavilion Bridge named as Lotus Bridge before, is the symbol of Yangzhou city. It was built in 1757; it combines the south and the north characteristics and is honored as the model of combination of Chinese pavilion and bridge. White Pagoda was built in 1784 and enjoyed a legend of "building the pagoda in one night" since before. Fu Manor is surrounded by water, as a duck swimming in the river. It looks like a beautiful garden contrasting with Five Pavilion Bridge and White Pagoda interestingly.

上图为五亭桥—白塔景区中英文介绍，"五亭桥原名莲花桥，是扬州城市的标志。"的译文 Five Pavilion Bridge named as Lotus Bridge before, is the symbol of Yangzhou city. 中 named 与 is 并列，英文表述不地道，named as Lotus Bridge before 作为修饰语，应用逗号分开，建议改译为 Five Pavilion Bridge, originally named as Lotus Bridge, is the symbol of Yangzhou city.

4. 语言规范问题

瘦西湖风景区的译文在拼写、空格、大小写等体例规范方面还存在一些问题。这些问题看似普通，却会影响游客对景区的整体印象。

上图为游船码头的价格表，其中 Bot 应改为 Boat，Emperer 应改为 Emperor。

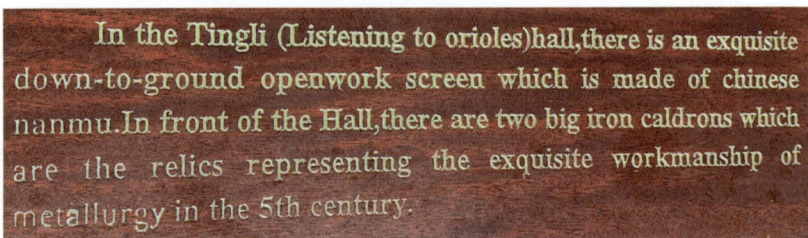

上图为景点听鹂馆的英文介绍，译文中括号、逗号、句号后面均未空格，不符合英文体例规范。此外，Tingli (Listening to orioles) hall 作为景点名称，英文单词首字母应该大写，即 Tingli (Listening to Orioles) Hall。"楠木"译为 chinese nanmu 也不规范，应改为 Chinese nanmu wood。

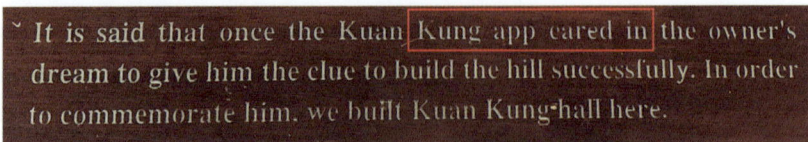

上图为关帝殿的景点英文介绍，应将英文单词 app eared 中间的空格去掉，避免引起歧义。

　　以上是扬州市瘦西湖风景区公共标识英文译写存在的部分问题。因篇幅有限，本报告只是择取一些示例进行分析讨论。作为国家 5A 级旅游景区，瘦西湖风景区公共标识英文译写的质量还有待进一步提高。

（撰稿人：王金铨、刘猛、王佳维）

淮安市周恩来故里旅游景区 英文译写规范化工作调研报告（摘录）

周恩来故里旅游景区位于国家历史文化名城淮安市，包括周恩来纪念馆、周恩来故居、河下古镇等景点，旅游资源丰富，历史人文内涵厚重，极具旅游价值。景区常年接待大量国内外游客，因此，英文译写尤为重要，其质量反映了景区的国际化程度，关乎整个景区乃至淮安市的形象。

江苏省语委、省文化和旅游厅于 2019 年 6 月下发通知，委托南京大学外语规范与应用研究中心对省内的国家 5A 级旅游景区的英文译写规范化工作开展调研。本课题组在中心的指导下，于 2019 年 7 月至 9 月针对周恩来故里景区的英文译写情况展开调查。

在参照《公共服务领域英文译写规范》的基础上，课题组发现周恩来故里景区的英文译写在信息传递、语言表达、体例规范等方面存在不少问题。课题组对这些问题进行了整理分析，以下为部分实例。

存在问题

1. 公共标识英文译写未采用《国标》译法

2017 年 6 月 20 日，国家质检总局、国家标准委联合发布《公共服务领域英文译写规范》（以下简称"《国标》"）系列标准，并于当年 12 月正式实施。经调研发现，截至 2019 年 8 月，周恩来故里旅游景区内仍有部分公共标识的英文译写未采用《国标》译法，降低了景区旅游服务的质量。例如：

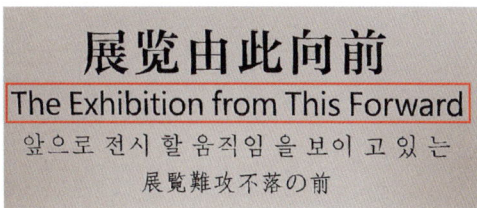

上图为周恩来纪念馆内标识，译文 The Visit from This Forward 以及 The Exhibition from This Forward 照搬中文结构，不符合英语语法和表达习惯。应改为 Please Proceed This Way（见《国标》四、文化娱乐 – 表 B.1 示例 50）。

上图为周恩来生平事迹陈列馆入口处标识，译文 Barrier-free Facilities 是按中文字面意思的机械硬译，意为"没有障碍的设施"。应译为 Wheelchair Accessible（见《国标》一、通则 – 表 A.1 示例 57）。

上图为周恩来纪念馆入口标识，译文未采用《国标》译法。"入口"应译为 Entrance（见《国标》一、通则 – 表 A.1 示例 65）。

上图为周恩来纪念馆与周恩来故居景区内标识，分别位于纪念馆人工湖旁及故居水井旁，译文均未采用《国标》译法。应译为 WARNING//Deep Water（见《国标》一、通则 – 表 A.2 示例 14）。

上图为周恩来生平事迹陈列馆内标识，译文未采用《国标》译法。此处应译为 Mind/Watch Your Step（见《国标》一、通则 – 表 A.2 示例 1）。

2. 信息传递不准确

旅游景区的信息传递主要包括实用信息（景点地图、景区设施、导引标识和注意事项等）和文化信息（历史典故、民间传说、特色活动和产品等）。信息传递的准确与否直接关系到外国游客的观光体验，而周恩来故里旅游景区在信息传递方面还存在不足，给游客造成许多不便。

2.1 实用信息的传递

向游客传达实用信息是景区标识的重要功能。由于外国游客对中文不够熟悉，标识的译文是他们了解相关实用信息的唯一途径，所以只有准确译写才能帮助外国游客实现旅游便利。然而，周恩来故里景区在实用信息的翻译上存在不少问题，难以实现其服务功能。

（1）译名不统一

景区涉及不少人名、地名等名称，相关翻译须保持前后一致，否则会给游客造成困惑和不便。例如：

周恩来故里旅游景区全景图
Panorama of Zhou Enlaihometown Scenic Area
주은래의 고향 경치가 파노라마 사진　周恩来故郷故郷観光地域全景

Zhou Enlai's hometown tourist attraction of Huai'an

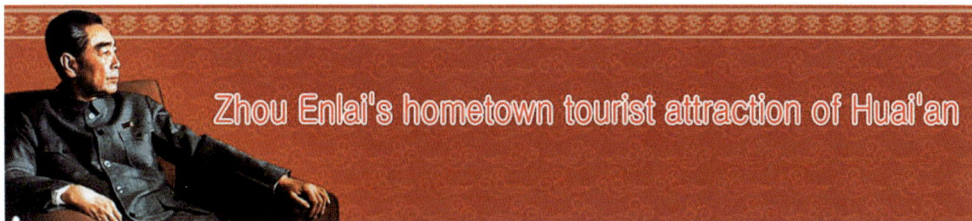

上图是景区对"周恩来故里旅游景区"的两种不同翻译。景区导览图将其译为 Zhou Enlai Hometown Scenic Area，而景区提供的导览手册以及景区的官方英文网站上则译为 Zhou Enlai's hometown tourist attraction。虽然两种译文传达的意思大致相同，但译名的不统一会给游客造成一定误解，同时大大削弱了景区译文的专业性和权威性。另外，景点名称译文首字母应大写。

作为景区主要景点之一的河下古镇也存在译名不统一的问题：

由上图可见，景区内部的标识牌将"河下古镇"先后译作 THE HE XIA ANCIENT TOWN、HeXiaGuZhen 和 Hexia Town，而景区提供的导览手册又将其译为 The Ancient Town of He Xia。译名的不统一，尤其是拼音形式的 HeXiaGuZhen 会使外国游客难以理解，产生困惑，进而影响他们的旅游体验。

（2）错译、乱译

景区内的部分标识存在错译、乱译的情况。例如：

上图为周恩来故居内标识。"周恩来故居院内旅游厕所"被错译为 Zhou Enlai's former residence in the tourist toilet，意为"旅游厕所内的周恩来故居"，汉语原意被完全曲解，严重影响景区的形象。

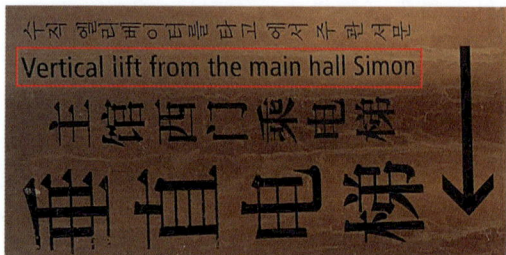

上图为周恩来生平事迹陈列馆正门处标识。译文 Vertical lift from the main hall Simon 为错译。原文中"西门"是指"西侧的门"，却被译成了人名 Simon，不知所云，严重影响了信息的传递，无法起到该标识应有的指示性作用。另外，lift 一词作名词时，本身就可指代"升降型的电梯"，无需用 vertical 修饰。

上图为周恩来故居正门处指示牌。由图可见，可能由于译者的疏忽大意，"诞生地"的译文与"主堂屋"的译文 Main Central Room 是一样的，外国游客看到此标识时会理解为诞生地即是主堂屋，这与实际的游览体验不符。

（3）漏译

景区内的英文标识还时常漏译关键信息。例如：

上图为河下古镇景区内标识牌。其顶部对"周恩来故里旅游景区"的译文为 ZHOU ENLAI'S HOMETOWN TOURISM SCENIC，显然漏译了 Area。虽然游客大致也能理解译文表达的意思，但这种明显的疏漏无疑降低了景区译文的专业性。另外，景点名称英文译文首字母大写即可，无须全部大写。

上图为河下古镇的北侧方向指示牌。"吴鞠通中医馆"被译成 Wu Jutong traditional Chinese Medicine，意思变成了"吴鞠通传统中药"，没有考虑到此景点是为介绍和宣扬中医传统文化的"博物馆"，漏译了 Museum。另外，景点名称首字母应大写。

（4）机械硬译

上图为周恩来纪念馆入馆处标识。"请刷身份证入馆参观"的译文 Please brush id into the museum 照搬中文句式和词语搭配，属于机械硬译。brush 指的是"刷去污垢或涂上颜料"，与电子领域的"刷卡"无关；"入馆参观"译成 into the museum，动词缺失，会使外国游客产生困惑。

| 5、遇到紧急情况时，保持镇静，联系安保，迅速拨打119、120救援电话，河下消防微型站：0517-83493119。 | 5. In case of emergency, keep calm, contact security, dialing 119, 120 rescue phone, sub River Fire Mini station: 0517-83493119. |

上图为河下古镇北入口安全标识牌，译文是对汉语的机械硬译。最后一行"河下消防微型站"被逐字译为 sub River Fire Mini station，属错译，无法传递有效信息。

2.2 文化信息的传递

作为伟人故乡以及江南古镇，周恩来故里景区有着深厚的文化底蕴，景区内的介绍、标识不可避免地会涉及许多历史文化词汇。然而，这些词汇的译文仍有不足，无法准确地传递出相应的文化内涵。

（1）文化信息误译

景区翻译人员在翻译时，对文化信息的理解有误，导致译文无法传达正确的文化信息。例如：

是淮安传统名小吃，早在战国时期，就有了茶馓。淮安茶馓是用上等白精面，拉出像麻线一样的细丝绕成四寸多长、一寸多宽的套环，环环相连，呈梳状、菊花形等网状图案，放入麻油锅中炸制而成，质地酥脆，味道香美。

Huai'an Flour-based Pastry is the famous traditional snacks of Huai'an, as early as in the Warring States Period, there is Chasan. It is made of white refined flour, then pull it into thread like twine, wind it into lantern ring which is four inches in length and one inch in width, the rings are interconnected, which has a weblike appearance like comb, chrysanthemum, etc.. Put it into the sesame oil pan and fry it, it will be crispy and taste sweet.

上图为河下古镇风俗小吃的介绍。译者没有考虑到中英两种文化中度量单位的差异，中国传统度量单位的"1寸"约为3.3厘米，英制单位的"1英寸"约为2.54厘米，所以译文所描绘的"茶馓"比实际尺寸小不少，无法传递出准确的文化信息。

河下古镇位于淮安古城（淮安区）西北侧，紧傍京杭大运河和萧湖，总面积约2平方公里，形成于春秋末期吴王夫差开凿邗沟之时，已有2500多年历史。历史上的河下古镇是京杭大运河上的漕盐要津，漕运盐粮必经之地，明清时期达到鼎盛，经济发达，文化繁荣，明清两代出了55名进士、110多名举人。汉赋鼻祖枚乘、《西游记》作者吴承恩、南宋巾帼英雄梁红玉、明代抗倭状元沈坤、清代大医学家吴鞠通、道光帝师宰相汪廷珍等都是河下人。河下还是淮医和淮扬菜的主要发源地。淮扬菜中的名点，如淮安软脰、开洋蒲菜、文楼汤包等都出自河下古镇。新中国开国总理周恩来小时候也经常从驸马巷划船来河下文楼吃汤包。河下目前仍完整保留着布局井然的明清街巷格局，湖嘴大街、花巷等街道民居，古石板路仍保持着明清风貌，是国家建设部、文化部确定的全国重点保护历史街区。

He Xia Ancient Town is located in the northwest of Huai'an Old City (now is the Huai'an District); close to the Grand Canal and Xiao Lake. With total area of 20,000 square kilometers and more than 2,500 years history, it was established in the late spring and Autumn Period when King Wu ordered to dig Han Canal. In the history, He Xia Ancient Town occupied key position of the Grand Canal, it's the only access to transport salt and grain. It reached its peak in Ming and Qing Dynasties with rapid development in economy and prosperity in culture. There're 55 Jinshi(former third degree candidate in the national civil service examination) and 110 Juren(former second degree candidate in the provincial examination) in Ming and Qing Dynasties. There're famous He Xia people, such as the

上图为河下古镇入口处的景区简介，其中出现了文化信息误译的情况。"吴王夫差"被译为 King Wu，意为"名叫吴的国王"，与汉语原意"吴国国王夫差"不相符。另外，此段文字中"进士"和"举人"的翻译采用了音译加注解的形式，但注解内容有误。"进士"是指中国古代科举制度中，通过最后一级中央政府朝廷考试者，而"举人"则是指中国古代地方科举考试的中试者，所以，进士的等级在举人之上。然而，译文将进士描述为"第三等级"（third degree），而将举人描述为"第二等级"（second degree），传递了错误的文化信息。

（2）文化信息未能充分体现

景区标识对汉语文化名词多采取了以拼音形式书写的翻译策略，但因缺少必要的注解，无法传递其背后的文化内涵。例如：

227

与武楼相对，是一座状元楼。形成于清末，是纪念文状元沈坤和武状元叶允武的公共建筑。京杭大运河孕育了古镇的繁华，也造就了淮扬名菜名点，如"淮安软脰""文楼涨蛋""蟹黄汤包"等。周恩来小时候也经常从驸马巷划船来河下文楼吃汤包。在文楼有一个不成文的规定，那就是吃饭前，要先对对联，谁没有对上就请对方吃饭。相传乾隆皇帝带纪晓岚微服出巡到河下，河下的姑娘们随口出了上联，"小大姐，上河下，坐北朝南吃东西"，纪晓岚自恃才高八斗，但终未对出下联。

It is opposite to Wulou Building, it's a Zhuangyuan(Number One Scholar) Building. It was built in the late Qing Dynasty in memory of Wen Zhuangyuan Shenkun and Wu Zhuangyuan Ye Yunwu. The Grand Canal brought prosperity of the ancient town, but also made famous Huaiyang Cuisine, such as "Ruandou

上图为河下古镇景点文楼的简介。译文对文化词汇"状元"（Zhuangyuan）给出了注解，但下文"文状元"（Wen Zhuangyuan）和"武状元"（Wu Zhuangyuan）并未提供相应注解。对于缺少中国传统文化背景的游客而言，拼音的堆砌只会造成眼花缭乱、不知所云的错乱感。建议景区在翻译时做必要的处理，在译文中补充必要的信息，即"文状元"是文举考试（选拔文官）的第一名，而"武状元"是武举考试（选拔将才）的第一名，便于外国游客了解名词背后的文化内涵。

河下古镇在明、清两代经济鼎盛、文化繁荣，皇帝多次下江南巡察，河下古镇是必经之地，御码头　接驾亭是专门迎接皇帝离船登岸的地方。

He Xia Ancient Town reached its peak in Ming and Qing Dynasties with rapid development in economy and prosperity in culture. The emperor paid a visit to Jiangnan many times, and the Town is the place which must be passed. Imperial Dock&Jiejia Pavilion is the place especially for welcoming the emperor to be landed.

上图为河下古镇景点御码头的简介。英文译文中出现了地理名词 Jiangnan（江南），建议增加对其地理位置的注解，如在 Jiangnan 后加上（South of the Yangtze River），便于外国游客理解。

少"文化大革命"造成的损失，使得粮食生产保持比较稳定的增长，工业交通、基本建设和尖端科技等方面取得一批重要成就。他协助毛泽东打开外交新局面。在身患重病的情况下，他仍然忘我工作，无私奉献，真正做到了为人民的利益"鞠躬尽瘁，死而后已"。

Under extremely complicated environment of "Cultural Revolution", Zhou Enlai bore great hardship without complaint and spared no effort to take the overall interest into account so as to

上图为周恩来生平事迹陈列馆内对其晚年工作的介绍，其中出现了历史名词"文化大革命"(Cultural Revolution)，建议增加起止年份"（1966–1976）"，以便外国游客能够更好地把握相关历史。

3. 英语表达不正确

周恩来故里景区有着大量的文字介绍，涉及景区管理制度、周恩来总理生平、景区全貌、历史趣闻、当地文化、特产等，这些是外国游客观光过程中了解景区文化的重要窗口。然而，译文存在不少明显的语法错误以及不地道的英文表达，降低了文化信息传达的有效性。

3.1 语法问题

景区内许多译文存在语法错误，使得历史文化背景的介绍效果大打折扣。

（1）时态混乱

景区所介绍的人物事迹多为历史，应用过去时态，然而部分译文时而采用现在时，时而采用过去时，造成时态混乱。例如：

> 梁红玉是南宋著名的抗金英雄，淮安区北辰坊人，她出身贫寒，以编织为生。北宋后期金兵南犯，江淮兵乱后梁红玉随家人南迁，流落到京口
>
> Liang Hongyu is a famous heroine in the war of resistance against Jin. She is from Beichenfang of Huai'an District. She was born poor, lived on weaving. In the Late Northern Song Dynasty, the troops of Jin State attacked into the south. After Jianghuai suffering caused by warfare, Liang Hongyu moved to the

上图为河下古镇梁红玉祠景点的介绍。梁红玉是南宋著名的抗金英雄，应为历史人物，但译文第二句 She is from Beichenfang of Huai'an District 在介绍其出生地时却用了现在时态 is，而在第三句又使用了 was，这种时态上的混乱给外国游客了解中国历史文化造成了障碍。

> the only access to transport salt and grain. It reached its peak in Ming and Qing Dynasties with rapid development in economy and prosperity in culture. There're 55 Jinshi(former third degree candidate in the national civil service examination) and 110 Juren(former second degree candidate in the provincial examination) in Ming and Qing Dynasties. There're famous He Xia people, such as the grand master and founder of Han Dynasty poetry Mei Cheng, author of "Journey to the West" Wu Chengen, Heroine Liang Hongyu in Southern Song Dynasty, Shenkun (Number One Scholar who repels Japanese Pirates) in Ming Dynasty, medical scientist Wu Jutong in Qing Dynasty, prime minister and teacher of Emperor Daoguang Wang Tingzhen, etc. He Xia is also the birthplace of Huaiyang Cuisine.

上图为河下古镇入口处景点介绍。由上下文可知，此地出现 55 名进士、110 名举人（There're 55 Jinshi...）以及其他的名人（There're famous He Xia people...）都是过去发生的事情，应当使用过去时，但译文使用了现在时态 are，时态错误。

（2）名词单复数使用错误

> 邓颖超纪念园于2004年建成并正式对外开放，匾额由全国政协原主席李瑞环亲笔题写。周恩来与邓颖超是一对举世景仰的革命伉俪、模范夫妻和世纪伟人。
>
> Deng yingchao memorial park was built in 2004 and officially opened to the public. The inscribed plaque was inscribed by li ruihuan, former chairman of the CPPCC national committee. Zhou enlai and deng yingchao are a pair of revolutionary couples, model couples and century great man.

上图为周恩来故居内景点邓颖超纪念园的介绍。译文中"革命伉俪"（a pair of revolutionary couples）、"模范夫妻"（model couples）和"世纪伟人"（century great

man) 的英译单复数均使用错误。周恩来与邓颖超为一对夫妻，所以 couples 应改为单数 couple；他们是两位伟人，man 应改为 people。

（3）缺少冠词

> Under extremely complicated environment of "Cultural Revo-
> lution", Zhou Enlai bore great hardship without complaint and
> spared no effort to take the overall interest into account so as to

上图为周恩来生平事迹陈列馆内对其晚年工作的介绍，其中第一行 extremely 前缺少定冠词 the。

气势恢宏的纪念性建筑群、一个纪念岛、三个人工湖和环湖四周的绿地所组成，占地总面积40万平方米，其中70%为水面，是目前国内规模最大的展示周恩来波澜壮阔一生的综合性纪念馆。

It covers an area of 400,000 square meters, of which 70% is water. It is a largest comprehensive memorial Hall to display the magnificent life of Zhou Enlai in our country.

上图为景区导览册内对周恩来纪念馆的简介。译文 It is a largest comprehensive memorial Hall 中冠词使用错误，最高级搭配中应当使用 the 而非 a。

（4）缺少介词

六、请自觉爱护景区资源环境，爱惜公共设施，节约用水。严禁破坏景点、文物。游览设施，不在建筑物及树木上刻画，不践踏草坪，攀爬树木，摘折花木和果实，未经批准不在旅游景区内采集物种标本。

6. Please cherish resources, environment and public facilities, and save water in the scenic area. Don't damage scenic spots, cultural relics, tourism facilities; don't carve buildings and trees; don't tread on lawns, climb trees, pluck flowers and fruits; don't collect species samples in the scenic area

上图为周恩来纪念馆入口处公告牌，其中 don't carve buildings and trees 一句缺少介词 on，应为 don't carve on buildings and trees。

（5）主谓不一致

> Xihuating, worked and lived there. To commemorate the 100th birthday anniversary of
> Zhou Enlai, after approved by CPC Central Committee, some parts of Xihuating was
> imitated in 1:1 proportion and displayed original working and living appearance of the

上图为周恩来纪念馆内仿西花厅的景点介绍。译文 some parts of Xihuating was imitated... 中出现了主谓不一致的情况，some parts of Xihuating 是复数，后面应该用 were 而非 was。

3.2 英语表达不地道

在景区内，译文不符合英文表达习惯、语言不地道的现象也屡见不鲜，影响了外国游客的观光体验。下文以周恩来纪念馆入口处的免费服务项目公告牌为例，逐条分析其译文表达的不地道之处，并提出改进建议。

一、免费提供饮用水、常用急救药品及寄存服务；

二、免费提供婴幼儿童车、轮椅、拐杖、雨伞；

三、免费提供中国共产党党旗、共青团团旗；

四、免费提供景区介绍册页、馆刊《丰碑》等资料；

五、免费提供电动擦鞋、手机充电、市内公用电话服务；

六、每周二、周四为未成年学生和现役军人200人以上团体提供定点免费讲解（需提前预约）。

1、Free drinking water, commonly used first aid drugs and storage services;
2、Provide free infant stroller, wheelchair, crutch, umbrella;
3、Free of charge China Communist Party flag、Communist Youth League Regimental flag;
4、Free to provide scenic book, 《monumental work》and other information publication;
5、Provide free mobile phone charging, the electric shoe, public telephone service;
6、Every tuesday to thursday to provide free of charge to the minor student community three times.

上图中每一条译文都存在语言错误或表达不地道的现象：

① "常用急救药品"被译为 commonly used first aid drugs，前半部分冗长，后半部分的 drugs 不够准确，可改为 common first aid medicine。

② 译文 provide free 属于中式英语，"免费提供"可译为 available free of charge，表达更为地道。

③本句译文同样是中式英文，不符合英语表达习惯和句式结构。"免费提供"的译法同上；"中国共产党党旗"更恰当的译法是 the flag of the CPC (Communist Party of China)；Regimental flag 多指部队团级作战单位的旗帜，用于此处不符原意，"共青团团旗"可参考"党旗"的译法，译为 the flag of the Communist Youth League。

④ Free to provide 参考第二条的建议译文；"景区介绍册"译为 Guide Book 更为合适；"馆刊《丰碑》"的英译不规范（见 4.4）；other information publication 不够简洁明了，且单复数使用错误，建议改为 other publications。

⑤ the electric shoe 与原文"电动擦鞋"相去甚远，可改为 automatic shoe polisher。

⑥ "每周二、周四"被错译为 Every tuesday to thursday，意为"每周二至周四"，同时 tuesday 和 thursday 首字母没有大写，应译为 Every Tuesday and Thursday；本句后半部分 to provide free of charge to the minor student community three times 结构混乱，意义模糊，既没有表达出原文含义，也不符合英文的表达习惯。

由此可见，虽然景区内大部分文字内容都提供了相应的英译，但是这些译文的水平参差不齐，在语言质量和表达上还有很大的改进空间。

4. 语言规范问题

周恩来故里景区的英文译写在拼写、大小写、标点符号、书名、排版等方面存在不规范现象。这些细节大大降低了景区译文的专业性，影响游客对景区的整体印象。

4.1 拼写错误

景区标识中出现多处拼写错误。例如：

上图为周恩来纪念馆内厕所标识，其中 Toilef 应为 Toilet。

上图为周恩来故居内厕所标识，下方 telephong 拼写错误，应为 telephone。

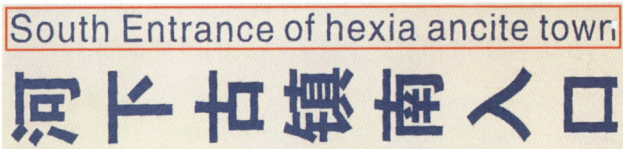

上图为河下古镇南入口处标识，其中 ancite 拼写错误，应为 ancient。另外，"河下古镇"作为专有名词，英文译文首字母应该大写。

上图为河下古镇入口处景区全景图标识，其中 Enlaihometown 应为两个词，中间需空一格，即 Enlai Hometown。

上图为周恩来生平事迹陈列馆内介绍，其中译文 in MoscowfromMaytoSeptember 1928 中间的几个单词之间都没有空格，应修改为 in Moscow from May to September 1928。

4.2 大小写错误

景区中一些人名、地名的英文书写存在大小写错误。例如：

上图为周恩来故居内邓颖超纪念园景点介绍，其中存在多处大小写错误。地名 Deng yingchao memorical park 应为 Deng Yingchao Memorical Park；人名 li ruihuan，Zhou enlai，deng yingchao 应分别为 Li Ruihuan，Zhou Enlai，Deng Yingchao。

4.3 标点符号使用不规范

景区的英译时常出现标点符号使用不规范的现象。例如：

1、Free drinking water, commonly used first aid drugs and storage services;
2、Provide free infant stroller, wheelchair, crutch, umbrella;
3、Free of charge China Communist Party flag、Communist Youth League Regimental flag;

上图为周恩来纪念馆入口处公告牌，其中译文第三行出现了汉语标点"、"，英文中没有顿号，应改为英语标点","。

4.4 书名书写不规范

景区中刊名、书名的书写不规范。例如：

四、免费提供景区介绍册页、馆刊《丰碑》等资料；

五、免费提供电动擦鞋、手机充电、市内公用电话服务；

4. Free to provide scenic book, 《monumental work》and other information publication;
5. Provide free mobile phone charging, the electric shoe, public telephone service;

上图为周恩来纪念馆入口处公告牌，其中刊物《丰碑》的书写格式错误，英文的刊物名应使用斜体，不加书名号，且首字母应大写，即 *Monumental Work*。

盐要津，漕运盐粮必经之地，明清时期达到鼎盛，经济发达，文化繁荣，明清两代出了55名进士、110多名举人。汉赋鼻祖枚乘、《西游记》作者吴承恩、南宋巾帼英雄梁红玉、明代抗倭状元沈坤、清代大医学家吴鞠通、道光帝师宰相汪廷珍等都是河下人。河下还是淮医和淮扬菜的主要发源地。

provincial examination) in Ming and Qing Dynasties. There're famous He Xia people, such as the grand master and founder of Han Dynasty poetry Mei Cheng, author of "Journey to the West" Wu Chengen, Heroine Liang Hongyu in Southern Song Dynasty, Shenkun (Number One Scholar who repels

上图为河下古镇入口处的景点介绍，其中 Journey to the West 的书写格式错误，英文书名应使用斜体，不加引号，即 *Journey to the West*。

4.5 其他不规范情况

周恩来故里景区还存在其他语言不规范的情况。例如：

上图为周恩来生平事迹陈列馆内标识，译文 NO SMOKING FOR COMPLAINTS 的前半部分表示"禁止吸烟"，后半部分表示"投诉"。可见是因为疏忽，第二行的译文开头被误放在了第一行，应删去 FOR COMPLAINTS。

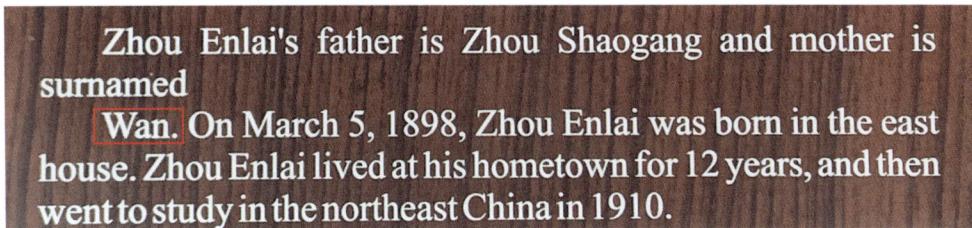

上图为周恩来故居内周恩来诞生地景点简介，此处英文排版出现问题，第三行 Wan. 应紧接在第二行 surnamed 后面。

上图为河下古镇秦举人宅的景点介绍译文，第一行文字出现字号不统一的情况，应修改一致。

Jiehua is the ancient name of chrysanthemums.The poetry said "no preference for chrysanthemum flowers, but no flowers bloom such beautifully after this."　The famous litterateur in Song Dynasty Ou Yangxiu described it in poetry "we began to see the chrysanthemum blossom when other herbs fell off into sear". Ju in the name of Wu Jutong has the same pronunciation with chrysanthemum in Chinese spelling. Wu Jutong is also very fond of chrysanthemum in his life. There's a couplet hanging on both sides of the hall which was inscribed by the prime minister and teacher of Emperor Daoguang Wang Tingzhen, it is said Wu Jutong is very talented and has a sense of saving the people living miserable lives. The couplet spoke highly of his character and intelligence.

上图为河下古镇吴鞠通中医馆的英文介绍，其中"欧阳修"的译名书写有误，应为 Ouyang Xiu。

以上是周恩来故里景区公共标识英文译写存在的部分问题。因篇幅有限，本报告只是择取一些有代表性的示例进行分析讨论。作为国家 5A 级旅游景区，周恩来故里景区公共标识英文译写的质量还有待进一步提高。

（撰稿人：金秋慧、罗艺腾）

盐城市大丰中华麋鹿园景区
英文译写规范化工作调研报告（摘录）

　　盐城市大丰中华麋鹿园景区是全球占地面积最大、种群数量最多的麋鹿自然保护区。它集科研保护、科普教育、生态旅游、休闲度假于一体，常年接待大量国内外游客，为宣传野生动物保护、科普教育、提高公众环境意识发挥了巨大作用。因此，景区公示语的英文译写尤为重要，其质量反映了景区的国际化程度，还关乎整个景区乃至盐城市的形象。

　　江苏省语言文字工作委员会、省文化和旅游厅 2019 年 6 月下发通知，委托南京大学外语规范与应用研究中心在全省 5A 级旅游景区开展外文译写规范化工作调研。本课题组在中心的指导下，组织盐城师范学院师生于 2019 年 7 月至 9 月对盐城市大丰中华麋鹿园景区外文译写的规范化工作开展调研，对景区内公共标识、导览牌、指示牌等进行实地考察。

　　作为国家 5A 级旅游景区，盐城市大丰中华麋鹿园景区的英文译写总体情况不错，但从高质量文化发展的要求来看，仍存在一些不准确、不规范的问题，需要改进完善。在参照《公共服务领域英文译写规范》的基础上，课题组对这些问题进行了整理分析，以下为部分实例。

存在问题

1. 公共标识英文译写未采用《国标》译法

　　2017 年 6 月 20 日，国家质检总局、国家标准委联合发布《公共服务领域英文译写规范》（以下简称"《国标》"）系列标准，并于当年 12 月正式实施。经调研发现，至 2019 年 8 月，盐城市大丰中华麋鹿园景区内仍有部分公共标识的英文译写未采用《国标》译法，降低了景区旅游服务的质量。例如：

上图为景区导览图上的公共标识，"您现在所在的位置"的译文 Your Location 未采用《国标》译法，建议改译为 You Are Here（见《国标》三、旅游 – 表 B1 示例 74）。

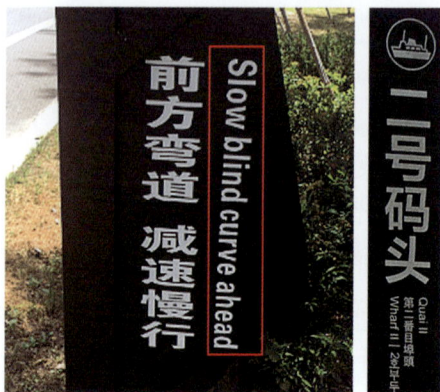

左上图为景区内道路交通标识。"前方弯道，减速慢行"的译文 Slow blind curve ahead 不符合英语表达习惯，且首字母未大写，建议改译为 Bend Ahead// Slow Down（《国标》二、交通 – 表 A.4 示例 43）。

右上图为景区内景点指示牌。"二号码头"为游船码头，译文 Wharf II 中 wharf 常指货运码头，建议改译为 Pier II（见《国标》三、旅游 – 表 B.1 示例 92）。

【购票须知】

欢迎您来到中华麋鹿园景区参观游览！在购票进入景区时，提醒您注意以下事项：

一、门票价格：55 元 / 张

二、优惠措施

（一）半价票：28 元 / 张

适用对象：

老年人（60—69 周岁）、6 周岁（不含 6 周岁）—18 周岁（含 18 周岁）

Welcome to the Chinese Milu Park! Before buying the ticket, please read the following notice first:

1. Ticket fare: RMB 55/ticket

2. Preferential treatment

(1)Half-fare ticket: RMB 28/ticket

上图为景区内价格公示牌。"优惠措施"的译文 Preferential treatment 不符合英语表达习惯，建议译为 Concession Ticket（见《国标》三、旅游 – 表 B1 示例 25）；"半价票"的译文 half-fare ticket 建议改为 Half Rate Ticket（见《国标》三、旅游 – 表 B1 示例 31）。

上图为景区内公共标识。"可回收"和"不可回收"的译文 Recyclable 和 Unrecyclable 未采用《国标》译法，建议改译为 Recyclables 和 Non-Recyclables（见《国标》一、通则 – 表 A.1 示例 33，35）。

2. 信息传递不准确

信息传递的准确与否直接关系到外国游客的观光体验，而大丰中华麋鹿园景区在信息传递方面还存在不足。

景区内的部分标识存在错译的情况。例如：

上图为景区内步行道标识，被错译为 Souvenir Shop，意为"纪念品商店"，误导了游客。

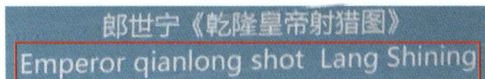

上图为景区内《乾隆皇帝射猎图》的中英文画名。译文 Emperor qianlong shot Lang Shining 意为"乾隆皇帝射杀郎世宁"，属错译。另外，英文书写不规范，qianlong 作为专有名词首字母没有大写。建议改译为 Emperor Qianlong's Hunting by Lang Shining。

答：麋鹿初生胎儿体表约有
162个梅花斑点，外表很像梅花

Answer: With the coat covered by 162 plum blossom spots, firstborns look very like sika deer externally. More than 1 month after the birth, these plum blossom spots begin to gradually disappear and then are

上图为景区内介绍梅花鹿的导游标识牌。"初生胎儿"被译为 firstborns，此单词意为 a person's first child 即"头胎，长子，长女"，与原文含义不符。

自然保护区功能区划
THE TWO NATURE RESERVES ZONING

上图为自然保护区内介绍功能区划的标牌。"自然保护区功能区划"译为 THE TWO NATURE RESERVES ZONING，不符合中文原意。

3. 语言质量问题

景区某些公共标识的译文不符合英语表达习惯，不够准确地道，且拼写、大小写、标点符号等方面存在不规范现象。例如：

civilization concept of respecting for nature, complying with the nature, protecting the nature. We sincerely invite you to support the protection and management of Yancheng Yellow Sea Wetlands, enrich the knowledge of protecting the wetlands and birds, and improve your enthusiasm to participate in the activities of caring for the wetlands and protecting birds. Maintain spectacular wetlands and tens of thousands of amazing migratory birds can complete their annual long journey. To protect these precious wetlands, to build the community of common destiny of mountains, rivers, forests, farmlands, lakes, and grasslands, we need your participation. Now let's do it!

上图为江苏大丰麋鹿自然保护区内英文导览牌。译文 improve your enthusiasm 搭配不当。Maintain spectacular wetlands and tens of thousands of amazing migratory birds can complete their annual long journey 中动词 Maintain 作主语，是语法错误。"命运共同体"译为 the community of common destiny，意思表达不准确，整段英文质量较差。

> 2009年的麋鹿王，是第一麋鹿野化区的首头麋鹿王，是保护区最资深的元老级麋鹿王。
>
> The Milu King of 2009, as the first one of the first wild area, is the most senior veteran Milu King.

上图为景区内介绍麋鹿的标识牌。"最资深的元老级麋鹿王"的译文 the most senior veteran Milu King 照搬中文，senior 与 veteran 意义重复，英文表达不地道。

> Yancheng Yellow Sea Wetlands are nature's most precious gift to Yancheng and the whole mankind. Yancheng Yellow Sea Wetlands, provide people with visual shock, aesthetic pleasure through her vast tidal flats and unique radial sand ridges. More important, she raises humans and migratory birds in the East Asia-Australasia Flyway. Through this exhibi-

上图为景区内英文导览牌，介绍湿地的作用。其中 Yancheng Yellow Sea Wetlands, provide people with visual shock, aesthetic pleasure... 第一个逗号多余，应该删除。

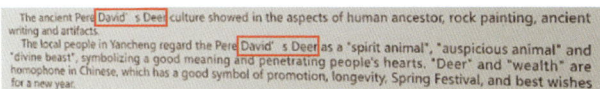

> The ancient Pere David's Deer culture showed in the aspects of human ancestor, rock painting, ancient writing and artifacts.
> The local people in Yancheng regard the Pere David's Deer as a "spirit animal", "auspicious animal" and "divine beast", symbolizing a good meaning and penetrating people's hearts. "Deer" and "wealth" are homophone in Chinese, which has a good symbol of promotion, longevity, Spring Festival, and best wishes for a new year.

上图为景区的中英文介绍。David' 撇号后面空格过大，应采用英文版式，不留空格。

以上是盐城市大丰中华麋鹿园景区公共标识英文译写存在的部分问题。因篇幅有限，本报告只是择取一些有代表性的示例进行分析讨论。作为国家 5A 级旅游景区，大丰中华麋鹿园景区公共标识英文译写的质量还有待进一步提高。

（撰稿人：陈胜利、张明、陈燕）

泰州市姜堰溱湖旅游景区
英文译写规范化工作调研报告（摘录）

　　溱湖旅游景区位于江苏省泰州市姜堰区，地处全国著名三大洼地之一的里下河地区，是国家 5A 级旅游景区、江苏省首家国家级湿地公园。景区内有丰富的动植物资源，风光旖旎。近年来，越来越多的外国游客前来参观游览，这对景区内外文译写规范化程度提出更高的要求，外文译写质量不仅直接反映景区的文明程度，也会影响泰州的城市形象。

　　江苏省语言文字工作委员会、省文化和旅游厅 2019 年 6 月下发通知，委托南京大学外语规范与应用研究中心在全省 5A 级旅游景区开展外文译写规范化工作调研。本课题组在中心的指导下，组织扬州大学师生于 2019 年 7 月至 9 月对溱湖旅游景区内的外文译写规范化工作进行了调研，对景区内公共标识、导览牌、指示牌，包括尚未启用的新标识牌等进行实地考察。

　　在参照《公共服务领域英文译写规范》的基础上，课题组发现溱湖旅游景区的英文译写在信息传递、语言表达、体例规范等方面存在不少问题。课题组对这些问题进行了分析整理，以下为部分实例。

存在问题

1. 公共标识英文译写未采用《国标》译法

　　国家质检总局、国家标准委于 2017 年 6 月 20 日联合发布了《公共服务领域英文译写规范》（以下简称"《国标》"）系列标准，并于同年 12 月正式实施。经调研发现，截至 2019 年 8 月，溱湖旅游景区内仍有部分公共标识英文译写未采用《国标》译法，使得景区译文缺乏专业性和权威性，无法传递正确信息。例如：

上图为候船码头和景区部分桥上的标识。译文未采用《国标》译法，应改译为 WARNING//Deep Water（见《国标》一、通则 – 表 A.2 示例 14）。

上图为农事乐园处标识。译文过于繁琐，表达不规范，建议改译为 Please Keep off the Grass（见《国标》一、通则 – 表 A.3 示例 5）。

上图为出航码头处标识。"游客止步"译为 VISITORS TO STOP 不符合英文表达习惯。根据《国标》译法，可改译为 Staff Only（见《国标》一、通则 – 表 B.1 示例 45）。

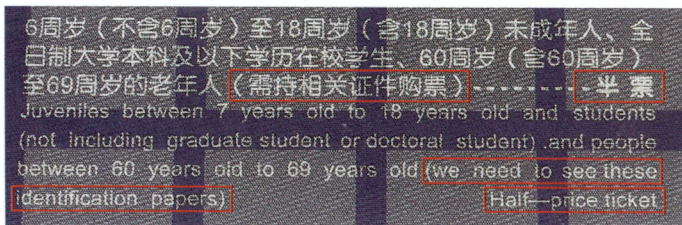

上图为景区内购票须知。"持相关证件购票"的译文 we need to see these identification papers 和"半票"的译文 Half-price ticket 未采用《国标》译法，应改译为 Valid ID Required（见《国标》三、旅游 – 表 B.1 例 48）和 Half Rate Ticket（见《国标》三、旅游 – 表 B.1 示例 31）。

Limit load of 1 people

上图为体验区处标识。"限载 1 人"的译文 Limit load of 1 people，不符合英文表达习惯，建议改译为 Maximum Capacity: One Person（见《国标》一、通则 – 表 A.5 示例 20）。

您的当前位置
Your current location

上图为景区入口处标识。"您当前的位置"译文 Your current location 未采用《国标》译法，建议改译为 You Are Here（见《国标》三、旅游 – 表 B.1 示例 74）。

1、营业时间　08:30~17:30
Open time　08:30~17:30

上图为售票窗口处标识。"营业时间"的译文 Open time 未采用《国标》译法，应改译为 Opening Hours（见《国标》三、旅游 – 表 B.5 示例 61）。

3、门票一经售出概不退换。
Tickets can not be returned or changed after sold

上图为售票窗口处标识。"门票一经售出概不退换"译为 Tickets can not be returned or changed after sold，译文中 returned 指"归还，送回"，与"退换"的意思有差异，after sold 表达不规范，建议改为 No refunds or exchanges for tickets（见《国标》三、旅游 – 表 B.1 示例 45）。

2. 信息传递不准确

旅游景区的信息传递包括实用信息（景点地图、公交线路、餐饮购物、开放时间和票价等）和文化信息（历史典故、民间传说、建筑景观、特色活动和产品等）的传递。对于不懂中文的外国游客来说，景区内部公共标识的译文是他们获得景区相关信息的主要来源。信息传递的准确与否直接影响游客的旅游体验，而溱湖旅游景区的英文译写在信息传递方面还存在不足之处。

2.1 实用信息的传递

向游客传达实用信息是景区导览牌、介绍牌、告示牌的重要功能，对外国游客的游览起指示和辅助作用。溱湖旅游景区在实用信息的翻译上存在不少问题。

（1）译名不统一

溱湖旅游景区部分景点名称有多个翻译版本，缺乏一致性，增加了外国游客的游览难度，降低了信息接受的准确性。例如：

上图为景点"麋鹿观赏园"的四种不同翻译。景区英文网站上将其译为 Pere David's Deer Watching Area，所售门票上提供的浏览简图中将其翻译为 Elk viewing Park，而在景区内部则先后将其翻译为 Elk Ornamental Garden 和 Elk Watching Garden。译名不统一，容易让游客在游玩过程中产生困惑，影响游览体验，同时上述译文对"麋鹿"一词没有做出统一的翻译，容易引起游客误解。

此外，景区对"溱湖旅游景区"的翻译也存在译文不统一的问题。例如：

上图为景区官方英文网站以及景区内部的译文。景区英文网站将溱湖旅游景区译为 QIN LAKE TOURIST ATTRACTION，而景区内部则译为 Qin Hu Tourist Attractions、Qin hu tourist scenic 和 Qin Lake scenic spot。同一名称译文却未能统一，会使游客产生困惑和误解，影响其对景区的观感。

（2）错译、机械硬译

上图为水禽园处标识。"返程码头"错译为 Boat（船），与原文"返程码头"不符，没能准确传达信息。

上图为游客中心前方道路处标识。"游客朋友请由此向前至前方游客中心检票登船"译为 Visitors friends please go forward to the forward tourist center to check the tickets and board the ship。译文将"游客朋友"翻译为 Visitors friends，虽然体现了中式礼貌，却不符合英语表达习惯；"前方游客中心"译为 forward tourist center 也不准确，且与 go forward 存在重复现象。

上图为景区码头处标识。"上船坐稳"被硬译为 Caution sit steady on board，译文意思不明，令人费解。

2.2 文化信息的传递

溱湖湿地景区的标识牌中介绍了许多关于湿地的科学知识，以及中国古代传统的农用工具。翻译这类介绍时，既要保证译文的正确性，又要关注历史文化信息的传达，进而吸引更多的外国游客对中国文化产生兴趣。

"Nondescript" for its horn looks like deer, face like horse, hoof like cow and body like donkey. It has lived on the earth for more than 3 million years and has been regarded as an auspicious symbol since the ancient times. It is said that the ancient legend premier Jiang Ziya, or called Jiang Taigong in Zhou Dynasty, rides the "Nondescript".

上图为景区英文网站对麋鹿观赏园的介绍。文中将"四不像"译为 Nondescript，与汉语中"四不像"所要表达的意思不相符。"四不像"作为汉语中麋鹿的俗称，是为了说明麋鹿长相特殊。而 Nondescript 意为"平淡无奇的，平庸的"，未能体现"四不像"的特点。

上图为古农具展示厅中标识。"手摇纺线车"的译文 Hand spinning car 中英文单词 car 指交通工具，而此处手摇纺线车是中国古代劳动人民用来把棉花纺织成棉线的简易劳动工具，此车非彼车，将"车"翻译成 car 传递了错误的文化信息，容易让外国游客产生误解。

west to east and 1.5 km long from north to south, its shape is like the jade wearing, and its area is 2.1 square kilometers. If you step high to look around, you could find nine main rivers that connect the Lake areas from all sides, which forms the fantastic landscape of "Nine Dragon Going to the Royal Court".

上图为景区英文网站对十里溱湖的介绍。将"九龙朝阙"译成 Nine Dragon Going to the Royal Court 而不加说明，会影响游客对于景区文化信息的理解。"九龙朝阙"意思是从四面八方通达湖区的主要河流有九条。"阙"一词在汉语中有"宫阙"之意，这里特指"溱湖"，仅仅直接翻译成 royal court 还不能充分传递文化信息，建议予以补充说明。

3. 英语表达有错误

3.1 语言质量问题

溱湖景区内部设有较多的游览须知、参观须知，告知游客相关信息，起提示、指示作用。

Dear visitors:
    Hello! Welcome to visit the Qin Hu tourist attraction by taking cruise ships,when you enjoy the amazing scenery of Qin Hu wetland at the same time, we friendly remind you to pay attention to the following points:
    1.When take cruise ships,please comply with the arrangement of the scheduling staffs of cruise ships, queue up to board the cruise ships in turn. If the cruise ships don't stop steadily, please don't get up or down;after first under on,not crowded.After the cruise ships stop steadily,please up and down in an orderly way. Pay attention to the steps under foot, taking care of your personal belongings,taking care of the elderly and children well at the same time please.
    2.When take cruise ships,please don't dabble,chase or fight, smoke or use open flame in the dock area.
    3.The life vests must be worn after boarding the cruise ships, and it is not allowed to interfere with the normal operation of the drivers.
    4.During the voyage, don't put your head and hands out of the windows,and please don't stay or take photos and so on outside the cabin,and comply with the instructions of the staffs at the same time.
    5.Strictly prohibit to bring the dangerous goods which are inflammable, explosive and corrosive to the cruise ships.

上图为候船大厅处标识，是乘坐游船的注意事项，英文译文存在不少问题。首先，将"上、下船"译为 get up or down 不符合英语表达习惯；其次，after first under on, not crowed 译文表达混乱，让人费解；最后，译文 it is not allowed to interfere with the normal operation of the drivers 中 interfere 一词为"干涉"，与原文"打扰，妨碍"的意思不符。

3.2 语法问题

上图为湿地迷宫处标识。译文 Drifting wet clothes 中 Drifting 为主语，wet 常用作形容词，如用作动词，应保持主谓一致，此处 wet 应改为 wets。另外，这一句子与后面的句子 please buy raincoat 应有连词连接，建议译为 As drifting gets clothes wet, please buy a raincoat.

上图为景区英文网站对溱潼古镇的介绍。译文 An ancient canal passing through the town called Salt Transportation River 中句子成分缺失，应将 called 改为 is called。

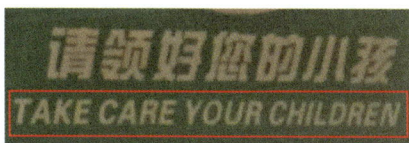

上图为科普馆内标识。"请领好您的小孩"的译文 TAKE CARE YOUR CHILDREN 缺少了介词 of，应改译为 Take Care of Your Children。此外，这句话也不符合汉语语法，建议修改。

4. 体例格式不规范

溱湖旅游景区的英文译写还存在拼写、大小写、标点符号、空格不规范等问题。

4.1 拼写错误

1、Our museum is open to the pubilc free of all year round.
2、Opening hours 8:20–17:00 in spring, summer and autumn; 8:45–16:30 in winter. The first Monday of cach month(exciuding holidays) is closed for the whcle day for the maintenance of equipment.
3、No admittance to the drunk and the disheveled. Special audiences as the young and the aged shall be accompanied and paid attention to safety, Pets are prohibited.
4、Any dangerous articles, such as infiammable, explesive and reguiated machinery are prohiblled strictly.
5、Visitors shall keep safety in taking elevators. Don't yell or shout out loudly in the exhibition hall Keep good order and visit politely.
6、Be careful with the use of public facilties and exhibits. The operations interactive dovice shall be regulated, any damage of which, visitor shall make compensations according to price.
7、Safeguard environment asnitation Don's smoke. spit or litter the wastes and garbage in hall.
8、We provide introduction paid service for serving the public better. Pleass consuit at the Reception as required.
9、Group visitorn shall make reservation Middre and elementary school to conduet thematic activiry shal contact with the Reception.
10、Please follery the instruction and direction of the staffa in case of emergency.

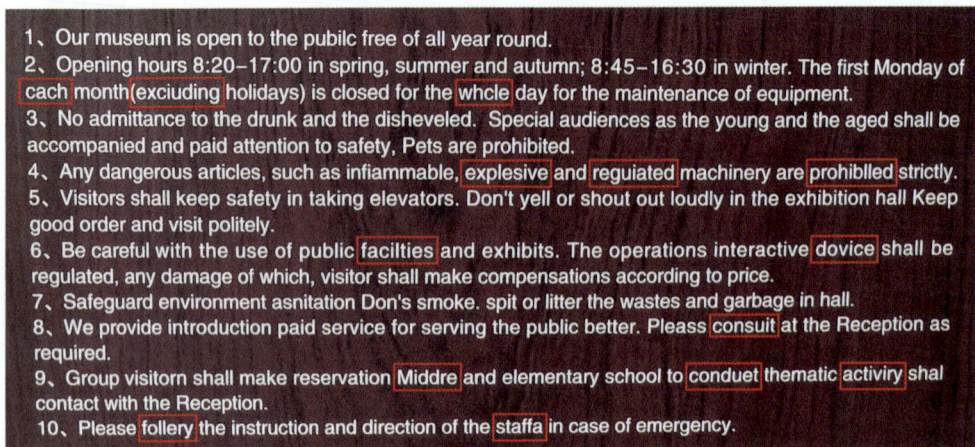

上图为科普馆内标识。这一标识牌中译文出现大量单词拼写错误的现象：cach 的正确拼写为 each，exciuding 的正确拼写为 excluding，whcle 的正确拼写为 whole，explesive 的正确拼写为 explosive，reguiated 的正确拼写为 regulated，prohiblled 的正确拼写为 prohibited，facilties 的正确拼写为 facilities，dovice 的正确拼写为 device，consuit 的正确拼写为 consult，Middre 的正确拼写为 Middle，conduet 的正确拼写为 conduct，activiry 的正确拼写为 activity，follery 的正确拼写为 follow，staffa 的正确拼写为 staff。

4.2 大小写错误

景区译文还存在大小写错误。例如：

scenic SPOTS entrance 観光入口 관광명소입구 живописные места вход

上图为景区溙湖路处标识。SPOTS 全部大写，其余两个实词字母全部小写，不符合拼写规范。

4.3 标点符号、空格错误

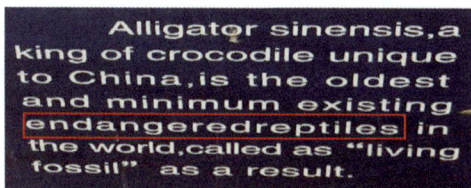

上图为鳄鱼馆的介绍译文。endangeredreptiles 中缺少空格，应改为 endangered reptiles。

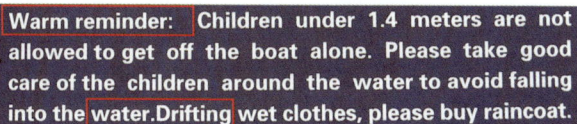

上图为湿地迷宫处标识。根据英文书写规范，每个单词或标点符号后都应有一个空格。红框标注处，第一处空格过大，第二处标点符号与单词之间缺少空格。

以上是姜堰溱湖旅游景区公共标识英文译写存在的部分问题。因篇幅有限，本报告只是择取一些问题较为严重或有代表性的示例进行分析讨论。作为国家 5A 级旅游景区，姜堰溱湖旅游景区公共标识英文译写的质量还有待进一步提高。

（撰稿人：何姝雨、王金铨、刘猛）

南通市濠河景区
英文译写规范化工作调研报告（摘录）

濠河景区作为南通城市名片，坐拥得天独厚的自然风光与文化资源，每年接待大批中外游客。景区公示语的英文译写质量显得尤为重要，不仅直接反映了景区的国际化程度，还影响到南通市的城市形象。

江苏省语言文字工作委员会、省文化和旅游厅 2019 年 6 月下发通知，委托南京大学外语规范与应用研究中心在全省 5A 级旅游景区开展外文译写规范化工作调研。本课题组在中心的指导下，组织南通大学外国语学院师生于 2019 年 7 月至 9 月对濠河景区外文译写的规范化工作开展调研，对景区内公共标识、导览牌、指示牌等进行实地考察。

在参照《公共服务领域英文译写规范》的基础上，课题组发现濠河景区公示语英文译写在信息传递、语言表达、体例规范等方面存在一些问题。课题组对这些问题进行了整理分析，以下为部分实例。

存在问题

1. 公共标识英文译写未采用《国标》译法

国家质检总局、国家标准委于 2017 年 6 月 20 日联合发布了《公共服务领域英文译写规范》（以下简称"《国标》"）系列标准，并于同年 12 月正式实施。经调研发现，截至 2019 年 8 月，濠河景区内仍有部分公共标识的英文译写未采用《国标》译法，降低了景区旅游服务的质量。例如：

消防疏散指示图
Fire emergency evacuation map

上图为环西广场内标识。"消防疏散指示图"的译文 Fire emergency evacuation map 未采用《国标》译法，建议改译为 Fire Evacuation Chart（见《国标》一、通则 – 表 A.1 示例 2）。

④ 地下商场无障碍通道
Underground Market Barrier–free access

上图为钟楼广场导游全景图中地下商场无障碍通道标识。"无障碍通道"的译文 Barrier-free access 未采用《国标》译法，建议改译为 Wheelchair Accessible Passage（见《国标》三、旅游 – 表 B.1 示例 13）。

小心地滑
Carefully Slide

上图为城隍庙内标识。"小心地滑"的译文 Carefully Slide 意为"小心地滑动"，不符合中文原意，建议改译为 Caution! Wet Floor（见《国标》一、通则 – 表 A.2 示例 9）。

小心台阶
STEP CAREFULLY

上图为珠算博物馆内标识。"小心台阶"的译文 Step Carefully 未采用《国标》译法，建议改译为 Mind/Watch Your Step（见《国标》一、通则 – 表 A.2 示例 1）。

上图为珠算博物馆内标识。"游客止步"的译文 No Admittance 未采用《国标》译法，建议改译为 Staff Only（见《国标》一、通则 – 表 A.3 示例 47）。

上图为中国审计博物馆内标识。"非紧急情况勿动"的译文 The emergency don't move 译法生硬，与中文原意不符合，应改译为 Fire Emergency Only（见《国标》一、通则 – 表 A.3 示例 44）。

上图为南通博物苑内标识。"请勿嬉水"的译文未采用《国标》译法，建议改译为 No Wading（见《国标》三、旅游 – 表 B.3 示例 10）。

上图为濠河风景区内标识。"水深危险 请勿翻越"的译文 The Water is Deep Dangerous. Please Not to Turn Over More 存在语法错误，未能准确表达中文原意，建议改译为 Warning! Deep Water! No Climbing Over Fence.（见《国标》一、通则 – 表 A.2 示例 14，《国标》三、旅游 – 表 B.3 示例 24）。

2. 信息传递不准确

旅游景区的信息传递主要包括实用信息（景点地图、景区设施、导引标识和注意事项等）和文化信息（历史典故、民间传说等）。信息传递的准确与否直接关系到外国游客的观光体验，濠河景区部分标识的译文存在问题，给游客造成许多不便。

2.1 实用信息的传递

向游客传达实用信息是景区公共标识语的重要功能，且因标识语的内容是外国游客获取实用信息的重要途径，其翻译尤为重要。调研表明，濠河风景区的英文公共标识语在有效传达实用信息方面存在一些不足。

（1）译名不统一

上图为景区内方向指示牌。"个簃艺术馆"分别译为 Wanggeyi Gallery 和 Geyi Art Museum，前后不一致，会给国外游客带来疑惑，造成不便。另外，人名拼写不规范，应为 Wang Geyi，建议统一译文。

上图为城隍庙附近方向牌以及濠河风景区官方旅游英文版网页的游览图。"城隍庙"分别译为 Nantong City Temple 和 Chenghuang temple，译文不一致，会给游客带来困惑和不便。

（2）错译

上图为文峰塔内标识。"文峰塔院 禁止吸烟"译为 Wenfeng hospitat prohibited the hobos，英文中并无 hospitat 这个单词，且 hobo 指"流浪汉，无业游民"，完全不符合中文原意，属错译，整个句子意思不明。

上图为文峰塔内标识。"过往车辆 注意安全"译为 Vehicle satety first，英文意思是"车辆的安全第一"，与中文原意相悖。另外，satety 拼写错误，应为 safety。

2.2 文化信息的传递

景点介绍、地名翻译所涉及文化背景相对较复杂，译者若理解不到位，或是简单地理解字面意思，会导致译文未能充分传递相关历史文化信息甚至出现错译。例如：

上图为珠算博物馆内标识。"中国珠算"的译文 Chinese Zhusuan 中，"珠算"采用音译，无补充说明，外国游客无法准确理解其意思，建议改译为 Chinese Abacus。

上图为濠河风景区官方旅游英文版网页的游览图。"蓝印花布博物馆"译为 Lan Print pavilion，未能传递"蓝印花布"的文化信息，pavilion 指"亭"而非"博物馆"，且首字母没有大写。译文与中文原意大相径庭，建议改译为 Blue Printed Cloth Museum。

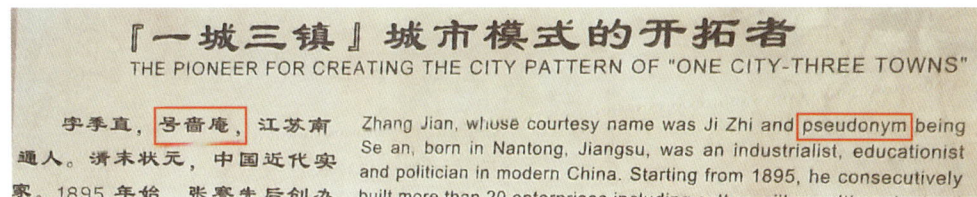

上图为南通城市博物馆内张謇先生的中英文介绍。译文将"号"译为 pseudonym，用词不恰当。英文单词 pseudonym 指"假名，笔名"，而中国人姓名的"号"是一种雅号，建议改译为 literary name Se An。

- 平绣《秋菊白鸡》陈之佛画
- 彩锦绣《百子图》
- 彩锦绣《耶稣蒙难图》
- 平绣《虢国夫人游春图》唐，张萱

"Autumn Chrysanthemum with White Rooster," Plain Embroisery ,original Painting by Chen Zhifu

"Hundred Figures," Colour Brocade Embroidery

"Jesus,Christ in Danger," Colour Bro-cade Embroidery

"Queen of the State of Guo on Spring Outing," Plain Embroidery, original painting by Zhang Xuan (Tang Dy-nasty)

　　上图为中国沈寿艺术馆图册。"百子图"译为 Hundred Figures，意思表达不准确。这幅作品也叫"百子迎福图"或"百子戏春图"，是一幅绣上众多小孩，祈求多子多孙的彩锦绣，译文 figures 过于笼统，未能传递"子"的文化信息内涵。

3. 语言质量问题

　　景区一些公共标识的译文不符合英语的表达习惯，不够准确地道，拼写、大小写、标点符号、空格等方面存在不规范现象。例如：

消防安全 人人有责
FIRE SAFETY EVERYBODY IS RESPONSIBLE FOR

　　上图为佛教文化展览馆内标识。"消防安全 人人有责"的译文 FIRE SAFE-TY EVERYBODY IS RESPONSIBLE FOR 不符合英文表达习惯，且与中文原意有出入。

楼梯湿滑
Stair wet sliding
注意安全
CAUTION!

　　上图为佛教文化展览馆内标识。"楼梯湿滑"的译文 Stair wet sliding 是按照中文逐字机械翻译，英文单词堆砌，不符合英文表达习惯。

请上楼继续参观

Further Visit Upstairs

上图为南通城市博物馆内标识。"请上楼继续参观"译为 Further Visit Upstairs，意思不准确，不符合英文表达习惯，建议参照《国标》，改译为 Exhibition Continues Upstairs。

6 南通各时期地图展示墙
Exhibition walls with maps of each periods of Nantong

上图为钟楼广场导游全景图。译文 Exhibition walls with maps of each periods of Nantong 中 each periods 存在语法错误，periods 应为单数，改为 each period。

10 管理房及公厕
The management room & the Public toilet

上图为钟楼广场导游全景图。"管理房及公厕"的译文 The management room & the Public toilet 英文单词首字母大小写不一致。参照《国标》，"厕所"应译为 Toilet，此处可改译为 The Management Room & Toilet。

联系人：副馆长 卜元
Contaot: Mananing Director Bu Yuan

上图为中国沈寿艺术馆图册。"联系人"的译义 Contaot 拼写错误，应为 Contact；"副馆长"的译文 Mananing director 中 Mananing 拼写错误，应为 Managing。

平绣《马头》沈寿绣

"Horse," Plain Embroidery by Shen Shou

1)In 1910,the embroidery piece" Porttait Of The Queen Of Italy" Made By Shen Shou won Grand Honor Prize at Durin(?)International Competition" in Italy.

2)In 1915,"Porttait Of Jesus Christ" was awarded First Prize in San Francisco,USA.

3)In 1982,Nanton color brocade embroidery works won the"National Baihua Prize Of Arts And Crafts__Gold Cup Prize".

获奖作品

沈寿刺绣的《意大利皇后爱丽娜像》1910年获意大利都灵国际赛会获至大荣首奖

《耶稣像》1915年在美国旧金山获一等大奖

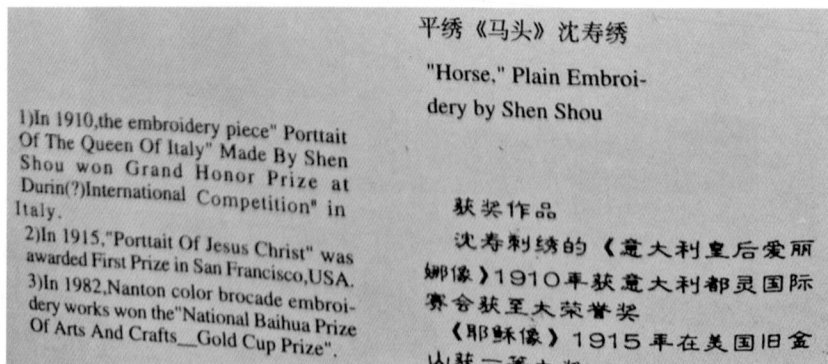

上图为中国沈寿艺术馆图册。译文 1)In 1910,the embroidery piece "Porttait Of The Queen Of Italy" Made By She Shou won... 中 Porttait 应为 Portrait，而且括号、逗号后应有空格，介词 Of 和 By 以及定冠词 The 首字母应小写。

以上是南通市濠河景区公共标识英文译写存在的部分问题。因篇幅有限，本报告只是择取一些有代表性的示例进行分析讨论。这些问题降低了景区译文的专业性，影响到游客对景区的整体观感和旅游体验。作为国家 5A 级旅游景区，濠河景区公共标识英文译写的质量还有待进一步提高。

（撰稿人：鲍加敏、龚俞丹、陆国君、陈光华）

徐州市云龙湖景区
英文译写规范化工作调研报告（摘录）

　　徐州市云龙湖景区是以云龙山水自然景观为特色，以两汉文化、名士文化、宗教文化、军事文化为主要内容，集科普、观光、游览、休闲、生态等综合功能为一体的城市型风景名胜区。景区常年接待大量国内外游客，尤其是近年来，多项国际赛事在云龙湖举办（如徐州国际马拉松赛、徐州国际龙舟赛等）。因此，景区公示语的英文译写质量显得尤为重要，不仅直接反映了景区的国际化程度，还影响到徐州的城市形象。

　　江苏省语言文字工作委员会、省文化和旅游厅 2019 年 6 月下发通知，委托南京大学外语规范与应用研究中心在全省 5A 级旅游景区开展外文译写规范化工作调研。本课题组在中心的指导下，组织江苏师范大学和中国矿业大学师生于 2019 年 7 月至 9 月对徐州云龙湖景区外文译写的规范化工作开展调研，对景区内公共标识、导览牌、指示牌等进行实地考察。

　　在参照《公共服务领域英文译写规范》的基础上，课题组发现景区的英文译写在信息传递、语言表达、体例规范等方面存在一些问题。课题组对这些问题进行了整理分析，以下为部分实例。

存在问题

1. 公共标识英文译写未采用《国标》译法

　　2017 年 6 月 20 日，国家质检总局、国家标准委联合发布《公共服务领域英文译写规范》（以下简称"《国标》"）系列标准，于当年 12 月正式实施。经调研发现，截至 2019 年 8 月，云龙湖景区内仍有部分公共标识的英文译写未采用《国

标》译法，降低了景区旅游服务的质量。例如：

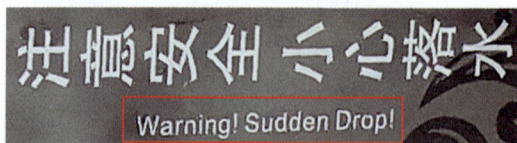

上图为云龙湖景区内警示标识牌。"注意安全 小心落水"的译文 Warning! Sudden Drop! 未采用国标译法，建议改译为 WARNING! Deep Water!（见《国标》一、通则 – 表 A.2 示例 14）。

上图为云龙湖景区内警示标识牌。"严禁烟火"和"严禁采摘"分别译为 No Naked Flames 和 No Picking，意思不准确，英文表达不规范，未采用《国标》译法，建议改译为 Smoking or Open Flames Prohibited 和 Do Not Pick Flowers or Fruits（见《国标》一、通则 – 表 A.3 示例 50，《国标》三、旅游 – 表 B.3 示例 18）。

上图为云龙湖景区内警示标识牌。"有电危险"的译文 Electric Shock Risk! 未采用《国标》译法，建议改译为 DANGER! High Voltage（见《国标》一、通则 – 表 A.2 示例 12）。

上图为云龙湖景区内警示标识牌。"请勿踩踏"译为 No trampling，英文单词 trample 意为"践踏，踩碎"，译文用词不精准，未采用《国标》译法，建议改译为 Do Not Step 或 No Stepping（见《国标》三、旅游 – 表 B.3 示例 12）。

景区内设置的多处"无障碍通道"被译为 Barrier-free Facilities，译文不符合英语表达习惯，建议改译为 Wheelchair Accessible Passage（见《国标》三、旅游 – 表 B.1 示例 13）。

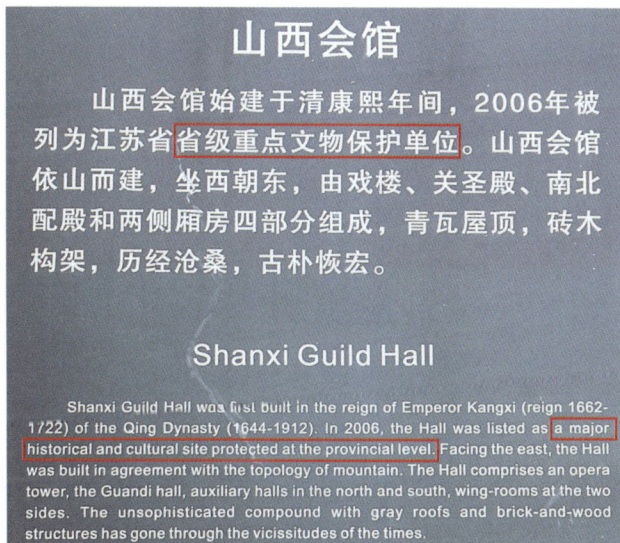

上图为云龙山山西会馆的中英文介绍，其中"省级重点文物保护单位"译为 a major historical and cultural site protected at the provincial level，译文较为冗长，建

议参照《国标》译法，译为 Provincial Cultural Heritage Site（见《国标》三、旅游 – 表 A.1 示例 61）。

2. 信息传递不准确

　　旅游景区的信息传递主要包括实用信息（景点地图、景区设施、导引标识和注意事项等）和文化信息（历史典故、民间传说、特色活动和产品等）。信息传递的准确与否直接影响到外国游客的观光体验，而云龙湖旅游景区在信息传递方面还存在不足，给游客造成不便。

2.1 实用信息的传递

　　向游客传达实用信息是景区标识的重要功能。云龙湖景区在实用信息的翻译上存在一些问题，削弱了其帮助外国游客了解景区的服务功能。

　　（1）译名不统一

　　景区涉及不少人名、地名等名称，相关翻译须保持前后一致，否则会造成误解。例如：

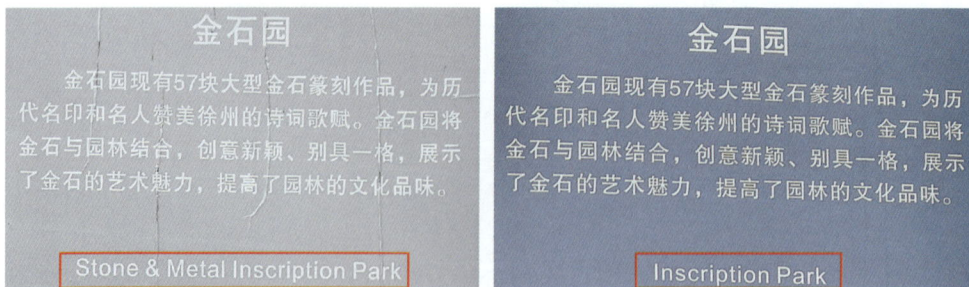

　　上图为云龙湖滨湖公园附近金石园名称的翻译，一处译成 Stone & Metal Inscription Park，而旁边另一处标识中又将其译成 Inscription Park，虽然两种译文传达的意思大致相同，但译名的不统一会给游客造成一定误解，建议统一译名。

（2）错译

金山公园
金山公园占地面积约 30亩 ，主体建筑为金山塔，又名苏公塔。园内亭、台、

Jinshan Park
Jinshan Park covers an area of about 2 hectors. In the park, Jinshan Pagoda, also known as Su Shi Pagoda, is the main

上图为云龙湖畔金山公园景区的中英文介绍。其中"金山公园占地面积约 30 亩"的译文是 Jinshan Park covers an area of about 2 hectors，此处所用的 hector 是"威吓者"的意思，与原意不符，应为 hectares。

鸣洲两岛。亭台楼榭散布其中，竹林飒飒，曲径通幽，富有浓郁的 "江南园林" 韵味。
corridors, and buildings. Here and there are the rustling bamboo groves and the zigzagging alleyways. The lake is filled the rich flavor of Southern Gardening in China.

上图为小南湖景区的中英文介绍。"江南园林"的译文 Southern Gardening in China 意为"中国南方的园艺"，与原意有出入，建议改译为 Gardens of Jiangnan (the Region South of the Yangtze River)。

2.2 文化信息的传递

以两汉文化、名士文化、宗教文化、军事文化为主要内容的云龙湖景区有着深厚的文化底蕴。景区介绍、标识涉及许多文化词汇，有些译文未能准确、充分传递文化信息。例如：

右图为"天师广场"的标识，其译文是 Master Square。此处"天师"原是道教始祖轩辕黄帝对老师岐伯的尊称，直接翻译为 Master 并未传递完整的文化信息，建议译为 Taoist Master Square。

天师广场

Master Square

精致淡雅的特色。岛上袖珍景观有 云锦亭 、
冷香亭、映日亭、 报雨轩、荷园和不染堂

tiles and grey bricks. Buildings on the islet include Yunjin
Pavilion, Pavilion of Cold Fragrance, Pavilion of Sunbeam,
Raindrop Veranda, Lotus Garden, and Flawless Hall.

上图为云龙湖荷风岛中几处亭子的中英文介绍，译法有不统一的地方。"云锦亭"中的"云锦"为音译 Yunjin，而"冷香亭"和"映日亭"中的"冷香""映日"采用了意译 Cold Fragrance 和 Sunbeam，译法不一致。建议补充必要的文化信息，译为 Yunjin (Silk Mixed with Gold) Pavilion，Lengxiang (Cold Fragrance) Pavilion，Yingri (Sunbeam) Pavilion。

3. 英语表达不正确

景区标识译文中存在一些语法错误，英文表达不地道，语言质量不高。例如：

音乐广场

音乐广场位于音乐厅东侧，舞台面积近
1000平方米，广场可容纳观众5000人，是大
型实景演出、节庆活动和文化活动的重要场

The square is east to Xuzhou Concert Hall. In the square there is a stage close to nearly 1000 square meters. With the accommodation of 5000 audience, the square is an important place for live performances, festival celebrations and cultural activities as well as a area preferred by local residents for leisure and exercises.

上图为云龙湖畔音乐广场的介绍，其中"舞台面积近 1000 平方米"的译文是 In the square there is a stage close to nearly 1000 square meters.，句中 close to nearly 翻译不当，close to 主要表示空间、时间上的"接近"。

轩、榭、桥等分布 在山脚湖边 ，错落有
致，相互呼应，形成优美的风景画卷。

architecture. Pavilions, terraces, verandas and bridges by the mountain or on the lake are well laid out, adding to the picturesque scenery of the park.

上图为金山公园的中英文介绍，其中"在山脚湖边"译为 by the mountain or on the lake，by 和 on 的使用与原意不符合。

未成年人进入游泳场必须在监护人的带领下方可下水游泳。
、心脏病和患有其他不适宜游泳疾病者严禁下水游泳。
的清洁卫生，严禁随地大小便及向游泳场内乱扔沙石杂物，

…ersons as company. Though with safety equipm
Those underage without the company of liable p
…isease or some other disease unfavorable for sw
shall commit any nuisance in this place.

上图为云龙湖万人游泳场管理规定，"其他疾病"的译文 some other disease 中 disease 应该用其复数形式 diseases。

始建于清顺治十七年(1660年)，由户部分
司徐渭弟筹资修建。原廊左右开窗，风雨时可
以关闭。此廊可有而不可无，故名可廊。

(1644-1912) reigned. The construction was financed by Xu Weidi (dates unknown), the treasury official in Xuzhou. In its sidewalls there are windows, which can be closed so that people to take shelter from storms in the corridor.

上图为云龙山西门附近可廊的中英文介绍。"原廊左右开窗，风雨时可以关闭"译为 In its sidewalls there are windows, which can be closed so that people to take shelter from storms in the corridor，译文中 so that people to take shelter 有语法错误。

For the sakes of safety and sanitation, regulations are
deepens gradually to 2 meters at the line with the alar

上图为云龙湖万人游泳场管理规定。译文 For the sakes of safety and sanitation, regulations are formulated as follows 中 for the sakes of 用法不对，sakes 应改为 sake。

4. 体例格式不规范

云龙湖景区的英文译写在拼写、标点符号使用方面存在不规范现象。例如：

Those after drinking, or those with mental illness, infe
Visitors to this place have the resposibility to keep the
Bottled or canned foods, drinks or things with peel or

上图为云龙湖万人游泳场管理规定的译文。Visitors to this place have the resposibility to keep the place clean and sanitary 中 resposibility 拼写有误，应改为 responsibility。

after the restroom is used.
dant and the managerial person should provide
e with the regulations and shoud not leave the post

上图为云龙湖景区各公厕悬挂的公厕管理制度译文。shoud 拼写错误，应改为 should。

include carp pools and polyculture ponds. The carp pools are
the venue for the professional fishing contests, while in the
polyculture ponds grow the eco-friendly species of fish native
to the Yulong Lake.

上图为钓鱼岛的英文介绍。The carp pools are the venue for the professional fishing contests; while in the polyculture ponds grow the eco-friendly species of fish native to the Yulong Lake 译文中分号应改为逗号。

以上是徐州市云龙湖景区公共标识英文译写存在的部分问题。因篇幅有限，本报告只是择取一些示例进行分析讨论。作为国家 5A 级旅游景区，云龙湖景区公共标识英文译写的质量还有待进一步提高。

（撰稿人：王海鹏、黄敏、于涛）

连云港市花果山风景区英文译写规范化工作调研报告（摘录）

连云港市花果山风景区是国家重点风景区之一，也是全国文明风景旅游区示范点之一。该景区旅游资源丰富，文化底蕴深厚。景区常年接待大量国内外游客，因此，公共标识的英文译写尤为重要，不仅直接反映了景区的文明程度，也影响到连云港的城市形象。

江苏省语言文字工作委员会、省文化和旅游厅 2019 年 6 月下发通知，委托南京大学外语规范与应用研究中心在全省 5A 级旅游景区开展外文译写规范化工作调研。本课题组在中心的指导下，组织江苏海洋大学师生于 2019 年 7 月至 9 月对花果山风景区的英文译写情况展开调查。

在参照《公共服务领域英文译写规范》的基础上，课题组发现花果山风景区的英文译写在信息传递、语言表达、体例规范等方面存在不少问题。课题组对这些问题进行了整理分析，以下为部分实例。

存在问题

1. 公共标识英文译写未采用《国标》译法

国家质检总局、国家标准委于 2017 年 6 月 20 日联合发布了《公共服务领域英文译写规范》（以下简称"《国标》"）系列标准，并于同年 12 月正式实施。经实地调研发现，截至 2019 年 8 月，连云港花果山风景区内仍有部分公共标识的英文译写未采用《国标》译法，影响了景区的形象。

上图为花果山风景区公共标识。"请勿吸烟"的译文 Please do not smoking 未采用《国标》的译法，有语法错误，应改译为 Thank You for Not Smoking（见《国标》一、通则 –A.3 示例 8）。

上图为花果山风景区乘车处的标识语。"文明礼让，有序乘车"的译文 Orderly civilization comity by bus 意思不明，是乱译，建议译为 Please Line Up for Boarding（见《国标》一、通则 –A.4 示例 9）。

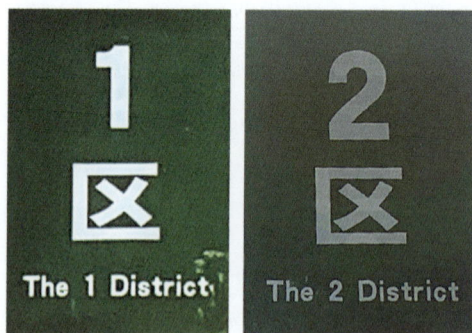

以上两图为花果山风景区停车场的标识语。根据《国标》要求，标有阿拉伯数字的功能设施，应采用"设施名 + 阿拉伯数字"格式，建议译为 Parking Lot 1 和 Parking Lot 2。

上图为花果山风景区内垃圾桶上的标识，"可回收物"的译文未采用《国标》译法，建议改译为 Recyclables（见《国标》一、通则 –A.1 示例 33）。

上图为花果山风景区景点门票售票处的标识牌，office 首字母没有大写，应改译为 Ticket Office（见《国标》三、旅游 –B.1 示例 20）。

上图为花果山风景区旅游观光车专用车道上方的公示语。"旅游观光专用车道，禁止其他一切车辆驶入"的译文 Special lane for Tourism, No other vehie is prohibited，与原文的意思完全相反，误导了游客。另外，译文单词首字母大小写不规范，vehie 拼写错误，应为 vehicle。参照《国标》，建议改译为 Sightseeing Bus Only。

2. 信息传递不准确

旅游景区英译信息传递主要包括实用信息（景点地图、景区设施、导引标识和注意事项等）和文化信息（历史典故、民间传说、特色活动和产品等）。这些信息传递的准确与否直接关系到外国游客的观光体验，而花果山风景区的英译在

信息传递方面还存在不足，在一定程度上会给游客造成不便。

2.1 实用信息的传递

　　向游客传达实用信息是景区标识的重要功能之一。由于外国游客对中文不够熟悉，标识的译文是他们了解相关实用信息的唯一途径。花果山风景区在实用信息的翻译上存在不少问题，一定程度上削弱了其服务功能。

　　（1）译名不统一

　　上图为花果山风景区全景导览图。景点"毛公碑"译为 Chairman Mao's Tablet（见左图），景区宣传小册子将其译为 MAOGONG TABLET（见右图），译名不统一会让游客感到困惑。

　　（2）错译、乱译

　　译者在翻译过程中，机械地套用汉语句子和表达习惯往往会造成中式英语。大多数中式英语存在较为严重的语法错误，影响了信息的传递。

　　上图里的"借用残疾车前需缴纳 1000.00 元（大写：人民币壹仟元正）"译为 Borrow disabled car must pay the deposit $1000.00 above (capital: RMB yuan)，句

子有语法错误，disabled car 的意思是车本身有残疾，而不是指用于残疾人的车，且误用货币符号 "$"（美元），信息传递出现了错误。

旅游客车下客终点站
Under the sightseeing bus passenger terminal

游客休息设施
Tpirost Resting

　　上面两图分别为花果山风景区观光客车终点站标识语和游客休息处标识语。"旅游客车下客终点站"译为 Under the sightseeing bus passenger terminal，是单词堆砌，译文完全背离中文原意；"游客休息设施"的译文 Tpirost Resting 中 Tpirost 拼写错误，令人不知所云，无法实现其信息传递功能。

2.2 文化信息的传递

毛主席三谈孙猴子老家在江苏省新海连市云台山上。是最先指出《西游记》中花果山就是在连云港市的人。此碑书法集毛泽东手迹而成，后被人们称为《毛公碑》。

Chairman MAO talked three times about sun monkey's hometown in Xinhailian city,Jiangsu province, Yuntai Mountain. It was the first to point out

　　上图为花果山风景区宣传手册中对景点毛公碑的介绍。"毛主席三次指出孙猴子的老家位于江苏省新海连市云台山"的译文 Chairman MAO talked three times about sun monkey's home 将"孙猴子"译为 sun monkey，让人费解。此处指的是《西游记》中的孙悟空，应改为 Monkey King。另外，Chairman MAO 拼写不规范，应改为 Chairman Mao。It was the first to point out... 一句存在问题，应改为 He was the first to point out...。

3. 英语表达错误

　　花果山风景区的旅游导览信息涉及景区管理、西游文化、历史趣闻、当地文

化特产等，是外国游客了解景区的窗口。然而，现有译文质量粗糙，表达不地道，存在不少问题。例如：

Sanyuan Palace is located in the center of Sanyuan Palace architectural complex in Huaguo Mountain; it has carved beams and painted rafters and solemn palaces. As is written, it dates back to Tang Dynasty, was rebuilt in Song and gifted by the royal and expanded and enjoyed 20 thousand house-holds to offer incense in Ming, and repaired repeatedly in Qing. In 1938 it

上图为花果山风景区宣传手册里三元宫景点的英文介绍。As is written, it dates back to Tang Dynasty, was rebuilt in Song and gifted by the royal and expanded and enjoyed 20 thousand households to offer incense in Ming, and repaired repeatedly in Qing. 中 dates，was rebuilt，gifted，expanded，enjoyed，repaired 等动词并列使用，时态和语态都有问题，不符合英文表达习惯。"敕赐"可译为 designated by the Emperor，而不是 gifted by the royal。此处朝代前应有定冠词，即 the Tang Dynasty，the Ming Dynasty，the Qing Dynasty。

　　如今，花果山的猴子，依然保持着野生状态，自行觅食、繁衍。尤其重要的是，这里存在一个健全的猴王国，您只要仔细的观察，一定能体悟到其间的等级尊卑和家庭亲缘，甚至迷离复杂的动物世界里的社会关联。

Nowadays, the monkeys in Huaguo Mountain still maintain the wild state; they find food and multiply on their own. What is particularly important is that there is a sound kingdom of monkeys. With carefully observation, you can definitely feel their classes and family bonds, even the social relevance in the mysterious and complicated animal world.

上图为花果山风景区宣传手册中对花果山猴群的介绍。"这里存在一个健全的猴王国，您只要仔细的观察，一定能体悟到其间的等级尊卑"译为 ...there is a sound kingdom of monkeys. With carefully observations, you can definitely feel their classes，译文中英文单词 sound 作为形容词，用于建筑物表示"完好的，无损伤的"，用于人表示"明智的，稳健的"，此处"健全的"是指相对完整的猴王国，可改用 fairly complete；副词 carefully 修饰名词 observations 有语法错误；feel 是感觉，不是"体悟"，可改用 perceive。

4.体例格式不规范

4.1 拼写错误

上图为花果山风景区洗手间标识牌。Washroom 误拼成 Washrom，且并不需要加 the。

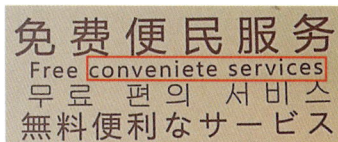

上图为花果山风景区免费便民服务的标识牌。"便民"应为 Convenient，而不是 Conveniete。

4.2 单复数

上图为花果山风景区宣传手册中玉女峰景点的中英文介绍。"第三十回"的译文 In Chapters 30 中的 Chapters 应该用单数形式，即 In Chapter 30。另外，英文书名应该用斜体，即 *Journey to the West*。

4.3 大小写错误

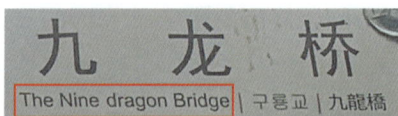

九 龙 桥

The Nine dragon Bridge | 구용교 | 九龍橋

上图为花果山风景区景点指示牌，"九龙桥"的译文 The Nine dragon Bridge 单词首字母大小写不规范，应改译为 The Nine Dragon Bridge。

> 云台山的云雾茶，以其色、香、味、形俱佳而跻身于太湖碧螺春、南京雨花等名茶之列。古时候悟正庵的僧人每年精心采制，只得二、三斤，秘不示人，视作珍茗，招待贵宾。具有"味醇、色秀、香馨、液清"而驰名遐迩。清海州知州唐仲冕也把它当作茶王"龙团凤饼"。
>
> The cloud and mist tea of Yuntai Mountain is famous for integration of color, aroma, taste and form thereby ranks among the famous tea list such as Lake Taihu Bi Luo Chun Tea and Nanking Yuhua Tea. Back in the ancient times, the

上图为花果山风景区宣传手册中对云雾茶的介绍。"云雾茶"是一种茶叶品牌，属于专有名词，英文单词首字母应大写，建议改译为 Yunwu Tea。另外，"太湖碧螺春"和"南京雨花茶"分别译为 Lake Taihu Bi Luo Chun Tea 和 Nanking Yuhua Tea，译文不规范，建议分别改译为 Biluochun Tea in Taihu Lake 和 Yuhua Tea in Nanjing。

4.4 空格问题

> down by Japanese invaders when they searched the mountain. After "the Cultural Revolution", it was gradually being repaired in light of the architectural styles of Ming Dynasty. At present the group of temples with Haining Zen Temple dominating has taken shape. And the current front gate and the plaque with "Nation Protection Sanyuan Palace Gifted by the Royal" above the lintel are the remains of Ming Dynasty.

上图为花果山风景区宣传手册里三元宫景点的英文介绍，the Cultural Revolution 与 Nation Protection Sanyuan Palace Gifted by the Royal 前后均多了空格，不

符合英文书写规范。另外，此处朝代前应有定冠词，即 the Ming Dynasty。

以上是花果山风景区公共标识英文译写存在的部分问题。因篇幅有限，本报告只是择取一些示例进行分析讨论。作为国家 5A 级旅游景区，花果山风景区公共标识英文译写的质量还有待进一步提高。

（撰稿人：代小艳、顾丽双、戴悦）

第二部分
专题研究

景点指令类公示语的翻译问题与对策
——以江苏著名景区为例

蒋晓霞

摘要：本研究主要探讨我国旅游景区指令类公示语英文译文存在的问题及对策。首先回顾了指令类公示语的研究现状，然后以所收集的江苏 5A 级旅游风景区的指令类公示语为例，讨论其分类标准，分析其英文译文中存在的语言错误和语用失误，并在语用等效翻译观指导下，提出景区指令类公示语的翻译原则，以期给旅游行业公示语翻译、使用、管理提供参考。

关键词：指令类公式语；语用失误；语用等效

1. 引言

公示语是公开和面对公众，告示、指示、提示、显示、警示、标示与其生活、生产、生命、生态、产业休戚相关的文字及图形信息（戴宗显，吕和发，2005）。旅游景点的公示语是公示语的一个重要类别。作为文化窗口的旅游景点的公示语，使用范围广，出现频率高，直接向海内外游客展示城市气度、服务水平以及当地居民的文化水平、文明程度等各方面素质。随着"一带一路"政策的实施，研究者甚至提出把公示语翻译提高到中国国际话语权构建和国家形象建设的高度来审视（何航，王银泉，2018），其重要性可见一斑。

然而，根据调查[1]，目前我国景区公示语译文的质量并不乐观，存在着不少语言错误和语用失误，有些译文不仅无法提供准确的旅游服务信息、很好地传播中国文化，甚至粗鲁无礼，给游客留下恶劣的印象。这显然与国家发展中的服务水平和形象建设目标不相适应。公示语的翻译研究已经取得一定的成果，但从语用学视角探讨公示语翻译，特别是专门针对指令类公示语翻译的研究比较少。本

文将以江苏省著名旅游景点的指令类公示语翻译语料为例，探讨景点指令类公示语翻译现存的问题，并提出相应的翻译原则，为旅游行业相关服务标准的制订、景区公示语翻译问题的解决提供参考。

2. 文献回顾

公示语研究在 21 世纪最初的十年是国内翻译研究的大热门（赵湘，2006；邹彦群等，2011；李增垠，2013）。旅游休闲类公示语研究数量在 2010 年后有明显下降，但这并不意味着此类公示语的翻译研究已经很到位。国内明显稀缺的公示语翻译研究（环境保护、危机管理、安检防恐、无障碍设施、规约制度、城市交通、景点解说、应急救助等）中，多类与旅游景点的公示语相关（李增垠，2013）。

总体来看，语用理论指导下的公示语研究已经得到很多学者关注，但成果仍不够丰富。北京第二外国语学院公示语翻译研究中心（2007）进行的全国公示语调查中指出，景点公示语翻译的错误原因不少属于语用失误。在公示语翻译研究中，多采用功能翻译理论做指导，使用语用学理论做指导的研究相对较少（只占 2.7%）（邹彦群等，2011）。张平等（2015）从语用学视角深入探讨了公示语汉英翻译的原则和技巧，提出译者需要重视和追求语用等效，还指出目前公示语英译时对礼貌性重视不够，很多译文不仅不够礼貌，还粗鲁生硬，极易给读者留下不好的印象。杨永和（2009）认为公示语翻译中的社会语用问题往往反映在语用意义的传达方面。从语用视角来讨论公示语的翻译最能把翻译理论和语言的实践相结合。杨昆（2017）在综述中回顾了 2007—2016 年近十年的语用翻译，从语用翻译理念、语用转向、研究方法等维度进行了分析，指出语用翻译研究应该将焦点放在语用理论和翻译实践的结合等方面。

文献检索显示，专门探讨汉语指令类公示语的翻译的研究数量较少。李宇明（2000：69）提及汉语指令类言语行为具有"渐次增强的"语势。陈新仁（2001）研究物业管理公司使用的汉语告示语，涉及汉语公示语中禁止、祈求性言语行为，从语言顺应理论的高度分析其语用语言特点及策略。赵薇（2005）的研究比较系统，

不仅探讨了汉语的指令行为的分类、表达手段、操控度和礼貌等级问题，还专门讨论了指令行为在祈使句中的实施。樊小玲（2011）认为，指令类言语行为划分标准应把"话语权力"放在重要的位置，按照说话人对自身和听话人的话语权力和权势的强调程度来划分命令、请求和建议。唐兴红（2014）研究了指令性公示语汉英翻译的礼貌等级，指出公示语翻译要"掌握两种文化中不同语境对礼貌程度的不同要求"。

综上，我们发现，基于语用视角的旅游景点的汉语公示语翻译研究存在不足，如指令类公示语分类标准较为含糊，对指令类公示语的英译存在的语用失误也未进行充分探讨，翻译策略使用建议也不统一。为此，本研究拟在等效翻译观指导下，以江苏著名景区中已经存在的指令类公示语英文译文为例，研究指令类公示语英语翻译目前存在的问题，并试图提出相应翻译原则和对策。

3. 指令类公示语的类别

国内言语行为研究一般借用 Searle（1975）的分类框架，其中指令类言语行为是指说话人让听话人做某事的言语行为。Searle 列举了指令类言语行为，包括：命令（order、command），请求（request、ask），提问（question），恳求、乞求（entreat、beg、plead、pray），邀请（invite），允许（permit），建议（advise）和激将 (dare、defy、challenge）等。

中文的表达方式与英文有所不同，指令类言语行为的划分标准可参照，但不应局限于英文的划分方式。本研究中的景区指令类公示语专指在旅游景区具有告示、指示、提示、警示等作用的公示语，其主要目的有提供服务、规范游客行为、警示犯罪等。本次收集的指令类公示语拟分以下 9 小类：（1）倡导；（2）请求；（3）建议；（4）要求；（5）提醒；（6）警示；（7）劝阻；（8）禁止；（9）命令。借鉴前人（Searle，1975；何自然，1997；陈新仁，2001；赵薇，2005 等）研究成果，分类标准试描述如下：

（1）倡导：说话人呼吁、引导、希望听话人做某事的言语行为，语气弱，听

话人可选择实施。有宣传意味。比如："文明排队"（出处：无锡灵山景区观光车车站旁）。不包括没有具体言语行为的空泛的宣传类公示语，如"礼让三分，和谐十分"。

（2）请求：说话人请求听话人做或不做某事的言语行为，语气较弱，礼貌级别高。标记语有"敬请""请"等。不需要权力。

（3）建议：说话人提供听话人做或不做某事的选择的言语行为，非强制性，听话人可以选择实施或不实施。语气不强，礼貌等级一般。不需要权力。如"参观由此向前"。

（4）要求：说话人要求听话人做某事。需要一定的权力。标记语有"请"等，有一定的强制性，礼貌等级一般，若违反可能需承担一定的后果。如"请凭票参观""请在此排队"。

（5）提醒：说话人提醒听话人注意某事的言语行为。标记语有"小心"等。

（6）警示：比较严肃的告诫提醒为警示，不遵守可能带来一定的安全问题等。语气较强。礼貌等级一般。

（7）劝阻：说话人劝导、制止听话人的某些行为。语气温和，不一定需要权力。标记语有"请勿"等。如"水深危险，请勿靠近"。

（8）禁止：说话人以强制性的方式来阻止听话人某些特定行为的发生，语气严肃，需要权力，礼貌等级低。标记语有"严禁""禁止""不许""不准""切勿"等。禁止的语气可以从一般到严厉。如"游客止步"，语气较弱；"严禁烟火"，语气很强。

（9）命令：说话人以强制性的方式来阻止听话人某些特定行为的发生，语气严肃，需要权力，礼貌等级低。违反可能会有较严重的后果。标记语有"必须"，如"必须穿救生衣"。

在以上9小类指令类言语行为中，前5小类及第9小类的施为用意是让听话人做或不做某事，7、8两小类的施为用意一般是让听话人不做某事。1—9小类的言语行为大致呈语气渐次增强，礼貌等级渐次降低的趋势。

需要注意的是，使用同一个标记语，可能分属不同的言语行为。如"请凭票参观"

是要求，而不是请求，只是语气比较客气，违反可能会承担一定的后果。再如"存包请联系工作人员"，这不是请求，而是建议，听话人可听可不听。"小心台阶"，一般情况是提醒，"小心落水"则是警示。带有标记语"请勿"的公示语则较难区分类型，如"花儿含羞笑，请您勿打扰"是礼貌的请求，也可以理解为非常礼貌的劝阻。"请勿携带宠物"不是请求，没有商量的意思，是劝阻。"请勿跨越"虽然礼貌，但不是请求，是劝阻，有时可能是禁止的意思，这需要结合公示语所标示的具体场景来判断。提醒和警示的指令强度有时会较难区分，也需根据公示语标示的场所来判断。这些言语行为之间区别比较模糊，带来了分类的难度，也会相应地增加翻译的难度。

4. 译文的存在问题分析

4.1 语料来源

本研究语料部分由笔者收集，同时参考了《江苏省 5A 级旅游景区外文译写规范化工作调研情况报告》（2019），覆盖了南京夫子庙、淮安周恩来故里、瘦西湖风景区、无锡鼋头渚风景区、苏州园林等 20 多个江苏著名旅游风景区（以 5A 级为主），共收集语料 230 条。

4.2 译文总体情况

本次收集的景点指令类公示语中，如前所述的 9 小类中，以提醒和禁止类最多，倡导和命令类最少；还可分为直接言语行为和间接言语行为，绝大多数是直接言语行为，少部分为间接言语行为，例如用陈述实施倡导言语行为；大多数是短小简约的词语、短语和句子（以祈使句为最多）。

从译文质量上来看，一方面，有些使用频率非常高的指令类公示语的译文正确率很高。如劝阻类公示语"请勿吸烟"（No Smoking）、提醒类公示语"小心地湿"（Caution! Wet Floor），翻译情况令人欣慰。另一方面，与其他公示语相比，指令类公示语的翻译在旅游景区尚未得到足够的重视，表现为已存在的译文有大

量语言错误和语用失误，部分公示语译文缺失或不完整。下文将论述所收集译文的主要错误类型。

4.3 译文的错误 / 失误类别

译文的错误可以分为一般语言错误和语用失误。语用失误由 Thomas (1983) 最先提出，指由于文化差异导致语言交际出现语用差异，在跨文化交际中发生信息误导、信息错误和信息障碍，影响交际效果的现象。语用失误分为语用语言失误和社交语用失误。其中，语用语言失误区别于一般语言错误，指的是不地道、不自然的语言表达。社交语用失误则多和文化相关（何自然，1997）。

（1）一般语言错误

本次收集的景区指令类公示语的译文存在不少一般语言错误，如拼写错误、标点及大小写错误、词意错误和语法错误，抑或机械硬译。

例1　中文：（高压电线）请勿进入此围墙，

　　　　译文：DO NOT <u>NETER</u> THIS ENCLOSURE

出处为常州市环球恐龙城休闲旅游区。存在的问题：一是拼写有误，划线词应为 ENTER；二是译文不符合英语表达习惯。建议改为 Keep Out。

例2　中文：前方弯道，减速慢行。

　　　　译文：Slow blind curve ahead.

出处为盐城市大丰中华麋鹿园景区。存在的问题是逐字对译，甚至谈不上是翻译。建议改为 Bend Ahead//Slow Down。

这类一般语言错误的例子非常多。造成此类译文的原因，恐怕是译者英文水平低，而且不负责任。这些错误不是本研究关注焦点，故不做深入讨论。

（2）语用语言失误

本次收集的语料存在较多的语用语言失误，主要有以下几种情况：①曲解施为用意；②混淆同义词；③违反英语使用习惯；④套用母语表达；⑤字字对应；⑥只译出字面意思。下面举例分析。

①曲解施为用意

例3　中文：静心止语

　　　译文：Pause Stop

此例出自寺庙（无锡灵山景区），原文为佛家用语，含两层施为用意：一是倡导听话人静下心来；二是劝阻听话人说话或喧哗。译文意为让人暂停和停止，完全曲解了原来的施为用意。这条在寺庙里出现的公示语面向所有公众，有些未必持同一种宗教信仰，可只译出一个意思，即请不要喧哗，译为 Please Keep Quiet 即可。

②混淆同义词

例4　中文：注意台阶

　　　译文：Note the Steps

出处为沙家浜虞山·尚湖旅游区。note 作为动词时，有"注意"的意思，指注意时很认真、仔细，而 mind 表示注意时，有"提醒，警示"的意思。根据英文使用习惯，应译为 Mind Your Step。

③违反英语使用习惯

例5　中文：请勿拥挤打闹

　　　译文：Do not crowd and fight

出处为无锡市鼋头渚风景区。原译文逐字译出，但英文中没有完全一样的公示语，建议译为 Do not disturb other visitors。

④套用母语表达

例6　中文：必须穿救生衣

　　　译文：Must wear the Jacket

出处为无锡三国水浒景区。译文按照中文的表达语序，是对 must 这个词用法的误解，另外"救生衣"在英语里不叫 jacket，大写也没必要。建议根据原文指令强度，译为 Life Vest Required。

⑤字字对应

例7　中文：扫扫地图在手

译文：Sweep the map in hand

出处为常州市春秋淹城旅游区。译文完全按照汉语原文逐字翻译，sweep 是清扫的意思，此处应为"扫描"，扫描的内容为文字旁边的二维码，译文没有补出，令人费解。这里的建议言语行为可译为 Please scan the QR code to read the map。

类似的还有"出入景区，车辆慢行"被错误地译为 Entering the scenic spot go slow。

⑥只译出字面意思

例 8　中文：草木有情、生命无价

译文：There is affection in grass and trees, whose life is priceless.

出处为苏州园林景区。这个例子是本次收集的指令类公示语中比较少见的间接言语行为，表面是说草木的生命珍贵，实际上是请求游客爱护草木，译文译出字面意思，但没译出"请求"这个间接言语行为，建议忽略字面意思，译为 Please Keep off the Grass。

（3）社交语用失误

本次收集的语料存在较多的语用语言失误，主要有以下几种情况：①混淆言语行为的类别；②降低礼貌级别；③模糊指令强度级别；④无视文化差异。下面举例分析。

①混淆言语行为的类别

例 9　中文：小心地滑

译文：Slip Carefully

出处为常州春秋淹城旅游区。这条公示语的原施为用意是提醒听话人注意地滑，别摔着。译文的施为用意是让听话人小心地滑倒，把原来的提醒言语行为错误地译成了建议言语行为。

例 10　中文：游客止步

译文：VISITORS TO STOP

出处为泰州溱湖旅游景区出航码头处。原义施为用意是劝阻，译文除了语法错误外，把劝阻言语行为变成了建议言语行为。应依照英文习惯，用肯定句译为

Staff Only 即可。

②降低礼貌级别

例 11　中文：请勿喧哗

　　　　译文：NO NOISY

出处为无锡灵山景区。原文是温和的劝阻，译文为禁止，生硬、不友好。全大写表示特别的强调，建议改译为 Please Keep Quiet，把劝阻译为建议，既表达了施为用意，又维持原有温和的礼貌等级，不生硬。类似的例子还有"游客止步"，可以译为 No Admittance 或者 Staff Only。

③模糊指令强度级别

例 12　中文：严禁烟火

　　　　译文：No Open Flames

出处为常州春秋淹城遗址。原文为语气严厉的禁止，译文为一般性禁止，降低了原文指令的强度和语气，建议译为 Smoking and Flammables Prohibited。

④无视文化差异

例 13　中文：禁止遛狗

　　　　译文：PROHIBIT DOG

出处为钟山风景名胜区。原文全部大写，表示程度级别高的禁止。译文按照中文语序译成了祈使句，意为"禁止狗"，和原文意思不符。此外，听话人多为外国游客，未必会带狗，但考虑英语文化里普遍对狗都持友好的态度，甚至视为家人，译文会使人心理不适，所以建议译为 No Pets Allowed。

（4）混合型

本研究收集的语料除了有上述的一般语言错误或语用失误外，很多例子的错误不是单一类别的，而是同时存在一般语言错误、语用语言失误和社交语用失误的两类或三类错误或失误。这种情况也比较普遍，上文例子中就有不少这样的情况，如例（13）。又如：

例 14　中文：钱票请当面点清 // 敬请妥善保管

　　　　译文：Please check the money on the spot and have safekeeping

出处为钟山风景名胜区。这个例子的原文含有两个提醒言语行为：一是提醒听话人检查钱和票据；二是提醒听话人妥善保管好钱和票据。译文既有一般语言错误（have safekeeping 为语法错误），又有语用语言失误（英语服务窗口并没有 check the money on the spot 的说法），还有社交语用失误（未考虑到听者心理，游客可能不需要这样不请自来的建议）。实际上，原文除了提醒的用意外，深层的用意是如有钱款纠纷时免除自己的责任，把点数钱票和保管的责任推给游客。这样的公示语译文可能会给人一种幼稚可笑的印象。如要翻译，建议只译出部分提醒言语行为，即钱款点清后，钱票不可退，按英语习惯，可译为 Tickets are non-refundable.//All Sales are final，这样就是单纯的提醒，至于如何点清钱款以及如何保管，留给游客自己考虑即可。

总的来说，景区指令类公示语的翻译还存在不少问题，有较多一般语言错误和语用失误。一些使用频率很高的公示语译文错误率很高，且错误各不相同。提醒类公示语，如"小心落水""当心落水"，出现了多个错误译文：Warning falling into water，BE CAREFUL NOT FALL INTO WATER，be careful of drowning，Watch against falling water，Sudden Drop，Warning falling into water 等。这里列举的错误译文分别在不同的景区出现（泰州市溱湖旅游景区、无锡市鼋头渚风景区、瘦西湖风景区、苏州园林景区、云龙湖风景区、沙家浜·虞山尚湖旅游区等），有些在同一个景区的不同位置出现。类似的还有"小心地滑"等提醒、警示类公示语，天目湖风景区出现了三种错误译文：Be careful of slip on the floor!，Slip Carefully，Carefully slide caution!。调研中了解到，公示语标牌制作不一定由同一家单位制作完成，或由于制作时间不同，属于不同批次，这种因为公示语标牌制作不统一而导致的译文错误，不仅会贻笑大方，而且会让游客对当地旅游管理甚至城市管理能力产生怀疑。此外，大量与安全防恐有关的指令类公示语，如火警设施的公示语"按此报警"，没有或基本没有完整的译文，灭火器的操作步骤也没有翻译。这种情况较为普遍。

5. 指令类公示语译文问题的解决对策

要提高景区公示语的译文质量，首先应加强景区公示语的翻译研究。笔者认为，应在语用等效翻译观视角下讨论指令类公示语的翻译原则。语用翻译的核心是语用等效（何自然，1997）。语用等效包括语用语言等效和社交语用等效。语用语言等效是指词汇等语言层面的等效，而社交语用等效则需从文化差异出发，加强语用对比。语用等效不是完全等量，须对原文和译文进行语用对比，追求在各自文化语境中都适切的对等。指令类公示语的言语行为特征明显，因此这类公示语的语用翻译对等应至少包括两个层次，即行事对等、礼貌对等（陈新仁，2009），也就是说，翻译时至少应遵循以下两个原则。

（1）准确判断言语行为类别，实现行事对等

指令类公示语以言行事的功能非常明显，翻译时因首先考虑其行事功能的对等。混淆言语行为的类别，会直接导致译文的社交语用失误，导致交际失利，无法实现以言行事的功能。如前文的例 9，把提醒（听话人注意地滑）的言语行为，译成了建议（听话人摔倒）言语行为，不仅无法起到提醒的功能，反而会让听话人觉得莫名其妙。模糊指令强弱级别也会导致社交语用失误。如例 12 中的"严禁烟火"，因文物保护需要，此处原文应理解为语气严厉的禁止，译文 No Open Flames 的指令强度不够，应译为和原文指令强度相当的 Smoking and Flammables Prohibited，才能引起足够的重视。这些例子中的原译文的社交语用失误行使公示语原有的功能，无法提供景区管理方本该提供的服务，严重影响旅游品质，进而影响到游客对景区的评价，甚至对所在城市管理水平产生怀疑。因此准确判断公示语的言语行为类别和指令的强度，应成为景区指令类公示语翻译最重要的指导原则。

由于指令类公示语的言语行为分类标准很难精确，有时很难判断公示语所属的类别，需要结合语境，揣摩说话人的意图来判断，并确定指令的强弱级别。旅游景点的指令类公示语发出者为旅游景区管理方、警方等，以提供服务或对游客行为进行管理或引导，发出提醒或警示为主，因此中文多为简洁的短语或祈使句，

又以直接言语行为为主。但是由于张贴的位置不同，所处情境就不同，包含的言语行为类别随之也可能不同。比如"小心台阶"，贴在只有一两级台阶或几乎是平地的地方，是一般性的提醒。有些地方比较危险，落差一到两米，但根据文物保护规定又不能修建栏杆，只能用大的绿色盆栽植物隔开，并在旁边标示"小心台阶！"（如南京博物院），这种情况下的言语行为不是一般的提醒，而应理解为语气较强的警示。因此，根据语境，即公示语放置的具体场所，来推断说话人的意图，才能准确判断公示语原文的言语行为类别和指令的强弱，并结合译文的使用习惯，才有可能实现行事对等。

（2）考虑文化差异，实现礼貌对等

旅游景区的指令类公示语是要求旅游者做或不做某事，需要听话人（即游客）配合才能达成交际目的，所以必须考虑游客的心理接受度。也就是说，必须考虑使用礼貌语言，来维护双方面子，确保交际顺利；使听话人能够按照说话人的要求，配合完成相应的言语行为。由于文化差异，中英文化对礼貌的理解不同。李宇明（2000：69）指出，汉语指令类言语行为具有"渐次增强的"语势，即言语情感度。语势和礼貌等级的关系密切，一般语势弱的时候，礼貌等级就强，语势越强，礼貌等级越弱。汉语和英语中言语行为的礼貌等级并不一一对应，因此实现译文和原文的礼貌对等，应追求译文所在文化的适切的礼貌。翻译时要使用不同的礼貌词语或句式等多种手段正确表达礼貌等级。

实现礼貌对等，有时需要根据英文文化背景，灵活处理译文的指令强度。汉语中语势较强、礼貌等级较弱的指令类公示语，按照英文的习惯，译文的指令强度较小、礼貌等级较强。比如"非紧急情况勿动"（南通濠河景区中国审计博物馆）的原译文为 The Emergency don't move，应译为 Fire Emergency Only。这样指令强度变弱，礼貌等级变强，虽与原文表面意思不一致，但符合英文使用习惯，真正实现了译文的语用对等。

笔者认为，应在实现行事对等的前提下，追求礼貌对等，即不强求译文和原文的礼貌等级完全一致。语用翻译的等效观（何自然，1997）认为，追求语用语言等效，必须注意原文的语用用意（以言行事行为的用意），即在原文所处语境

中的含义，不应拘泥原文的语言，而是尽量将原文中隐含的语用用意表达出来。如前文例 8 中，原文为间接言语行为，请求游客爱护草木，礼貌等级较高。原译文只译出字面意思，却未译出"请求游客爱护草木"这个间接言语行为。此时应优先考虑行事对等，忽略字面意思，译为 Keep off the Grass，可加上 Please 来平衡译文的礼貌等级。

此外，考虑读者的心理接受度，对仅在中文语境下有意义的公示语，要有选择地翻译，避免其成为无意义的冗余信息。如"垃圾不乱扔，举止显文明"。（出处：沙家浜·虞山尚湖旅游区），其中后半句为我国社会文化中常见的宣传语，不指向具体的言语行为，英语中没有对应的用法，照字面译出反而会让人迷惑，因此可选择不译，只按英语习惯，把前半句译为 No Littering 即可。类似还有例 14 也可如此处理。

要提高景区公示语翻译质量，除加强翻译研究外，还应加强行业监管。从第四部分可以看出，景区公示语的翻译存在以下问题：公示语标牌制作不统一；已有的国家翻译标准没有落实；有些公示语还没有行业标准。这些问题有的属于翻译水平与态度问题，有的则是行业管理问题。对于译文存在的一般语言错误，选用高水平、有责任心的翻译，参照国标，就能避免。建议加强管理，筛选有资质的翻译人员，加强公示语翻译申报的审核，落实旅游行业译写国家标准。同时，统一旅游景区公示语标牌制作标准，避免同一景区公示语译成含有不同的错误的译文，从而导致游客对当地旅游管理能力和城市建设水平产生负面评价。对于行业标准中未包括的部分，需要借鉴相关研究成果和国外公示语的话语实践。

6. 结语

本研究讨论了作为国家文化和城市形象的展示窗口的景区指令类公示语的英文译文的现状，指出了翻译中存在的语言错误和语用失误，并提出了解决译文存在问题的相关建议，希望重视此类公示语翻译中的语用对等（包括行事对等和礼貌对等）、文化差异和受众心理。同时，加强行业管理，选用高水平的翻译，促

进相关行业标准的落实，提高旅游行业的服务质量，通过改善旅游景区的形象，来传播中国文化，塑造良好的国际形象。后续研究还应重视安全防恐等指令类公示语的翻译研究，宜借鉴英语国家相应的公示语使用经验，结合国情，尽快制订并落实行业标准，完善景点公示语的使用。

注 [1]：南京大学外语规范与应用研究中心主持的《全省 23 家 5A 级旅游景区就外文译写规范化工作开展调研报告》，2019。

参考文献

1.Searle, J. R. A taxonomy of illocutionary acts [A]. In K. Gunderson (ed.), *Language, Mind, and Knowledge: Minnesota Studies in the Philosophy of Language*[C]. Minneapolis: University of Minnesota Press, 1975.

2.Thomas, J. Cross-cultural pragmatic failure [J]. *Applied Linguistics*, 1983(4):91-112.

3. 陈新仁 . 汉语告示语的语用研究 [J]. 暨南大学华文学院学报，2001（04）：58-65.

4. 陈新仁 . 新编语用学教程 [M]. 北京：外语教学与研究出版社 , 2009.

5. 戴宗显，吕和发 . 公示语汉英翻译研究——以 2012 年奥运会主办城市伦敦为例 [J]. 中国翻译，2005（06）：38-42.

6. 樊小玲 . 指令类言语行为构成的重新分析 [J]. 华东师范大学学报（哲学社会科学版），2011（01）：144-149+156.

7. 何航，王银泉 . 公示语英译研究可视化分析与思考 [J]. 外国语言与文化，2018（03）：102-112.

8. 何自然 . 语用学与英语学习 [M]. 上海：上海外语教育出版社，1997.

9. 李宇明 . 汉语量范畴研究 [M]. 武汉：华中师范大学出版社，2000.

10. 李增垠 . 二十年来的国内公示语英译研究综述 [J]. 中南大学学报（社会科

学版），2013（02）：237-242.

11. 唐兴红. 指令性公示语汉英翻译中的礼貌度等级 [J]. 成都师范学院学报，2014（03）：53-56.

12. 杨昆. 国内近十年语用翻译研究综述（2007—2016）[J]. 重庆理工大学学报（社会科学），2017（03）:125-130.

13. 杨永和. 我国新世纪公示语翻译研究综述 [J]. 外语教学，2009(03):104-108.

14. 赵湘. 中英标识语的文化差异与语用翻译 [J]. 外语教学，2006（02）:72-74.

15. 邹彦群，满颖，孟艳梅. 公示语翻译研究十年综述 [J]. 上海翻译，2011(04)：27-30.

16. 赵薇. 指令行为与汉语祈使句研究 [D]. 复旦大学，CNKI 博硕论文库，2005.

17. 北京第二外国语学院公示语翻译研究中心. 全国公示语翻译现状的调查与分析 [J]. 中国翻译，2007（05）：62-67.

18. 张平，刘绍忠，韦汉. 基于语用学的公示语汉英翻译现状分析 [J]. 常州大学学报（社会科学版），2015，16（02）：96-99+112.

（作者单位：南京晓庄学院）

景点参观须知翻译的问题与对策
——以江苏著名景点为例

蒋 玮

摘要： 景点参观须知是指服务参观者、约束参观行为的社会用语，其英文翻译问题尚未得到很多关注。本文调查了江苏省内部分著名景点参观须知的翻译，从语言层面和语用层面归纳了英译文存在的问题，并提供三种针对性的改进对策。具体说来，景点参观须知的英译应更关注人际交往层面，使得信息更准确，指令更清楚，请求更礼貌。参观须知的恰当翻译有助于跨文化交际的顺利开展，有利于构建良好的语言生态环境。

关键词： 景点参观须知；翻译；问题与对策

1. 引言

近年来，我国旅游业蓬勃发展，来华旅游的外国游客逐渐增多。根据江苏省文化和旅游厅的数据[1]，截至 10 月，2019 年江苏省共接待外国游客 218.3 万余人。在此背景下，旅游景点介绍和导览的多语种呈现变得十分重要和必要。鉴于英语的国际通用语地位，景点介绍和导览的英语翻译正确与否直接影响到外国人士的游览意愿和游览体验。当前，我国旅游外宣资料的英译中存在着不少问题，如过分强调译文对原文"忠实"，忽视语言传播的受众及效果（陶李春，2012），也有一些针对性的改进策略的提出，如顺应性变异（李静，屠国元，2016）。就景点翻译而言，景点名称、景点介绍、景点公示语等方面的翻译研究较多，而对景点的参观须知（有些地方称游览须知、景点公告等）这一类应用文体则关注较少。笔者通过中国知网期刊数据库仅检索到一篇相关文献（莫竞，2018）。鉴于此，本研究以景点参观须知一类文本为切入点，考察江苏省内著名景点的参观或游客

须知及其英文译文，以期勾勒出参观须知一类文本目前的翻译现状。参照国家标准《公共服务领域英文译写规范》和翻译等值原则，对比国外景点参观须知的相关实例，总结归纳目前景点参观须知翻译中存在的问题，并提供对策。

2. 参观须知的社会用语属性

作为社会用语的一种，景区参观须知一般包括景区运行事项、参观者参观行为建议和主要参观服务事项，属于广义上的公示语的一种。早期的景点参观须知内容比较简单，如图一的唯亭山参观须知（1931 年）。三段文字分别说明了该景点的位置、游玩建议时间和游览路线。后期的参观须知随着时代和旅游业的发展而不断演变，已经形成了一类独特的实用文体，见图二、图三和图四。

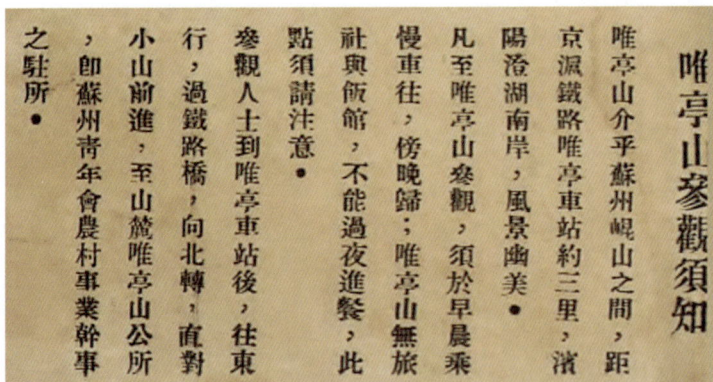

图一　唯亭山参观须知（《农村事业丛刊》1931 年第四期，p.19 ）

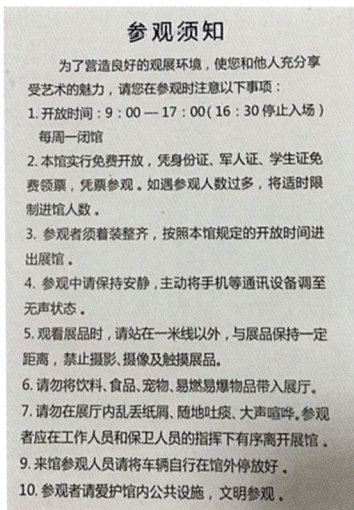

图二　江苏省美术馆参观券　　　图三　江宁织造博物馆入口处告示牌

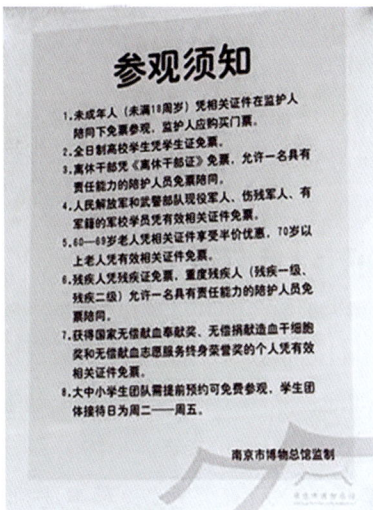

图四　宜兴竹海风景区游览须知（网页）

从功能上看，参观须知实施了告知、指示、提示或警示、禁止、劝说、教育、沟通情感等功能，具有公共性、实用性、规范性、简明性等特性（陈新仁，2013）。与人们经常讨论的公示语相比，参观须知同属于一种在公共场合向公众公示内容的语言，是一种由一方（管理方）向另一方（公众）实施的单向传播。但是不同于一般的公示语，参观须知的内容更全面、完整，是一个由多个事项构成的，具有连贯性的独立语篇。以江苏省美术馆参观须知（图二）为例，参观须知中的10项内容分别列举了美术馆的参观时间、门票政策、参观者的着装要求、

参观的具体行为要求，在向公众提供信息的同时，引导特定参观环境中的规范行为，并阻止可能的危险或不文明行为。

　　景点参观须知翻译属于实用翻译，应以参观景点的外国游客为对象，顺应目的语的表达习惯和文化习俗。与公示语翻译类似，参观须知的翻译也需要在语言、语用、文化等多维层面实现原文与译文之间的翻译等值。比如：

　　（1）请自觉维护购票秩序，排队购票。

　　英译：Please maintain the purchase order and queue up for tickets.

　　该例出自南京市某一景点网站购票须知。英译文中不仅存在语言失误（购票秩序 ≠ purchase order），还存在文化功能翻译失误，即文化身份指对偏差和社交意图理解偏差（王倩，战菊，2019）。自觉维护购票秩序，"排队购票"是具有中国本土意义的公示语，是"针对本地、本国公民需求和行为特点而设置的"（吕和发，2005）。这种指令性话语的直译不太符合外国游客尤其是英语国家游客的阅读习惯，可以简译为 Queue up。

3. 调查方法及结果

3.1 调查方法

　　本研究结合了景点实地考察与景点网站调查两种方法，以景点门票或纸质宣传单、景点入口告示牌和景点网站等三处为语料来源，参考江苏省文化和旅游厅主办的江苏旅游网中各城市的景区景点信息，考察江苏著名景点[2]的参观须知的内容及其英译文。语料选择标准为提供明确参观须知中文或者参观须知英文 / 英译的景点，共搜集到包括南京、苏州等市 12 处 4A 级以上景点的中英文语料。语料具体来源见注释 2。景点参观须知因媒体呈现形式不同而展现出不同特征。纸质或公示牌类参观须知一般以列举的方式，通过文字说明信息，如图二、图三。网站上的参观须知呈现出多模态特征，常见的有图文形式、图表形式、问答形式、超链接形式等。

3.2 发现问题

根据《公共服务领域英文译写规范》通则，公共服务领域的英文译写应遵循合法性、规范性、服务性和文明性原则。结合这些译写原则以及英语国家类似语境下同类信息的习惯表达，发现参观须知的译文问题主要集中在英语的规范性和内容的服务性两方面，具体表现为信息不全、翻译错误和语用失误。

3.2.1 信息不全

调查发现，部分景区的参观须知并没有对应的英文翻译，另外一些景区参观须知的翻译则存在信息遗漏问题。下面的图五为南京博物院中英文网页的对比，可以看到左边是详细的中文参观须知说明，右边的英文须知则语焉不详，除了主标题，下面并没有任何实质性的内容。

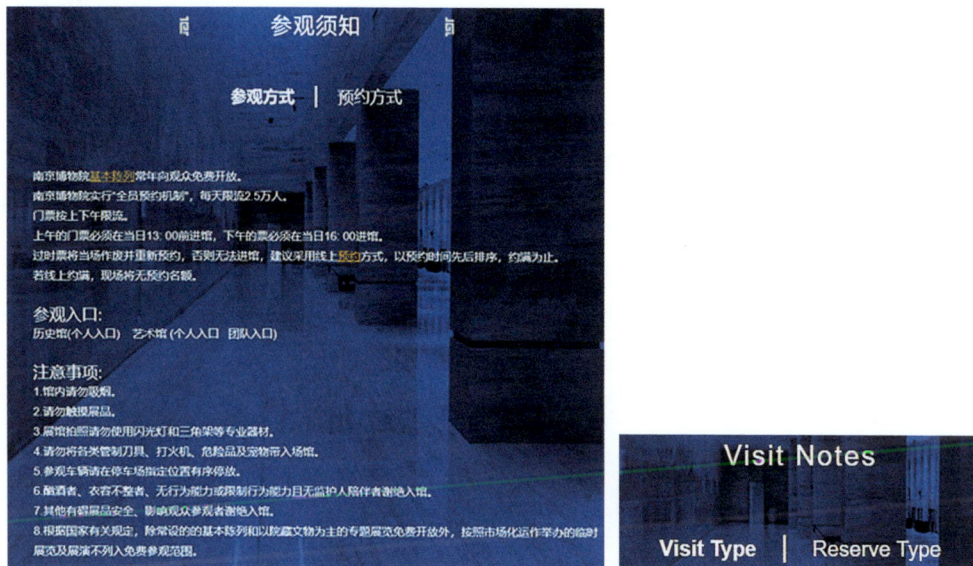

图五　南京博物院中文网页参观须知与英文网页参观须知

3.2.2 翻译错误

在所调查景点参观须知的英文译文中，发现了一些不符合英文使用规范的例子。比如参观须知标题本身的翻译，发现了像 Visit Notes, Attention matters 等不

规范的表述。正确、地道的表达如下表所示：

表一　参观须知的译文建议

"参观须知"的翻译	出处
Rules and Regulations	《公共服务领域英文译写规范》
Visitor Regulations	大英博物馆网页
Visitor Guidelines	美国大都会艺术博物馆网页
Visitor Information	佐治亚水族馆网页

参观须知语言层面的翻译错误主要包括单词拼写、句子语法、语义等方面的问题，列举如下：

（1）拼写错误

No smoking expect smoking zones. （南京总统府英文网页）

说明：expect 是期待的意思，此处应表达"除了（吸烟区）"之意，应该使用 except。

（2）语法错误

缺少主语：If feel sick or get hurt, please phone to the office...（南京总统府英文网页）

Must prevent bites and scratches from the wild cats. （太平天国博物馆）

缺少谓语：...we formulate the visit notes for you, which according to the laws and regulations such as the Suzhou Scenic Area Regulations, and the Protection and Management Regulations of Suzhou Gardens. （苏州虎丘英文网页）

时态错误：Suzhou Museum was free open to the public from May 18, 2008. （苏州博物馆英文网页）

主被动错误：Some special exhibitions may not allow to sketch. （苏州博物馆英文网页）

（3）语义不对等

汪氏小苑门票淡季 25 元，半价票 12 元。

Each ticket in a boom season for Wangshi Garden /25 yuan, half-price ticket/12 yuan. （扬州个园网页）

（4）语义不明

Pay attention to the lake. （南京总统府英文网页）

说明：该例出现在安全须知里，但此句前文并未提及有关任何"湖"的概念。

（5）语体错误

May you be a civilized tourist. （苏州虎丘英文网站）

说明：May you... 是表达愿望、祝愿的一种虚拟语气。"做文明游客"的译文 be a civilized tourist，在英语母语者群体里可接受度较低，让人感到不安（王倩，战菊，2019）。

3.2.3 语用失误

除语言层面外，景点参观须知翻译的语用层面也值得关注。参观须知英译文的服务对象是使用英语的外国游客，他们有着不同的文化背景与思维方式，这就要求翻译必须考虑译文是否能够得体、恰当地传达应有之意，实现类似语境下的同样功能。由于没有考虑到交际目的，导致译文未达到应有的效果，例如：

（6）如带小孩游览，请照看好自己的小孩。如小孩不慎走失，请拨打景区求助电话：025-84578700，或求助景区工作人员。

英译：Look after the children. If they get lost, please tell the staff nearby or dial the hotline: 025-84578700.

英译中的祈使句语气生硬。命令的口吻打破了交际双方的平等关系，威胁到游客的面子，十分不礼貌。为传达类似的信息，《公共服务领域英文译写规范》中提供的参考译文是 Please do not leave your child unattended.

美国大都会艺术博物馆和大英博物馆的参观须知里提及此类信息时的表达方式分别是 Children 12 and under must be accompanied by an adult at all times., In the interests of health and safety, you must not leave any children in your care unattended, or allow them to behave antisocially.

在表达"禁止"这个概念时，国内的英译文所选句式往往是比较直接的 do not...，或者 no+ 动名词。国外同等语境下的表达句式多样，不同景点的措辞会存

在一定的风格差异，见下表。总体而言，安全告示语选用被动句表达比用祈使句更加委婉，礼貌等级也更高。

表二 "禁止"概念表达举例

英译文举例	大英博物馆	大都会艺术博物馆
Do not bring lethal weapons... And do not carry any pets... No weapons... No smoking expect smoking zones. No climbing.	You are not allowed to consume food... You are asked not to use your phone... You are not permitted to cycle... You must not bring into... Animals are not allowed in the Museum under any circumstance...	Weapons... are not permitted... Smoking... is not allowed in... Please do not touch the artwork... Running, rough play, and disruptive behavior are prohibited.

4. 参观须知的翻译原则

从语用学视角看，景点参观须知属于社会用语范畴，可以被看作由景点管理方发起的一类言语行为，意在通过告知类和请求类等言语约束人们的参观行为，使行为符合景点内的规范要求。在以言行事方式的选择上，有些景点以禁止类为主（如图六），有的则以请求类为主（如图一）。比如，在南京总统府的六条游览须知里，出现了两次"严禁"、三次"禁止"、三次"不得"。这类禁止性词汇的使用，加强了以言行事的力量，构建出景点管理方的权威身份，产生让游客不得不接受或服从相关指令的交际效果，此类命令型话语的礼貌程度偏低。在江苏省美术馆的十条参观须知里，出现五次"请"，两次"请勿"，相应地，称呼游客为"您"。这类请求类话语虽削弱了以言行事的力量，但是礼貌程度更高，反映了管理方对参观者的尊重。用祈求类以言行事方式替代禁止性以言行事方式，对于素质高、修养好的对象而言，效果更好（陈新仁，2001）。该须知的遣词用句，符合美术馆的参观者定位。

总体来看，中文参观须知的文本主要包括信息性、指令性信息，多用无主语句和祈使句，以理性叙述为主。相比较而言，国外景点的参观须知（Visitor Guidelines，见下面的网页）的设计者更看重参观须知的人际沟通，常常使用第一、

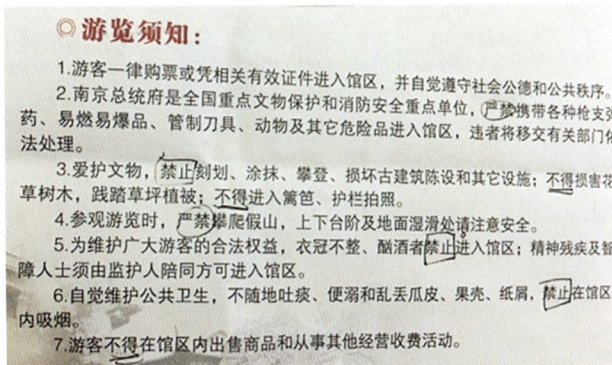

图六　南京总统府景区游览须知

第二人称的叙事视角，以及描述性的积极形容词，向游客勾画游览此景的美好体验（包括良好服务），以此加强以言行事的力量。最明显的例子是参观须知开头处说理性信息的补充，见图七至图十。

图七　美国大都会艺术博物馆

图八　亚特兰大可口可乐世界

图九　佐治亚水族馆

1. **Admission**
1.1　We warmly welcome you to the Museum and wish you an enjoyable visit and an excellent experience.

图十　大英博物馆

这四个例子中使用了人称指示语"我们"（we），将景点的客观、无生命形象转化为服务提供者主观、热情的形象，游览体验变成了某种舒适、神奇、精彩的（enjoyable，magical，excellent）经历。通过阅读游览须知，参观者可以获取最优体验（get most of）。这些说理性信息顺应了游客的心理需求和旅游预期。借鉴国外景点的案例以及公示语翻译的四条原则，笔者认为参观须知的英译应在保障翻译内容的准确、规范的同时，重视整体叙述逻辑，关注交际语境，达到语用平衡，实现交际目的。

（一）准确性原则

可以发现，在参观须知的英译中，很多错误属于基本语言表达问题。虽说这些错误并不集中在某一个景点里，但是也反映出目前对外宣传工作中存在的一些亟待解决的问题。景点参观须知英文表达的不严谨、不规范，会产生信息误导、指令错误，让外国游客不知所云，无所适从。为了避免交际失败，参观须知的翻译需要遵循准确性原则，即按照英语中的正确表达方式，重新审核翻译译文，修改其中的错误。牵强的直译需特别留意，比如"提前买票"，应翻译成 buy tickets in advance（见图十二）而不是 buy the tickets forwardly。又如"淡季、旺季"的翻译，在国家标准《公共服务领域英文译写规范》（第 3 部分：旅游）里有明确说明。其他一些语法错误，可以找专业人士加以核对、修改。

（二）清晰性原则

参观须知具有引导游客的服务功能，所以陈述清楚、明晰非常重要。中文景点须知的内容一般包括开放时间、购票信息、爱护公共设施等信息，需要列举 5–10 项左右的注意事项，每项之间是平行关系，见图一和图二。英文翻译时在结构上应做出调整，避免按照原文顺序逐条直译，一一列举，如从 first 列举到 ninth，或者从 A 列举到 J，形成信息堆砌、重点不明，见图十一。

　　我们可以借鉴国外景点须知的做法，划区分块，凸显逻辑性。因为参观活动是与时间紧密相连的一件事，所以把参观过程按时间顺序分块，之后再分别列举，这样相对于游客而言，更具针对指导性。以博物馆为例，就可以分为进馆前、进馆时、在馆内等不同阶段，然后就每个时间阶段内游客应注意的事项，展开要点分别加以说明。例如，美国纽约大都会艺术博物馆网页上（图十二）在游客须知（Visitor Guidelines）一栏下，区分了进馆参观的几个不同阶段：进馆之前（Entering the Museum Building），进入博物馆（Admission to the Museum）和馆内参观（While in the Museum's Galleries）。每个阶段的注意事项分别按要点陈列。类似进馆前需经过安检，门票的使用范围，艺术品禁止触碰等常规参观须知信息并没有混合在一起陈述，而是在三个不同阶段／标题下分别呈现。一些非博物馆类的其他景点的参观须知也是按类似的时间顺序分类，如图十三所示的佐治亚水族馆。参观须知区分了馆前、到馆和馆中等几个阶段，同时使用了"+"隐藏了下级菜单，使得整个界面重点突出，有利于信息查找。对于网页版的参观须知，建议通过英文字体变化、超链接等多种方式，提升界面互动友好性，方便游客查找所需的信息。

图十一　苏州虎丘游览注意网页　　　　图十二　大都会艺术博物馆参观须知

Helpful Tips

Before You Arrive　　　　　　　　　　　　　　＋

Getting Here　　　　　　　　　　　　　　　　＋

During Your Visit　　　　　　　　　　　　　　＋

Must Seas　　　　　　　　　　　　　　　　　　＋

Need to Know　　　　　　　　　　　　　　　　＋

图十三　佐治亚水族馆网站游客指南（Visitor Information）

（三）语用平衡原则

语用平衡假设包括交际需要、语用努力、语用力量和语用效果等四个核心概念。如果交际需要等同于交际者通过语用努力产生的语用力量，那么将会取得预期的语用效果，交际平衡因此而实现（陈新仁，2004）。如果把参观须知的译者看作说话人，交际对方则是前来参观的外国游客，此时的交际需要不仅包括告知游客参观信息，规范其在景点内的行为举止，还应包括沟通情感，塑造景点良好形象。在所收集的英译文语料中，译者较少考虑到旅游文本的人际层面，也未做出相应的努力，导致语用失衡。

以景点参观须知开头处的说理性信息为例，英译文中的常见语言结构是"为了……，请阅读以下须知"。

（9）To facilitate your ticket-buying and understanding of preferential policies, please read the following:（牛首山英文网页）

（10）To protect your safety and the environment, please follow the below rules:（总统府英文网页）

（11）In order to build a tourist environment of harmonious, beautiful, safe and orderly, we formulate the visit notes for you.（苏州虎丘英文网页）

可以看出，参观环境是参观须知中的一个重要因素，参观的目的之一是为了营造良好的环境。此类话语虽然也在一定程度上加强了以言行事的语用效果，但是其总体思路还是中文套话如"为了营造良好的观展环境"的直接翻译，未能将游客需求、游客体验放在首位，语用力量不足，难以实现语用平衡。建议关注人

308

际交往层面，如图四至图十所示，从游客视角出发，调动语言资源，使用服务者身份而非管理者身份说话。

对于景点须知指令部分的英译，表述时应该适时补充说理性信息，如12B、13B，进而使得指令或请求表述更委婉，更礼貌，易于为人所接受。

（12A）Please keep your voices down in the Museum.（英译）

（12B）Please keep voices low and be mindful of others.（国外景点）

（13A）Be patient and follow the instructions of the staff.（英译）

（13B）The Museum can become very crowded at times. You are asked to be patient and considerate to other visitors.（国外景点）

5. 结论

作为社会语言生态环境中的一环，景点参观须知是景点形象的文化名片，也与所在城市的形象密切相关。本文调查了江苏省著名景点参观须知的英译现状，发现其中存在语言表达不规范、语用功能不对等等问题，并提出了准确性、清晰性和语用平衡三条原则。准确性指的是英译文的表达规范、严谨，是译文可被接受的基础。清晰性与参观须知的语篇结构相关，应做到重点信息突出，避免无层次的罗列。语用平衡强调了翻译时应考虑旅游场景下的交际需求，关注人际交往层面，礼貌地传递信息，提升参观须知的服务性功能。总之，地道、恰当的景点译文有助于构建舒适的语言环境，提升外国游客游览体验，为景区树立良好形象，促进人际和谐。

注释

1. http://wlt.jiangsu.gov.cn/art/2019/12/3/art_48960_8832460.html.

南京博物院英文网站：http://www.njmuseum.com/en/visitIndex.

南京总统府英文网站：http://www.njztf.cn/en/tourism.html#.

苏州博物馆英文网站：http://www.szmuseum.com/En/News/Index/EnOpenGuide.

苏州虎丘英文网站：https://www.tigerhill.com/EN/index.php/jtzn?type=1.

扬州个园英文网站：http://php.ge-garden.net/en/page/wenhua/index.php.

宜兴竹海风景区网站：http://www.yxzhuhai.cn/index.php?c=article&a=type&tid=98.

佐治亚水族馆：https://www.georgiaaquarium.org/visitor-information/.

美国大都会艺术博物馆：https://www.metmuseum.org/about-the-met/policies-and-documents/visitor-guidelines.

可口可乐世界：https://www.worldofcoca-cola.com/plan-your-visit/guest-services/.

大英博物馆：https://www.britishmuseum.org/visit#entering-the-museum.

2. 本研究调查的江苏著名景点主要包括南京、苏州、无锡、扬州等地的 4A 级以上的风景区、寺庙观堂、公园、文博馆（院）等。

城市	景点	调查方式
南京	南京总统府	实地＋网站
	江苏省美术馆	实地＋网站
	江宁织造博物馆	实地
	南京博物院	网站
	牛首山文化旅游区	网站
	珍珠泉风景区	网站
苏州	苏州博物馆	网站
	周庄古镇景区	网站
	苏州虎丘山风景名胜区	网站
无锡	宜兴竹海风景区	网站
扬州	扬州个园	网站
徐州	徐州汉文化景区	网站

参考文献

1. 中华人民共和国国家质量监督检验总局、中国国家标准化管理委员会. 公共服务领域英文译写规范 . 2017.

2. 陈新仁 . 汉语告示语的语用研究 [J]. 暨南大学华文学院学报 , 2001(4).

3. 陈新仁 . 论语用平衡 [J]. 外语学刊，2004（6）：42-47+112.

4. 陈新仁 . 社会语用批评学视角下的社会用语研究 [M]. 上海：上海外语教育出版社，2013.

5. 李静，屠国元 . 旅游外宣文本英译的读者观照与顺应性变译 [J]. 中国科技翻译，2016，29（03）：51-53+42.

6. 吕和发 . 公示语的功能特点与汉英翻译研究 [J]. 术语标准化与信息技术，2005（2）:21-26+35.

7. 莫竞 . 旅游外宣文本英译探析——以景点参观须知为例 [J]. 湖北函授大学学报，2018，31（01）：136-139.

8. 陶李春 . 浅析南京旅游网页外宣的现状与对策 [J]. 牡丹江大学学报，2012，21（10）：118-120.

9. 王倩，战菊 . 文化功能翻译失误与译者主体性的研究——以公示语汉英翻译为例 [J]. 外语学刊，2019（01）:104-109.

（作者单位：中国药科大学）

旅游景区人物介绍英译的原则及策略
——以国内著名景点为例

杨夜明

摘要：人文气息浓厚的旅游景区往往包含历史人物的介绍，准确、合理、高效地向国内外游客讲述这些人物非常重要。然而，笔者通过调研分析发现，国内 5A 景区的人物介绍英译文存在较为突出的翻译问题。本文以国内著名景区的人物介绍英译为例，在功能主义的目的论视角下探究人物类介绍英译文的翻译原则及策略，旨在为旅游景区人物类介绍英译规范化建设提供意见参考，促进旅游景区文化形象建设。

关键词：目的论；旅游景区；人物介绍英译原则；人物介绍英译策略

1. 引言

旅游景区人物介绍是指在旅游景区中就某一人物的基本信息进行描述，旨在使游客对该人物有一定的了解。自"一带一路"倡议提出以来，沿线国家的人文交流日益频繁。旅游景区人物介绍译文是传递中国历史和中国文化的重要路径之一。旅游景区的语言文字服务水准，特别是英语译写服务水准关乎地区乃至国家在世界舞台上的文化形象，亦关乎中国历史、文化在对外传播中的精度和效度，是地区乃至国家文化软实力的体现。党的十九大报告提出新时代中国要讲好中国故事，提高国家文化软实力。2017 年，《公共服务领域英文译写规范》的颁布标志着我国对交通、旅游等 13 个服务领域的英文译写提出了规范性要求，彰显了我国在提升英文服务水准，推进国际形象建设方面做出的努力。国内研究者积极响应并参与到服务领域英文译写现状的调查研究中（如吕和发，2017；王银泉，2017；陈小慰，2018；孙小春，何自然，2019；朱慧芬等，2020；周丽敏，

2020），旨在推进国家的文化形象建设。旅游景区作为国家塑造国际文化形象的重要窗口，其英文译写现状受到了研究者的极大关注。

国内现有的旅游景区英译研究的对象主要聚焦于景区公示语、景区介绍、宣传册的英语译文。部分研究者（罗建生等，2014；王易玮等，2019）聚焦于探讨旅游景区英文译写的语言规范化问题，如拼写错误、语法错误、译语缺失、译语不统一、译语"拼音化"等；部分研究者致力于翻译策略的探究，从不同的理论视角出发，如生态翻译观（程爱丽，2014；龙婷等，2018；王晓珊，李伟彬，2019）、目的论（叶春玲，2012；曹立华，王文彬，2013；余圆，2015；张会会，2019）、体裁分析视角（涂紫霞，2016；牛郁茜，韩文哲，2017；赵宇航，2018），针对旅游景区英译的问题，提出增译、改译等相应的翻译策略。现有的旅游景区英文译写研究取得了丰硕的成果，极大地推进了各地旅游景区的文化形象建设。但现有的研究较少将人物类介绍作为一个专门的主题进行研究，仅有贾绍东（2012）就海南名胜古迹海瑞墓中的海瑞介绍为例，运用相关翻译理论，从句子的层面剖析了历史人物英译存在的问题，提出了改译的策略。然而，该研究对旅游景区人物类翻译的翻译原则未进行探究，这为本研究的开展留下了空间。

本文从旅游景区英译文对传播中国文化，对地区乃至国家国际形象塑造的重要意义出发，从目的论的视角，以国内著名景区的人物介绍英译文为例，探究人物类介绍英译的翻译原则及策略，旨在优化旅游景区的文化形象建设。本研究拟回答以下问题：（1）旅游景区人物介绍英译的翻译原则是什么？（2）旅游景区人物类介绍英译的策略有哪些？

2. 理论基础

目的论（Skopostheorie）是功能主义翻译学派的重要理论之一。功能主义学派主张聚焦文本或译文的功能（Nord，2001）。目的论最初由德国翻译家 Hans Vermeer 提出，在著名的德国批评翻译家 Katharine Reiss 的文本类型论上发展而来。受 Holz-Mänttäri（1984）的翻译行为理论影响，Vermeer 认为翻译行为的任何形式，

包括翻译本身就如同它名字一样是一种行为，任何的行为都有目的。他认为翻译行为可能存在三种目的：译者的普遍目的（如谋生）、译文的交际目的、使用特定翻译策略的目的（Vermeer，1989a）。在目的论的框架中，目的（Skopos）指的是译文的交际目的。Vermeer（1987）认为翻译是在"目标语情景中为实现某种目的或迎合目的语的受众而创作的文本"。由此可知，受众或译者预期的接受者是决定翻译目的的最重要因素之一，而他们有着自己特定文化的知识，有他们的期盼和交际的需求。因此在翻译过程中，译者需结合目的语接受者的期待、社会知识和交际需求等因素，选择具体的翻译策略。

Vermeer（1989b）提出了翻译的三个原则：目的原则、语内连贯原则、语际连贯或忠实原则。目的原则是指文本的产生是为了实现既定的目的，且应服务于该目的（转引自 Nord，2001）。也就是说，翻译就是要让文本或译文在它的目标语境中发挥作用，且以受众想要的方式发挥作用。比如，语内连贯法则或连贯法则，是指目的语文本同目的语语境保持连贯一致，且在目的语境中有意义并且能被接受，即目的语文本应被接受者所理解，并且在交际语境和目的语文化中产生意义（Nord，2001）。换言之，目的语文本应符合目的语的语境需求、文化需求和受众需求。根据语际连贯或忠实原则，翻译是传递已有信息的过程，因此同源文本之间存在关联。Vermeer（1989b）将这种关系称作语际连贯关系。他认为在目的语文本和源语文本之间应该存在语际连贯一致关系，而它们之间实现一致的形式取决于译者对于源语文本的解读和翻译的目的，其中一种可能就是最大限度地再现源语文本（Nord，2001）。在三个原则中，忠实原则从属于连贯原则，而这两者都从属于目的原则。也就是说，对连贯原则和忠实原则的遵守需以不违背目的原则为前提，若目的原则要求语内不连贯，那么语内连贯原则便会失效（Reiss & Vermeer，2013）。

3. 旅游景区人物类介绍的翻译原则

基于目的论，考虑到旅游景区人物介绍的目的，本文认为相关介绍应遵循下列原则：

（一）译文再现源语文本的交际目的

目的论框架下的目的原则要求译文能在目的语语境中实现交际目的。交际目的源于译者对源文本在源语境中的解读。那么，译文若想在目的语境中实现交际目的，则需以源文本的目的为导向，结合目的语语境的要求，以受众接受的形式再现源语文本的交际目的。Vermeer（1987）认为，翻译是在"目标语情景中为实现某种目的或迎合目的语的受众而创作的文本"。依据 Reiss 基于 Karl Bühler 的语言功能论对文本类型的分类（信息型、表情型、操作型），旅游景区的人物介绍可归为信息型文本。信息型文本的特点则是通过质朴但逻辑性强的语言传递事物或事实的信息。因此，旅游景区人物介绍英译文应以信息传递为目的，通过质朴但逻辑性强的语言传递人物或人物事迹的事实信息。再现源语文本交际目的这一原则是旅游景区人物介绍英译的首要原则。

（二）译文符合目的语的体裁规约

在历史文化的影响下，不同语言的使用者形成了自己独有的语言表达方式。Nord（2001）认为当同一功能文本的表达方式被反复采用时，该类文本就会具备规范化的形式，形成了这类文本的规约，即体裁规约（genre convention）。体裁规约是交际标准化的结果，在文本表达和文本接受方面都发挥着重要作用（Nord，2001）。Vermeer（1987）认为，翻译是迎合受众的文本，译文应该成为目的语语境的一部分，能被受众理解。若人物介绍英译文的呈现方式同目的语受众接受的方式保持一致，那么就更易被受众理解。鉴于体裁规约带有文化特质性，倘若要使译文在目的语中能被受众接受，译者需熟悉符合该目的语文本的体裁规约（Nord，2001）。笔者试图通过分析《大英百科全书》网页版有关人物介绍的范式，了解英语国家人物介绍的体裁规约，并将之作为旅游景区人物类介绍英译文的参考。一方面《大英百科全书》被认为是英国最具权威性的百科全书，其信息的呈

现方式可被认为符合英语的表达规范；另一方面基于文本类型的分类，《大英百科全书》的人物介绍同旅游景区人物类介绍一样属于信息型文本，旨在为受众传递信息，两种文本的功能一致。因此《大英百科全书》的人物介绍范式可为旅游景区人物类介绍英译文提供参考。《大英百科全书》网页版对孙子和左宗棠介绍（如下表所示）显示，该文本介绍中的主要信息包含称呼、身份、生卒年月或所在时期、主要事迹等主要信息。相应地，译者在向英语国家受众介绍中国人物时也应包括上述主要信息。其中，文本中称呼相关的信息对目的语受众对人物的了解程度影响不大，该部分信息可灵活处理。综上所述，国内旅游景区人物介绍的译文应符合英语国家人物介绍的体裁规约，采用受众接受的方式，主要呈现身份、生卒年月或所在时期及主要事迹几个方面内容，且主要事迹的选择需与上文提到的身份相呼应，进而在目的语中实现源语的交际目的。

人物	Sunzi	Zuo Zongtang
介绍	Sunzi CHINESE STRATEGIST（身份） Sunzi, Wade-Giles romanization Sun-tzu, also spelled Sun Tzu, personal name Sun Wu,（称呼） (flourished 5th century BC),（生活时期） reputed author of the Chinese classic *Bingfa* (*The Art of War*), the earliest known treatise on war and military science.（主要事迹） https://www.britannica.com/biography/Sunzi	Zuo Zongtang CHINESE OFFICIAL（身份） Zuo Zongtang, Wade-Giles romanization Tso Tsun-t'ang,（称呼） (born Nov. 10, 1812, Xiangyin, Hunan province, China—died Sept. 5, 1885, Fuzhou, Fujian province),（生卒年月） Chinese administrator and military leader, one of the scholar-officials who worked to suppress the great rebellions that threatened the imperial government during the second half of the 19th century.（身份） Zuo's efforts helped revive the declining Qing (Manchu) dynasty (1644–1911/12) and reestablished the Chinese position in Central Asia.（主要事迹） https://www.britannica.com/biography/Zuo-Zongtang

（三）译文符合目的语文化需求

Vermeer 认为，翻译是一种"跨越文化障碍"的交际行为。在目的论的框架下，语内连贯原则要求译文在目的语境中有意义并能被受众所接受。那么，译文产生意义的条件之一就是跨越由历史文化差异造成的认知障碍，满足目的语的语境需求、文化需求和受众需求，从而实现传播中国文化的目的。语言是文化的载

体，也是文化传播的工具。地理位置、历史背景、宗教信仰等因素致使各国的文化都具备特质性，因而各国语言中都存在对该国文化的特有语言表达，如中国历史中的"战国时期"。如译者向英语国家的受众直译为 Warring States Period，对于文化缺失的受众而言，他们仍对这一时期一无所知。这样的翻译在目的语境中不能产生意义，也不能实现文化传播的目的。若补充文化背景的介绍，或更利于受众理解，如译为 Warring States period (475–221 BC), when China was divided into six or seven states that often resorted to war with each other in their struggles for supremacy.

正如王佐良（1989）先生所说，"译者处理的是两种文字，面对的却是两大片文化"。黄友义（2004）先生的外宣翻译三原则也强调外宣翻译中要贴近国外受众对中国信息的需求。旅游景区的人物介绍往往是对在中国历史上有着举足轻重地位的人物的介绍，蕴藏了中国所独有的深厚的历史文化背景。因此，旅游景区的人物介绍英译文需要注重中国和英语国家的文化差异，充分考虑受众的文化缺失可能，满足目的语受众的文化需求。

4. 人物介绍英译的翻译策略

在翻译实践中，参照上一节讨论的人物类介绍英译的翻译原则，基于一些旅游景点人物介绍的实践，为使译文同源文本的交际目的保持一致，并以受众所接受的方式在目的语境中表达意义，笔者认为，译者可视情况采取以下一种或多种翻译策略：

（一）增/减译法

黄友义（2004）先生认为最好的译文不是机械地将中文逐字逐句地转换为外文，而是根据国外受众的思维习惯，对中文原文适当加工，有时删减，有时增加背景内容。Nord 也认为为再现源语文本的交际目的，必要时要对译文语篇"进行全面调整，以适应目的语语篇与文化规范"（Nord，2001）。因此，在旅游景区人物介绍的英译过程中，译者可以以再现源文本交际目的为导向，参考英语国家

人物类介绍对主要内容信息的规约，考虑英语受众的文化需求，以顺应英语表达习惯和英语受众接受的方式灵活地对文本进行增减。例如，广东省中山市孙中山故居纪念馆内对孙中山先生的介绍："孙中山（1866—1925），幼名帝象，学名文，字德顺，号逸仙，1866 年出生于翠亨村的普通农家"。对应的英译文为 Dr. Sun Yat-sen (1866–1925), who was also known by the name Sun Dixiang, Sun Wen, Sun Deming, Sun Zhongshan, was born in a peasant family in Cuiheng village, Guangdong province, on November 12, 1866.。译者将幼名、学名、字、号这些在英语文化中缺失而对交际目的的达成又无影响的信息删减，易于英语受众理解，在翠亨村之后增译 Guangdong province 有利于受众了解孙中山先生出生地的大概地理位置。译者对源文本的加工不应是任意的，而应遵照英语国家人物介绍的体裁规约，避免造成主要信息的缺失。

又如，南京总统府内的两江总督署史料展中对左宗棠的介绍如下：

中文：左宗棠（1812—1885 年）湖南湘阴人，道光十二年举人，早年收复天山南、北路，维护统一。1881—1884 年任两江总督，积极扶持近代企业。

译文：Zuo Zongtang was the Liangjiang Governor-General from 1881 to 1884.

该译文在对原文进行加工时，未参考英语国家人物类介绍的体裁规约进行合理删减，以至于删减了过多主要信息，只告知了目的语受众左宗棠任两江总督的任期，造成主要信息缺失，未能满足受众的信息需求。上文可改译为：

Zuo Zongtang (1812–1885), born in Xiangyin, Hunan Province, Chinese administrator and military leader. He safeguarded national unity with the reconquest of the Uygur Autonomous Region of Xinjiang (1876-1878). Being the Liangjiang Governor-general (1881–1884), Zuo spared no effort on the encouragement of economic production by bringing in the western technology.

该译文增译了左宗棠政治家和军事家的身份（Chinese administrator and military leader），减译了举人的身份，因为后文提及的收复新疆、扶持企业为他政治家和军事家这一身份提供了客观论据。因此，这样的增减可使得上下文之间衔接更紧密。因左宗棠是洋务派的代表人物之一，译文为最后一句增译了"通过

引入西方技术鼓励工厂经济生产"，凸显了左宗棠在洋务运动中的积极作用。此外，由于两江总督这一身份在两江总督著史料展入口处的前言部分已做了背景介绍，因此，此处未增译相关背景。

又如常州市中国春秋淹城旅游区景点兵圣屋对孙武的介绍如下：

中文：孙武，齐人也，以兵法见于吴王阖庐。被后人尊称其为孙子、孙武子、兵圣、百世兵家之师、东方兵学鼻祖。领兵打仗，战无不胜，与伍子胥率吴军破楚，五战五捷，率兵 3 万，打败 60 万楚军，攻入楚国郢都。北威齐晋，南服越人，显名诸侯。

译文：Sun Wu, from the State of Qi, Presented a book on the tactics of war to He Lu, the King of Wu. It has been known among the later generations as Sun Tzu, Sun Wuzi, the Ultimate Master of War, Teacher of Military Strategies and founder of the oriental strategics. Under his leadership, his armies were invincible. He led the troops of the State of Wu to defeat the State of Chu together with Wu Zixu with five victories. He led only 30 000 soldiers to defeat the great army of 600,000 soldiers of the state of Chu, finally occupying Yingdu of the State of Chu. After defeating the States of Qi and Jin in the north and the State of Yue in the south, the State of Wu became the most powerful among other vassal states.

该文本出现在兵圣屋景点的介绍牌上，我们可以推测源文本的交际目的是让游客认识孙武，特别是他在军事上的才能和贡献。而该译文将"以兵法见于吴王阖庐"直译过来，内容残缺且与源文本预期的交际目的无关联，因此该内容可删减。孙武的著作《孙子兵法》享誉中外，译文可增译该内容，凸显源文本的交际目的。本研究的关注聚焦于语篇层面，因此对该译文中出现的语言规范问题不做深入探讨。上文可改译为：

Sun Wu (assumably 545–470 BC), also named Sunzi（Zi is an honorific particle, meaning "master"）, an influential Chinese military strategist and general who served the state of Wu near the end of the Spring and Autumn Period (770–476 BC), a reputed author of the Chinese classic *Bingfa* (*The Art of War*), the earliest known treatise on

war and military science. Sun once defeated 600,000 soldiers of State of Chu with only 30,000 soldiers, which was a legend in Chinese military history. Being a military specialist, he assisted the state of Wu to become the most powerful among other vassal states.

（二）译意法

在目的论框架下，翻译策略的选择取决于译文的交际目的。旅游景区人物介绍的英译文旨在使英语受众了解人物信息，而实现这一目的需使译文在目的语语境中被受众所接受、理解。不同的历史文化背景致使汉语和英语在写作方式上风格迥异。若要想译文有效传递信息，译者就需要熟悉受众喜闻乐见的形式，针对受众心理，有的放矢地用准确、自然、通俗的语言正确传递原文信息（贾文波，2012）。

汉语旅游文本常伴有对偶平行结构，以求行文工整，文意结合（贾文波，2012），而西方语言讲究语法逻辑，与汉语比较差异极大（刘宓庆，2005）。因此，在旅游景区人物介绍的英译过程中，译者可通过意译的方式将源文本中的信息用自然通俗的语言呈现于译文中，使译文被受众理解，产生意义，从而实现译文在目的语中的交际目的。譬如，在广东省中山市的孙中山故居纪念馆内有关孙中山先生介绍中，一句文本为"作为20世纪中国的巨人，伟大的爱国者，中国民主革命的伟大先驱，孙中山建立了不朽的业绩。"对应的英译文为 Having made profound contributions to China's development in the 20th century, Dr. Sun is remembered as an influential political leader and as the great patriot of his times, as well as for his role as a pioneer of the Chinese revolution。该译文通过意译的方式，将源文本进行加工，厘清了源文本语句之间的逻辑关系，符合目的语的表达习惯，另外译者将"巨人"意译为 an influential political leader 易于目的语受众接受和理解。

若译者一味地采用直译的方式，会导致译文生涩难懂，如上文孙武的介绍文本，源文本中的"被后人尊称其为孙子、孙武子、兵圣、百世兵家之师、东方兵学鼻祖"表述都指向孙武在后人心中是一位有影响力的军事家。若译者将这些称呼直译会

使译文显得重复、冗长，为受众的理解增加负担。笔者试着将这句话意译为 also named Sunzi（zi is an honorific particle, meaning "master"), an influential Chinese military strategist and general who served the state of Wu near the end of the Spring and Autumn Period (770–476 BC)。一方面向受众普及了"子"在中国文化中的意义，另一方面将上文"以兵法见于吴王阖庐"所暗含的信息明示于受众，且使译文衔接自然流畅，符合目的语的表达习惯，利于受众理解。

又如在江苏淮安市周恩来生平业绩陈列馆中，有关周恩来总理的介绍如下：

中文：周恩来是中国共产党、中华人民共和国和中国人民解放军的缔造者和卓越的领导人之一。他对党和人民无限热爱，无比忠诚，是共产党人立党为公、执政为民的典范。他广阔的胸怀、谦逊的美德、高尚的情操和忘我的奉献精神，赢得了全党、全军和全国各族人民的衷心爱戴，"人民总理爱人民，人民总理人民爱"，表达了人民群众对周恩来最真挚和最深厚的感情。他的崇高精神和高尚人格，在中国人民心中矗立起了一座不朽的丰碑，感召和哺育着一代又一代共产党人，已经成为推进我们党和国家事业的一种巨大力量。

译文：Zhou Enlai was one of architects and outstanding leaders of the Chinese Communist Party, the People's Republic of China and the Chinese People's Liberation Army. He had a deep love for and was faithfully loyal to our party and people. He was a model of the communists who founded a party and held reign for the interests of the people. His broad mind, lofty sentiments, modest virtues and spirits of selflessness won wholehearted love and esteem from the whole party, the whole army and people of all ethnic groups in the whole country. "the people's premier loves the people, and the people's premier was loved by the people" expresses the most sincere and profound feelings of the broad masses to Zhou Enlai. His lofty morals and noble characters erected an immortal monument in the hearts of the Chinese people, influenced and fostered communists from generation to generation and have become a huge power to advance the cause of our party and country.

该中文文本用工整的结构增强了语气，表达了对周恩来总理的无限崇敬之情，

旨在通过呈现人民对总理的高度评价，凸显周恩来总理受人爱戴的卓越领导人形象。然而，在英语语境中，由于汉语和英语在写作风格上的差异导致英译文结构上的工整无法产生源文本的效力，反而使译文表达略显生硬、冗长。译者可采用意译的方式整合源文本中划线部分内容，使之符合英语的表达习惯，易于受众理解和接受。此外，英语更注重逻辑和理性（贾文波，2012）。在凸显周恩来卓越领导人形象时，需运用客观事迹增强说服力。一方面这种方式符合英语的语境需求，另一方面符合英语国家人物类介绍的体裁规约。因此，该译文还可结合上文提到的增译法，增加具体的事迹，以实现译文在目的语境的交际目的。上文可改译为：

Zhou Enlai (1898–1976), a leading figure in the Chinese Communist Party (CCP) and the first premier (1949–1976) and foreign minister (1949–1958) of the People's Republic of China, who played a major role in the Chinese Revolution and later in the development of China's foreign relations, also one of the founders of the Chinese People's Liberation Army. Zhou helped negotiate the formation of the United Front after the outbreak of the Sino-Japanese War in July 1937. After relinquishing the post of foreign minister, Zhou continued to devote himself to diplomacy, signing in Moscow a 30-year Chinese-Soviet treaty of alliance on Feb. 14, 1950, and offering China's support to Asian nonaligned nations at the 1955 Afro-Asian conference that convened at Bandung, Indon. (the Bandung Conference). He set a model for his selflessness in work. He is popular among the Chinese public for his broad mind, modesty and selflessness. His noble moralities inspire the advancement of later generations.

（三）借用法

在文化交流日益频繁的今天，国外学者对中国历史人物的研究成果丰硕，如 *The Cambridge History of Ancient China From the Origins of Civilization to 221 BC* 讲述了公元 221 年商、周、春秋、战国的历史，以及《大英百科全书》网页版（britannica.com）。国内译者可直接借用部分表达，如《大英百科全书》网页版将《孙子兵法》表述为 *Bingfa (The Art of War)*，将"春秋时期"表述为 Spring and Autumn Period (770–476 BC)。又如在前文左宗棠的介绍中，源文本将左宗棠收复新疆的事迹表

述为"早年收复天山南、北路"。笔者在《大英百科全书》网页版中了解到类似的表达为 the reconquest of the Uygur Autonomous Region of Xinjiang (1876–1878)，因此在试译文中借用了这一表达。译者若借用这种已有的表达可使译文在目的语境符合受众的认知模式，确保了译文的可接受性。

曹明伦（2019）教授谈及对外文化传播时，认为译者需要"借帆出海"，借用目的语境中已被受众接受或利于他们理解的表达或译文，套用在相同相似语境下的语言表达，使译文迎合目的语受众的阅读和审美习惯，从而讲好中国故事，传播中国好声音。

上文提及的三种有关景区人物类介绍的翻译策略相互补充，译者可根据交际目的，在同一句译文中，选用一种或同时选用多种翻译策略，以实现译文的最优化，使译文能在目的语境中产生意义，能被目的语受众接受、理解。

5. 结语

旅游景区人物类介绍英译文是对外传播中国文化，讲述中国故事的窗口，英译文的译写水准一方面会影响文化传播的精度和效度，另一方面也是地区、国家文化软实力的体现，关乎旅游景区的文化形象乃至地区、国家的国际形象。因此，在旅游景区的人物介绍英译过程中，在功能主义目的论的指导下，译者应遵循使译文再现原文本的交际目的，符合目的语的体裁规约和目的语文化需求的翻译原则，采用增减译法、译意法和借用法等翻译策略，以符合目的语表达习惯，迎合目的语受众喜好的方式创作能被目的语受众接受、理解的译文，传播中国文化，讲好中国故事，提升地区乃至国家的文化软实力，进而促进文化形象建设。

参考文献

1.Holz-Mänttäri, Justa. *Translatorisches Handeln. Theorie und Met hode.* Helsinki: Suomalainen Tiedeakatemia, 1984.

2.Nord, Christina. *Translating as a Purposeful Activity, Functionalist Approaches Explained*. London & New York: Routledge, 2001.

3.Reiss, Katharina and Hans J. Vermeer. *Towards a General Theory of Translational Action*. Translated by Christiane Nord, London & New York: Routledge, 2013.

4.Vermeer, Hans J. 'What does it mean to translate?' *Indian Journal of Applied Linguistics* 1987（2）: 25–33.

5.Vermeer, Hans J. *Skopos und Translationsauftrag – Aufsätze*. Heidelberg: Universitat (thw-translatorisches handeln wissenschaft 2), 1989a.

6.Vermeer, Hans J. 'Skopos and commission in translational action', in Chesterman, Andrew (ed) *Readings in Translation*. Helsinki: Oy Finn Lectura Ab, 1989b: 173–187.

7. 程爱丽 . 生态翻译学理论对旅游景区公示语英译的指导意义 [J]. 长春理工大学学报 (社会科学版)，2014，27（05）: 110-111.

8. 曹明伦 . 关于对外文化传播与对外翻译的思考—兼论 "自扬其声" 需要 "借帆出海" [J]. 外语研究，2019（5）: 77-84.

9. 曹立华，王文彬 . 目的论视阈下跨文化语言交际规范之研究——以辽宁旅游景区宣传资料汉英翻译为例 [J]. 辽宁大学学报 (哲学社会科学版)，2013，41（06）: 138-143.

10. 陈小慰 . 公示语翻译的社会价值与译者的修辞意识 [J]. 中国翻译，2018，39(01): 68-73.

11. 贾绍东 . 历史人物英译探析——以海口海瑞墓景点中的海瑞介绍为例 [J]. 海南大学学报，2012（04）: 7-12.

12. 贾文波 . 应用翻译功能论 [M]. 北京：中国对外翻译出版有限公司，2012.

13. 黄友义 . 坚持 "外宣三贴近" 原则，处理好外宣翻译中的难点问题 [J]. 中国翻译，2004（6）: 27-28.

14. 吕和发 .Chinglish 之火可以燎原 ?——谈 "新常态" 语境下的公示语翻译研究 [J]. 上海翻译，2017（04）: 80-87+94.

15. 罗建生，许菊，舒静 . 西部地区旅游景点公示语英译问题的调查 [J]. 中南民

族大学学报 (人文社会科学版)，2014，34（03）：166-171.

16. 刘宓庆 . 翻译美学导论 [M]. 北京：中国对外翻译出版有限公司，2005.

17. 龙婷，龚云，刘璇 . 江西 5A 景区牌示英译研究——基于生态翻译学的三维理论 [J]. 上海翻译，2018（06）：21-25.

18. 牛郁茜，韩文哲 . 旅游翻译文本中中英文语言特点及翻译策略 [J]. 山西财经大学学报，2017，39（S1）：60-61.

19. 孙小春，何自然 . 公共场所用语得体性研究刍议 [J]. 语言文字应用，2019（02）：70-75.

20. 涂紫霞 . 体裁分析视角下的旅游文本研究 [D]. 北京外国语大学，2016.

21. 王晓珊，李伟彬 . 生态翻译学视角下景区介绍性文本英译现状研究——以绵阳 A 级旅游景区为例 [J]. 西南科技大学学报 (哲学社会科学版)，2019，36（05）：86-90.

22. 王银泉 . 我国公示语翻译的问题与对策 [N]. 中国社会科学报，2017-08-29（003）.

23. 王易玮，王红云，朱冉，王银泉 . 旅游景区公共标识译写与地域文化对外传播——以“明孝陵”景区英译为例 [J]. 文教资料，2019（23）：86-88.

24. 王佐良 . 思考与试笔 [M]. 北京：外语教学与研究出版社，1989.

25. 叶春玲 . 目的论视阈下的旅游公示语翻译研究 [D]. 湖南农业大学，2012.

26. 余圆 . 人文旅游景点介绍英译项目报告 [D]. 南京师范大学，2015.

27. 张会会 . 目的论视角下公示语汉译英研究 [D]. 贵州民族大学，2019.

28. 朱慧芬，陈君，吕和发 . 三层次理论与公示语翻译——以首都北京国际交往中心语言环境创建中的公示语翻译研究与实践为例 [J]. 上海翻译，2020（01）. 20-24+94.

29. 周丽敏 . 山西省生态旅游景点解说词英译研究 [J]. 中国科技翻译，2020，33（01）：40-42+65.

30. 赵宇航 . 体裁分析视角下英汉旅游景点介绍的对比研究 [D]. 黑龙江大学，2018.

（作者单位：遵义师范学院）

景点描述信息的翻译偏离问题及对策
——以江苏省 5A 级景区网站中的景区简介为例

袁春波

摘要：景点描述信息的翻译偏离问题屡见不鲜，影响对外交流效果，但现有研究对其翻译偏离现象的探讨不足。本文以翻译偏离理论为指导，以江苏省 5A 级景区网站中的景区简介为例，探讨景点描述信息的翻译偏离问题及对策。结果表明：景点描述信息的翻译存在较为明显的语言偏离、文化偏离和预期目的偏离等问题，影响因素包括中西语言差异、文化差异以及译者和外国游客需求等，需要采用灵活的方法加以纠正、补充或调整，以便提升景点描述信息翻译的质量。

关键词：景点描述信息；翻译偏离；景区简介

1. 引言

景点描述信息往往涉及景点的名称、地理位置和旅游资源等内容，常常出现在景区的牌示、解说、网站等地方。近些年来，景点描述信息翻译的相关话题广受关注，如景点名称的翻译规范、原则或调查（桑龙扬，2011；乌永志，2012；朱小美，陈蕾，陶芳芳等，2012）、景点解说、牌示或网页的英译等（王淑芳，张皓，俞益武等，2004；郑淑明，周鸿雁，2016；杨年芬，2018）。但现有的研究大多从目的论（郑淑明，周鸿雁，2016）、描写翻译（朱小美，陈蕾，陶芳芳等，2012）等视角，阐释景点描述信息应该怎样翻译或实际怎样翻译的问题（申连云，2004；王运鸿，2013）；较少聚焦相关信息翻译中经常出现的各种偏离问题，从翻译偏离的视角，如修辞偏离操作的维度（杨劲松，曾文雄，2008），分析其翻译偏离现象。

翻译偏离现象普遍存在（刘立香，李德超，2018），并且影响旅游翻译效果

（杨劲松，曾文雄，2008），旅游翻译质量又影响旅游业健康发展（曹立华，王文彬，2013）。基于此，本文以翻译偏离理论为指导，以江苏省 5A 级景区网站的景区简介为例，探讨景点描述信息的翻译偏离问题及对策。之所以选择江苏省 5A 级景区的景区简介，是因为 5A 级景区是国内景区最高评级，景区的亮点在于景点简介（汪宝荣，2005），景点简介的翻译又是旅游翻译的重点和难点（孙红梅，2010）。此外，从现实角度看，在江苏省 5A 级景区网站中，景点描述信息翻译偏离的问题屡见不鲜，又直接影响到对外交流的效果（王守仁，陈新仁，姚媛等，2019：前言）。希望本研究对江苏省其他景区以及其他省市自治区的景区简介翻译有所启发。

2. 相关研究

偏离是修辞学和文体学等学科关注的普遍现象。偏离的基本含义是对规范或常规的违反，但是不同领域对偏离的理解不尽相同。例如，在修辞学中，偏离是零度的对立物，是对规范的反动，分为正偏离和负偏离以及物理世界、语言世界、心理世界和文化世界偏离（王希杰，1993: 35；辛红娟，2011）；在文体学中，偏离是指语言使用偏离常规，给人以陌生不熟悉的印象，包括语音偏离、词汇偏离、语法偏离、语义偏离、语域偏离、方言偏离和历史时代偏离等（祖利军，2007；刘立香，李德超，2018）。

在翻译领域中，翻译偏离的理论研究成果丰富，如翻译偏离的内涵和分类。翻译偏离是卡特福特提出（Catford, 1965: 73；高生文，2016：36），是与理想化（完美对等）的零度翻译相对（辛红娟，2011），是译文在某种程度上偏离原文（或发生变化和差异）的现象（龚锐，2016），是译者对原文意义的偏离（刘立香，2018: 115）。依据层次范畴、功能效果或方向范围等维度，翻译偏离可以分为层次偏离和范畴偏离（Catford, 1965: 73）、正偏离和负偏离（辛红娟，2011）、语际偏离和语内偏离（即译本偏离原文和原创文本规范）（刘立香，李德超，2018）。

在应用方面，尽管翻译偏离理论已经用于典籍英译、翻译教学或旅游翻译等翻译实践中，但其偏离类型或方式等仍有待补充和完善，如《诗经》名物翻译偏离研究中的语义偏离、地域特色偏离、意象偏离、文化寓意偏离（李玉良，2014），中译英笔译教学偏离分析中的增译、增加和删除方法（龚锐，2016），以及旅游翻译中修辞偏离操作里的添加、抑减和替换等（杨劲松，曾文雄，2008）。由此可见，翻译偏离类型可能会因翻译实践的差异而不同。就旅游翻译实践而言，现有研究仅关注其修辞偏离（杨劲松，曾文雄，2008）显然是不够的。本研究可以在此方面做一些补充。

3. 景点描述信息的翻译偏离现象

景点描述信息翻译中的偏离现象，既可能是正偏离或积极偏离，也可能是负偏离或消极偏离（辛红娟，2011）。本文主要涉及后者，因为后者对原文意义的偏离（刘立香，2018：115）更为突出，其影响也更为显著。实例观察可见，景点描述信息翻译在语言、文化和预期目的等方面的偏离问题较为明显。此类偏离问题通常受到中西语言和文化差异、译者和外国游客需求等多种因素的影响（龚锐，2016）。

3.1 语言偏离

在景点描述信息翻译中，物理世界存在的差异，必定体现在语言中，而翻译过程中存在的"空档"或"空位"，必然意味着翻译中的语言偏离（辛红娟，2011），这种语言偏离可能是源语语言偏离或目标语语言偏离。请看下例：

例1 （原文）国家 AAAAA 级旅游景区——灵山胜境，地处秀丽的无锡马山，北倚灵山，南面太湖，将源远流长的佛教文化与景色旖旎的自然山水完美结合，是中国最为完整，也是唯一集中展示释迦牟尼成就的佛教文化主题园区。经过 21 年的开发建设，已经成为中外闻名的佛教文化旅游胜地，每年接待世界各地的游

客 300 余万人次。（节选自 http://www.lingsh an.com.cn/web/shelp/1.html）

（译文）The Lingshan Buddhist Scenic Spots, a national 5A-Class scenic spot, is located in the beautiful Mashan of Wuxi, with Mt. Linshan at its north and Taihu at its south. Combining the long lasting Buddhist culture and the gorgeous natural scene, it is the most complete and only theme scenic spot of Buddhist cultural in China that focuses on the achievements of Sakyamuni. After 21 years of development and construction, it has become a famous Buddhist cultural tourist attraction in China and abroad, receiving more than 3 million visitors from all over the world every year.（节选自 http://www. lingshan.com.cn/web/shelp/1.html）

在例 1 中，译文存在拼写和语义上偏离源语以及语法和结构上偏离目标语的问题（龚锐，2016；祖利军，2007）。一方面，源语语言偏离：在拼写上，如源语中的灵山被误译为 Mt. Linshan，就需纠正为 Mt. Lingshan；在语义上，如源语中的马山被误译为 Mashan，则需改为 Mashan Town (subdistrict)，因为这里的马山实际是指无锡市的马山镇（或街道）。另一方面，目标语语言偏离：在语法上，如 The Lingshan Buddhist Scenic Spots, a national 5A-Class scenic spot, is located in the beautiful Mashan... 句中的主语和同位语与其谓语动词之间主谓不一致，需要将 Spots 纠正为 Spot；又如，theme scenic spot of Buddhist cultural 中的 cultural 则是词性误用，需要更正为 culture，这说明译文偏离目标语的语法规则。在结构上，译文中的 in China and abroad 偏离目标语 at home and abroad 的固定结构；译文的段落结构也偏离目标语惯用的主题句加扩展句的段落模式，必要时也需要进行纠正或调整。究其原因，例 1 中的语言偏离最可能是源语和目标语的语言形式、句法和段落结构差异或不同（辛红娟，2011；龚锐，2016），也可能是译者能力不强或重视不够。

3.2 文化偏离

在景点描述信息翻译中，各种语言都会大量存在文化信息负载很重的词语，在其他语言里找不到对应的符号，这势必造成翻译过程中的文化偏离（辛红娟，

2011；刘立香，李德超，2018），这种文化偏离可能是源语文化偏离或目标语文化偏离。请看下例：

例2 （原文）北固山系国家级风景名胜区、国家AAAAA级旅游景区，向以"天下第一江山"闻名于世，它高约58米，分前、中、后三峰，宛如一条昂首、翘尾、拱背的巨龙雄踞在长江之滨。相传三国时，刘备来东吴招亲，当他看到北固山雄峙江滨，大江东去，一望无际，不禁赞叹道："此乃天下第一江山也！"六朝时，梁武帝萧衍游览北固山，看到北固山气势雄伟，景色壮观，就兴致勃勃挥笔写下了"天下第一江山"的题字，故北固山历有"天下第一江山"之美誉。北固山上有一座名楼——多景楼，是古代"万里长江三大名楼"之一，与洞庭湖畔的"岳阳楼"、武汉市的"黄鹤楼"齐名。……自古至今，凡是到镇江来探幽访胜的中外游客，都喜爱登北固山访甘露寺，看一看古代"一位将军的妹妹和一位皇帝结婚"的地方。不觉千年奇古，耐人寻味。（节选自 http://zjssjq.com/about2.asp）

（译文）Beigu Hill is a national scenery with national Five-A tourist scenic spot. It is known as "The world's first Jiangshan". It is about 58 meters high, consisting of front peak, middle peak and rear peak, just like a dragon, perching on the banks of the Yangtze river. Since ancient time, Chinese and foreign tourists coming here want climbing Beigu Hill and visiting Sweet Dew Temple. （节选自 http://zjssjq.com/en/about.asp)

在例2中，译文偏离源语文化或目标语文化的现象显著。这突出体现在译文仅翻译了原文的少量内容，大量内容被省译。译文仅完整地翻译了原文的开头句"北固山系国家级风景名胜区……雄踞在长江之滨"，部分地翻译了原文的倒数第二句"自古以来，凡是到镇江来探幽访胜的中外游客，都喜爱登北固山访甘露寺……"，但对于剩余的大量内容，如"天下第一江山"的由来，跟"岳阳楼"和"黄鹤楼"齐名的"多景楼"等特色文化信息都只字未提，这显然不利于突出景区特色。因此可以补译 This title originated from Emperor Liu Bei in Three Kingdoms Period and Emperor Xiao Yan in Southern Liang Period 和 Duojing Tower is as famous as Yueyang Tower and Huanghe Tower，以补充文化信息，增强景区的吸引力。此外，该例中

还存在译文偏离源语或目标语文化而导致误译的情况，如译文中的 The world's first Jiangshan 就偏离源语"天下第一江山"的内涵，因为该称号在源语中实际上是指三国东吴和南北朝南梁时期的长江中下游地区的第一名山，此处宜改为 No. 1 Mountain in the middle and lower reaches of the Yangtze River；而在目标语文化中，dragon 有"邪恶，凶残"的意思，这与源语文化中"龙"是祥瑞、尊贵和皇权等的象征不同，此处宜改为 Chinese dragon。尽管文化偏离的原因多样，但在例 2 中，译文对源语或目标语文化偏离的主要原因则在于译者对中西文化内涵认识不足，在翻译时做了不当处理（杨劲松，曾文雄，2008）。

3.3 预期目的偏离

在景点描述信息翻译中，译者的预期目的和外国游客的预期目的不尽相同。前者主要是以外国游客容易接受的方式（杨劲松，曾文雄，2008），提供旅游信息、传播中国文化和激发外国游客兴趣等（曹立华，王文彬，2013；郑淑明，周鸿雁，2016），后者主要在于了解旅游信息和文化信息（陆国飞，2006；杨年芬，2018），预期目的的偏离可能体现为译者预期目的偏离或外国游客预期目的偏离。请看下例：

例 3 （原文）……沿岸有世界最大保存最完好的瓮城——中华门瓮城；有明代被称为"南都第一园"，在清代与上海豫园、苏州拙政园、留园及无锡寄畅园并称"江南五大名园"，今"金陵第一园"的瞻园，园内坐落着我国唯一的太平天国史专题博物馆；有明代开国功臣中山王徐达的私家花园——白鹭洲公园；有中国古代最大的科举考场——江南贡院等著名景点。……这些历史古迹，仿佛镶嵌在夫子庙—秦淮风光带上的颗颗璀璨的明珠。

如今，泛舟秦淮，游览中国第一历史文化名河——秦淮河已经成了南京特色旅游品牌，"夜泊秦淮"更被喻为南京水上游览经典之旅。夫子庙—秦淮风光带热忱欢迎您的到来！（节选自 http://www.njfzm.net/brc/40.htm）

（译文）...Along the bank of the Qinhuai River, there is an enclosure for defense as the biggest and the best preserved of its kind in the world, i.e. enclosure for defense

within Zhonghua City-Gate. There is Zhanyuan Garden known as the "No. one garden in Nanjing", a garden reputed as "No. one garden in the southern capital" in the Ming dynasty and one of the "Five famous gardens in the region to the south of the Yangtze River" together with Yuyuan Garden in Shanghai, Zhuozhengyuan Garden and Liuyuan Garden in Suzhou and Jichangyuan Garden in Wuxi in the Qing dynasty. As the neighbor of Zhangyuan Garden, there is a museum as the only one majoring in the history of the Taiping Heavenly Kingdom in China as well as Bailizhou (egret) Park, the private park of Xu Da (Zhongshan King) as a founding general of the Ming dynasty, in addition to Jiangnan Examination Hall, the biggest imperial civil examination venue in ancient China, etc....They resemble splendid bright pearls inlaid in Fuzimiao-Qinhuai scenic area.

Boating on the Qinhuai River as the No. one river famous for its history and culture in China has become a special tourist brand in Nanjing. Anchoring over the Qinhuai River is all the more regarded as a classic water-borne cruise in this city.（节选自 http://njfzm.net/en/en/brc/2.htm）

例 3 译文对于译者或外国游客的预期目的均有所体现，但或多或少地有所偏离。一方面，译文在一定程度上体现了译者和外国游客的预期目的。在译者看来，译文提供了景区景点信息，如中华门瓮城和瞻园等；传播了中国文化，如园林文化和科举文化等；可以吸引外国游客，如特色旅游品牌和水上游览经典之旅等；对外国游客来说，译文对他们了解景区信息和中国历史文化也有所帮助。然而，另一方面，现有译文也容易给外国游客带来理解上的困难或负担（陆国飞，2006；曹立华，王文彬，2013），影响外国游客预期目的的实现，这反过来也使译者预期获得的效果大打折扣。这集中体现在，译者采用直译或硬译的翻译方式，使得译文冗长僵化，如将瞻园的相关信息翻译为 There is Zhanyuan Garden known as the "No. one garden in Nanjing", a garden reputed as "No. one garden in the southern capital" in the Ming dynasty and one of the "Five famous gardens in the region to the south of the Yangtze River" together with Yuyuan Garden in Shanghai, Zhuozhengyuan

Garden and Liuyuan Garden in Suzhou and Jichangyuan Garden in Wuxi in the Qing dynasty. As the neighbor of Zhangyuan Garden, there is a museum as the only one majoring in the history of the Taiping Heavenly Kingdom in China，这属于明显的生搬硬套、过犹不及，既偏离了外国游客的需求，又偏离了译者的期待。为此，我们可以将其简译为 Zhanyuan Garden, known as No. One garden in Nanjing, is one of the five famous gardens, alongside with Yuyuan Garden, Zhuozhengyuan Garden, Liuyuan Garden and Jichangyuan Garden in other cities in this region.。此外，译者漏译重要内容（即"夫子庙—秦淮风光带热忱欢迎您的到来！"），也给译者激发外国游客旅游兴趣的预期目的带来不利影响，不妨增译 Welcome to the Confucius Temple – Qinhuai River ! 的内容。在例 3 中，译文偏离译者和外国游客预期目的的原因，主要在于译者没有把握好旅游英语翻译的特点，没有兼顾好译者和外国游客的需求和接受能力，因而降低了译文的可读性和可接受性。

此处还需要说明的是，上文在分析例 1、例 2 和例 3 中存在的偏离问题时，为了便于聚焦特定的景点描述信息的翻译偏离问题，并未将例子中所有的偏离问题全部列出。例如，例 3 只是从预期目的偏离的维度分析偏离问题，事实上该例中还存在语言偏离的问题，如 there is a museum as the only one majoring in the history of the Taiping Heavenly Kingdom in China 和 the private park of Xu Da (Zhongshan King) 等。

4. 景点描述信息的翻译偏离的对策

鉴于景点描述信息翻译的主要目标在于用外国游客容易接受的方式吸引游客旅游（杨劲松，曾文雄，2008），对于景点描述信息翻译中存在的具体的偏离问题，需要采用灵活的方法加以纠正、补充或调整，以便提升景点描述信息翻译的质量。

首先，有的翻译偏离需要加以纠正。如误译就是其中的典型，在例（1）的语言偏离分析中，出现了拼写、语义和语法等多种形式的误译。此类误译影响译文质量，容易造成误解和困惑，属于有害的偏离（姚喜明，焦俊峰，2003），可以

通过改译等方式以及提升译者水平和提高译文审校质量等措施加以纠正，以避免出现此类错误。

其次，有的翻译偏离需要加以补充。如例 2 中的不恰当的省译就属此类，该译例存在特色文化信息省译不当的问题。此类省译容易弱化景区的文化特色，可以通过增译等方式，增强译者跨文化交际能力，通过邀请文化专家进行翻译指导等途径将景区特色文化合理地融入译文，以增强译文的可读性和景区的吸引力（汪宝荣，2005；曹立华，王文彬 2013）。

再次，有的翻译偏离需要加以调整。过度的硬译或直译，会影响阅读效果，如在例 3 的预期目的偏离分析中，逐字逐句的硬译或直译没有以外国游客的需求为中心（曹立华，王文彬，2013），没有充分考虑外国游客的接受能力（姚喜明，焦俊峰，2003），偏离了译者和外国游客的预期目的，可以通过变译等方式，在景区网站设置留言区从而为游客提供翻译问题反馈机会等方法及时调整和优化译文，提升译文质量和传播效果。

此外，虽然景区网站的信息可以随时进行修改和更新，但是在其景点描述信息翻译中，还长期存在着许多这样或那样的翻译偏离问题无人问津。其原因可能复杂多样，可能是因为相关问题没有被及时发现，需要花费时间或人员成本，抑或相关的校验、监督、指导或审查不到位。可见，要真正提升景点描述信息翻译的质量，不但要提高译者的翻译能力，而且要加强译者与监管部门和文化专家等相关部门和人员的沟通和合作。

5. 结语

本文以翻译偏离理论为指导，以江苏省 5A 级景区网站中的景区简介为例，分析景点描述信息翻译中存在的较为明显的语言偏离、文化偏离和预期目的偏离等问题。这些问题可以通过增译、省译和变译等灵活方法加以纠正、补充或调整，这既有利于提升景点描述信息翻译的质量，又有利于促进旅游业特别是涉外旅游业的健康发展。

尽管景区网站中的景点描述信息翻译是外国游客获取旅游信息的主要途径，但现有研究较少关注景区网站中存在的翻译偏离问题。因此，本文所做研究具有一定的现实意义。当然，本研究只是初步地探讨了其存在的翻译偏离问题，笼统地提出了对应的解决思路。要想更好地解决其中的偏离问题，还有很多问题需要细化，还有很长的路要走。希望本研究能够抛砖引玉，能够吸引更多的专家学者关注景点描述信息的翻译偏离问题及对策。

参考文献

1. Catford, J. C. *A Linguistic Theory of Translation*. London: Oxford University Press, 1965.

2. 曹立华, 王文彬. 目的论视阈下跨文化语言交际规范之研究——以辽宁旅游景区宣传资料汉英翻译为例 [J]. 辽宁大学学报 (哲学社会科学版), 2013（06）: 138-143.

3. 高生文. 语域视角下的翻译研究——理雅各和辜鸿铭《论语》英译比较 [M]. 北京 : 对外经济贸易大学出版社，2016:36.

4. 龚锐. 翻译偏离分析在中译英笔译教学中的应用 [J]. 中国翻译，2016（05）: 54-59.

5. 李玉良.《诗经》名物翻译偏离及其诗学功能演变——以《关雎》英译为例 [J]. 山东外语教学，2014（01）: 91-96.

6. 刘立香.20 世纪初至 60 年代闽籍女作家翻译语言研究——基于语料库的考察 [M]. 厦门 : 厦门大学出版社 , 2018:115.

7. 刘立香 , 李德超. 翻译偏离现象研究——基于 Le Tour du Monde en Quatre-vingts Jours 两个汉译本的语料库分析 [J]. 外语与翻译，2018（04）: 1-7+98.

8. 陆国飞. 旅游景点汉语介绍英译的功能观 [J]. 外语教学，2006（05）: 78-81.

9. 桑龙扬. 旅游景点名称翻译的原则与方法——以庐山等旅游景区为例 [J]. 中国科技翻译，2011（04）: 46-49.

10. 申连云 . 翻译研究中的规定和描写 [J]. 外语教学，2004（05）：75-78.

11. 孙红梅 . 功能翻译理论视角下汉英旅游景点介绍文本的对比研究 [J]. 中国矿业大学学报 (社会科学版)，2010（03）：140-144.

12. 汪宝荣 . 旅游文化的英译：归化与异化——以绍兴著名景点为例 [J]. 中国科技翻译，2005（01）：13-17.

13. 王守仁，陈新仁，姚媛，孙小春 . 江苏省公共服务领域英语使用监测与研究（2017-2018 年）[M]. 南京：南京大学出版社，2019：前言 .

14. 王淑芳，张皓，俞益武，李天佑 . 旅游景区解说系统英译的现状与问题 [J]. 北京第二外国语学院学报，2004（03）：63-65+77.

15. 王希杰 . 修辞学新论 [M]. 北京：北京语言学院出版社，1993:35.

16. 王运鸿 . 描写翻译研究及其后 [J]. 中国翻译，2013（03）：5-14+128.

17. 乌永志 . 文化遗产类旅游景点名称汉英翻译规范研究 [J]. 外语教学，2012（02）：93-97.

18. 辛红娟 . 论零度——偏离理论对翻译研究的阐释力 [J]. 南京师大学报 (社会科学版)，2011（06）：118-124.

19. 杨劲松，曾文雄 . 旅游翻译中的修辞偏离操作及其顺应性美学传真 [J]. 上海翻译，2008（04）：37-40.

20 杨年芬 . 语境论视角下的景观文化外宣翻译——以世界文化遗产景区网页英文简介为例 [J]. 中国外语，2018（02）：90-98.

21. 姚喜明，焦俊峰 . 翻译中的词义偏离 [J]. 外语教学，2003（02）：56-59.

22. 郑淑明，周鸿雁 . 基于翻译目的论的景区牌示英译探析——以哈市中央大街为例 [J]. 中国科技翻译，2016（04）：38-40.

23. 朱小美，陈蕾，陶芳芳，袁刚，伍彦 . 安徽主要旅游景区景点名称英译的描写性研究 [J]. 合肥工业大学学报（社会科学版），2012（06）：87-92.

24. 祖利军 . 偏离与翻译 [J]. 华北电力大学学报（社会科学版），2007（02）：107-112.

（作者单位：淮阴工学院）

景点文明宣传话语的语用翻译问题与对策
——以江苏著名景点为例

肖 伟

摘要: 作为一种特殊的公示语,景点文明宣传话语主要面向游客进行文明宣传。随着我国对外交流的不断深化,英汉双语版本的景点文明宣传话语早已蔚然成风。然而,随之而来的各式各样的翻译问题不仅影响了外国游客的旅游体验,而且严重影响了我国的对外形象。本文根据英汉文明宣传话语的差异,提出文明宣传话语翻译语用等效的原则,剖析景点文明宣传话语翻译中的语用失误,旨在为景点文明宣传话语的翻译问题提供对策。

关键词: 景点文明宣传话语;翻译;语用失误;语用等效

1. 引言

景点文明宣传话语是一种特殊的公示语类型,以到访景点的游客为受众,用短小精悍的文字,传递文明宣传信息,或者通过提示、劝导或劝阻某种行为,来达成以言行事的交际意图。景点内的文明宣传话语主要包括: 爱护花草、森林防火、文明旅游、保护环境及关于宗教文化行为的文明劝导等。景点文明宣传话语的英文版本,则主要是面向国外来访游客。建设文明开放的国际化旅游目的地,离不开高质量的旅游景点文明宣传话语的翻译。然而,作为对外窗口行业的旅游景点,文明宣传话语的翻译现状仍不容乐观,翻译问题层出不穷:单词拼写错误、语法错误、中式英语、机械翻译等问题屡见不鲜,贻笑大方,不仅影响了外国游客的旅游体验,而且严重影响了我国良好的国际化旅游目的地的形象。本文聚焦语用维度,从语用等效的角度,根据景点文明宣传话语的翻译要求和特点,寻找切实有效的对策,以期解决翻译中所出现的语用失误问题。

2019 年 7 月至 11 月，南京大学外语规范与应用研究中心在江苏省 23 家 5A 级旅游景区就外文译写规范展开调研。本研究的语料就是来自此次调研的 23 份报告中所收录的文字及图片材料。根据上述语料，景点文明宣传话语的翻译问题，主要表现为语言错误和语用失误两个方面，本文聚焦后者。

2. 翻译中的语用失误研究

Thomas（1983）认为，语用失误就是"不能理解所说话语的含义"，语用失误可以细分为语用语言失误和社交语用失误两种形式。何自然（1997）认为，"语用失误不是指一般遣词造句中出现的语言运用错误，而是说话不合时宜的失误，或者说话方式不妥、表达不合习惯等导致交际不能取得预期效果的失误。"

语用失误不是语法错误。Thomas（1983）认为，在言语交际中，交际者出现语法错误，只会让人觉得其"说得不好"。但是，如果在言语交际中，交际者出现语用失误，则会让人感觉其"举止不好"，甚至被认为是"不真诚、蓄意欺骗或居心不良"的人。

语用语言失误是指不了解英语本族语者附着在特定会话结构上的施为用意（何自然，阎庄，1986）。何自然（1988）指出，"语用语言方面的失误有一些来自语用的错误转移，即错误地以汉语的表达方式套用到英语中去，或者将具有不同语用特征的英语同义结构看作完全同义，不加选择地乱用。"社交语用失误是指不了解交际双方文化背景、社会地位、语域等因素而产生的交际错误（何自然，阎庄，1986）。

何自然，阎庄（1986）采用定量研究的方法，研究了中国学生的汉英语用差异，并就如何在教学中提升学生的语用能力提出了解决办法；陈新仁（2001）从顺应论的角度，采用定量研究的方法，分析了物业管理模式下的告示语的以言行事的意图的实现方式；陈淑萍（2003）从语用等效和关联原则的角度，分析语用等效观和归化翻译策略的关系；王银泉、陈新仁（2004）分析了城市公共场所的标识用语所出现的语用失误及其产生的原因；吕和发（2004）从公示语的应用功

能、所展现的信息状态和语言风格入手，研究公示语的翻译实践；陈淑莹（2006）归纳了英汉标示语的异同，分析了英译标示语的语用失误及原因；于秋、黄小明（2006）从公示语的特征出发，分析公示语的语用失误，并提出了相应的翻译策略；蒋琴芳（2010）从公示语的合作原则、礼貌原则、经济原则、关联原则及意图原则的角度出发，分析了公示语的语用失误，并提出了仿译、借译、创译、简译、回译、逆译的翻译方式。

纵观上述文献，笔者发现，很多研究都是探讨公示语的语用失误，却鲜有研究分析公示语的某一具体类型的语用失误。本文拟就旅游景点中的文明宣传话语的语用翻译问题进行探讨，并给出对策。

3. 文明宣传用语翻译的语用等效原则

在调研所搜集到的语料中，翻译问题主要包括语言错误和语用失误两方面。诸如单词拼写错误和语法错误这样的硬性语言错误，只要译者提高语言水平，是比较容易避免的。

由于英、汉两种语言在语言形式和文化观念方面的差异，翻译中的语用失误现象，更是屡见不鲜。有鉴于此，我们可以根据英汉两种语言的差异，借鉴语用等效翻译策略，着力解决翻译中的语用失误。

何自然（1997）指出，"语用翻译的核心是语用等效"，语用等效可以细分为语用语言等效和社交语用等效。

3.1 语用语言等效

何自然（1997）认为，"语用语言等效近似 Nida 提倡的'动态对等翻译'(dynamic equivalent translation)，即不拘泥于原文的形式，只求保存原作的内容，用译文中最切近而又最自然的对等语将这个内容表达出来，以求等效"。英语和汉语分属不同的语系，有着各自独立的词汇系统，因而英汉词汇之间并非严格的一一对应的关系。如果译者不注意英汉词汇差异，生搬硬套地翻译汉语的词汇，就有可能

导致中式英语，引发语用语言失误。

汉语中有相当多的文明宣传话语，会使用对偶、拟人等修辞手法，来达到令人过目难忘的诗学效果。在翻译成英文时，如果译者拘泥于原文形式，照搬原文机械翻译的话，则会不符合英文规范，导致语用失误的发生。此外，国内很多文明宣传话语，为了达到以理服人的目的，会给出缘由。此时，若译者也是只顾形式的准确，完全忠实于原文的翻译，也会引发语用失误。

因而，对于汉语宣传话语中所常见的修辞格和阐明理由的话语，译者无须拘泥于原文形式，只需要按照英文规范，尽力保留原文内容，有选择地对等翻译或者直接不译。同时，译者应该充分注意到英汉词汇之间的差异，避免语言语用失误的发生。

3.2 社交语用等效

何自然（1997）认为，"社交语用等效，则指为跨语言、跨文化的双语交际服务的等效翻译"。语言是文化的载体，二者相辅相成、密不可分。英、汉两种语言在社会文化方面存在较大的差异，所以译者应尽可能做到源语和目标语在社会文化方面的等效。这就需要译者将原文及译文背后的文化背景内容，再现给目标受众。

中西方的社会背景、文化规约和价值观念迥然不同，如果译者不了解源语和目标语的社会文化差异，就可能导致社交语用失误的出现。在将涉及中国宗教、历史、文化、社会风俗的内容翻译成英文时，译者需要高度注意译文在内容和信息传递上的等效。另外，中西方对于礼貌策略的不同诉求，表现为英语比汉语更关注对于受话人消极面子的维护。景区是从事服务业的场所，译者更要高度关注国外游客的面子。因而，在翻译禁止类及劝阻类话语时，如果将汉语内容直译，就很有可能违反礼貌原则。译者可选择非人称化表达方式，或者逆向转译的方法，恰当又得体地凸显礼貌，达成语用等效。

英译版的景点文明宣传话语的目标受众，主要是外国来华游客。译者应有很强的读者意识，将外国游客的语言文化观念放在首位，做好连接原文和译文的桥梁，

通过填补两种语言背后的文化差异，帮助外国游客得到等效的译文，从而达到等效的信息传递意图。

由此可见，景点文明宣传话语中所出现的语用失误，不仅影响了景区的文明形象，甚至直接影响到我国文明、诚信、友好的大国形象。

4. 景点文明宣传话语翻译中的语用失误

根据所采集到的语料，本研究发现，景点文明宣传话语翻译中的语用失误，远远多于语言错误。

4.1 语用语言失误

根据我们收集的语料，本文将语用语言失误区分为以下两种类型：一是生搬硬套的中式英语；二是逐字逐句的机械翻译。

（1）生搬硬套的中式英语

英语和汉语分属于不同的语系，因而，英语和汉语之间的很多单词和习惯表达法，并不存在一一对应的关系。在我们的研究语料中，有相当多的翻译问题，是由母语的负迁移所致，译者生搬硬套汉语的语言规则，译文里有很多中式英语的痕迹。

例1　青青花草 请勿践踏 Green flowers Do not trample

本例文明宣传话语，在景区十分常见，译文是生搬硬套汉语表达模式的典型表征。"青青花草"翻译为 green flowers，是从字面上套用汉语的表达方式，实际意为"绿色的花"；Do not trample 亦是中式英语的表达。trample 意思是"践踏，蔑视，蹂躏"，用来表示"践踏心灵、人权等"，一般不用于表示踩踏草地。也就是说，trample 和"践踏"之间并不是对号入座的关系，二者所适用的语境有差别。译者对于这两个词的一知半解，导致了此处的语用失误。这种译文，非但没有起到提示的效果，反而还会让外国游客感到一头雾水，不知所云。

例2 草木有情 生命无价 There is affection in grass and trees, whose life is priceless

本例中，原文采用了拟人和对偶的修辞格，传神地刻画出，草木也是有生命的形象。原文的"情"，表达的其实是"生命"，译者简单的将其翻译为affection，两者相去甚远，因为 affection 对应的是"喜爱"。译文的回译是"草和木之间有喜爱之情，草木的生命是无价的"，这与原文的意思大相径庭。该译文不能有效传递"爱护草木"的信息，反而令外国游客感觉言语紊乱、无所适从。此处可以改译为 Keep off the Grass。

例3 讲究文明 保护环境 爱护绿化 注意安全 Be civil and environmental friendly Taking care of plants and safety

本例译文也是中式英语的典型案例，译者混淆了不同层面的"注意"，将"注意安全"中表示一般性警示含义的"注意"译成了 take care of。殊不知，take care of 并不是一般性警示层面上的"注意，当心"；它后面所接的宾语一般是人，指的是照顾、照料某人的意思。mind 才是表示一般性警示含义的注意。译者对于"注意"一词的不求甚解，导致了此处翻译的失误。这类译文的出现，主要是由于汉语语言形式的负迁移。这样的译文结构混乱，意义不明，不但无法传递有效的警示信息，反而还会让外国游客感觉逻辑混乱，不着边际。

例4 护林木 不吸烟 文明就在你身边 Tree protection, non-smoking Civilization is right beside you

译文里 tree protection 指的是"树木保护"，non-smoking 则是"非吸烟"。此外，译文中的标点符号使用也不符合规范。译文回译过来是"树木保护 非吸烟 文明就在你身边"。这与原文内容不一致，没有做到语用语言等效。这样的译文会让外国游客误认为，此处为非吸烟区；如果需要吸烟，可以去其他未标明 non-smoking 的场所。该译文不仅没有达到森林防火的警示意图，而且引起了不必要的误解。

例5 前方出口 减速慢行 Slow Down In Front Of The Exports

在英语中，export 主要是一个经济学术语，指的是外贸行业的"出口，出口商品"。本例中，译者混淆了"外贸出口"和"景区出口"两个不同的概念。实

际上，"景区出口"在英语中对应的单词是 exit，而不是 export。在汉语里，"出口"是个多义词，既可以指"外贸出口"，也可以指"景区出口"。由于母语的负迁移，译者生搬硬套汉语中"出口"的广义概念，导致了此处的语用语言失误。这样望文生义的译文，歪曲了原文的信息，不但不能正确传递原文中的信息意图，而且让外国游客不知所措，令人啼笑皆非。此外，in、of、the 应小写。

例 6　处处防火 时时安全 Prevent fires anywhere to ensure safety at any time

这里的译文回译是"任何地方都要防火 这是为了确保任何时候的安全"，译文是典型的中式英语的表达方式，给外国游客的印象是，随时随地都会发生火灾，这显然并不恰当。译者拘泥于原文的形式，却歪曲了原文的内容，将森林防火的警示话语，译成了此处十分危险的告示话语，令人汗颜。这样的语用失误，正是由于译者生搬硬套母语形式所致。

例 7　护林如爱家 防火靠大家 Protect the forest as you love home

译文中有着深深的中式英语的痕迹，译者将"护林如爱家"译为"护林的同时爱家"。究其缘由，在于译者对于 as 的理解存在偏差，译文将其作为连词，意思是"在……的同时"，而非作为介词的"如同"。译文没有传递出"护林"与"爱家"之间的类比关系，反而将二者并列，这就导致译文和原文相去甚远，语用不等效。另外，此处译文还存在严重的漏译现象，原文的核心内容在于"护林防火"，而译文却遗漏了"防火"这一关键信息。这样逻辑混乱的译文，只会让外国游客百思不得其解。

（2）逐字逐句的机械翻译

机械翻译，是一种常见的翻译问题，也叫死译、硬译、逐字译；具有机械对译、保形失意的特征。导致机械翻译的原因，主要是译者的理解失准或表达不力。在我们收集到的语料中，机械翻译也很常见。汉语里有很多文明宣传话语，为了达到脍炙人口、令人耳目一新的效果，会使用对偶、拟人等修辞方法。相对而言，英语公示语则倾向于遵循经济原则，使用简洁明快的表达方法，传递最大的信息量。

例 8　悠悠森林情 寸寸防火心 Long forest feeling Inch of fire heart

本例的原文整齐工整，极富感染力。译者将原文词汇逐字硬译，完全不符合

英语的表达习惯，导致译文里全是单词的堆砌，毫无意义可言。译者匪夷所思地将原文译为"长长的森林的感情，英寸的火的心"。这种硬译的译文，除了会让外国游客感到迷茫之外，没有任何信息传递功能。此处只需要言简意赅地翻译出"森林防火"的信息即可。

例 9　消防安全 人人有责 FIRE SAFETY EVERYBODY IS RESPONSIBLE FOR

本例也是机械翻译的典型案例，译者将"消防安全"译成 fire safety，"人人有责"译成 everybody is responsible for。将英文回译过来，"火的安全，每个人都要负责"。对于不熟悉中国文化的外国游客而言，这种译文就会引起误解。译者不妨只译出"消防安全"的信息即可。

例 10　礼让三分 和谐十分 Three points of courtesy, ten points of harmony

原文行文工整匀称，其中的数量词"三分"和"十分"都是虚指，并没有实际的数量概念。虚指是汉语中所特有的用法，英语并没有这种表达方式。原文的"三分"，其语用意义是"一点点"，"十分"是"完全"。译者牵强附会地将虚指的数量词直接机械翻译，而忽略了原文的语用意义，使得译文不伦不类，导致了语用失误的出现。

例 11　小草笑一笑 请您绕一绕 The grass smile a smile Please round way

原文使用了拟人的修辞格，"笑一笑"和"绕一绕"，工整又押韵，符合汉语的意境。译者拘泥于原文的形式，想当然地将"笑一笑"硬译为 smile a smile，"绕一绕"译成 round way，完全不符合英语的表达习惯，导致了此处语用失误的出现。其实，此处只需要译出"远离草地"的意思即可。

例 12　爱护古迹 延续历史 Care for cultural relics, sustain the history

原文使用了对偶的修辞格，摆事实（爱护古迹），讲道理（延续历史），读来朗朗上口，又有理有据，令人印象深刻。译者照搬原文的格式，机械硬译，却不符合英语的表达习惯。其实译文只要传递出原文"爱护古迹"的信息即可，"延续历史"是"爱护古迹"的原因，无需翻译。

4.2 社交语用失误

在我们的语料中，景点文明宣传话语中的社交语用失误主要源自以下两个方面：一是不同的社会文化背景下的文化规约；二是不同的文化价值观念下的礼貌策略。

（1）不同的社会文化背景下的文化规约

语言是文化的载体，也是文化的一个重要组成部分。由于中西方不同的社会文化背景，英、汉两种语言，也有不同的文化规约。这在公示语中也有反映。例如：

例 13　静心止语 Pause stop

本例为某佛寺入口处的文明告示语。"静心止语"是佛教文化里的一个常用语，"静心"指的是让心思沉静，"止语"则是一种修行，亦称"闭口禅"，是少说话、谨言禅定的意思。"静心止语"是劝诫礼佛之人的话语，有着浓厚的佛教文化色彩。译者将有着佛教文化规约的词汇翻译为 Pause stop，且不论其中的大小写错误，即便是译文的内容就很有问题。译文回译为"停顿,停止"，这只会让外国游客误认为，尽管买了门票，但是该景点还是禁止外国游客进入。这样的译文非但没有传递出原文中的文化信息，反而歪曲了原文的意思，可能会引发莫须有的文化冲突。

例 14　文明进香 Civilization Pilgrimages

本例为某景区寺庙前劝导香客文明进香的宣传语。"进香"是佛教用语，指的是善男信女去佛教寺庙进行烧香拜佛的活动。pilgrimages 对应的汉语是"朝圣，朝圣之旅"，译者将"进香"翻译为"朝圣"，明显是在偷换概念。译文不但没有译出原文中的佛教文化内涵，还偷换了概念，引起了语用失误。

例 15　三支为上 多则成障 Only Three Incenses is Best More should be Waste

本例还是某景区寺庙香炉边一则关于文明进香的宣传话语。其中"多则成障"中的"障"，实为佛教用语"业障"，意为"妨碍修行的罪恶"。译者却将有着浓厚的宗教文化内涵的词语，误译为"浪费"，这与原文风马牛不相及。译文传递了错误的信息意图，构成了社交语用失误。

（2）不同文化价值观念下的礼貌策略

中西方不同的文化价值观念，表现在景点文明宣传话语中，最突出的就是英

语和汉语有着不同的礼貌策略。汉语中有很多文明宣传话语用的是祈使句，特别是表示禁止和劝阻类的宣传话语，态度坚决，语气强硬。然而，英语的文明宣传话语更多采用句法层面上的非人称化、被动语态等表达方式，保护受话人的消极面子，凸显礼貌，从而达成以言行事的交际意图。如果译者将这类文明宣传话语直译成英文，就会导致语用失误的产生。

例 16　垃圾不乱扔 举止显文明 Do not throw garbage and be Manners

本例是国内景点中司空见惯的劝阻类宣传话语，原文的前半句使用祈使句，言简意赅，语气强硬，后半句给出理由，显得有理有据。这符合汉语文化价值观念。将前半句直译成 Do not throw garbage，从语法和语义的层面而言，都没有问题，但从语用学的角度来看，命令语气过于强硬，严重威胁到了目标受话人（外国游客）的消极面子，不符合英语的表达习惯，诱发了社交语用失误。此处应该改译成非人称化的表达法 No Littering，用客观委婉的语气再现原文的劝阻意图。至于原文中阐述理由的后半句，英语中并没有这样的习惯表达方式，故而应该删繁就简，直接不译为好。又如：

例 17　爱护环境 请勿吸烟 Take Good Care of Environment Please do not smoking

汉语中"请勿"是一种规约式的表述方式，然而英语中的 please 和 do not 是不能连用的，所以此处将"请勿"直译为 please do not，没有达到语用等效。此外，由于本句为祈使句，所以 smoking 应该使用原形。前半句"爱护环境"，是"请勿吸烟"的理由，英语没有这样的表达习惯，可以忽略不译。与上例一样，祈使句式 Do Not Smoke 的语气过于强硬，此处可以选择非人称化表达方式 No Smoking，亦可以转译为更为礼貌的 Thank You for Not Smoking，以缓和对于受话人消极面子的威胁。

例 18　办公区域 游客止步 Office Here, No Tourist

与上例一样，本例也是劝阻类话语，前半句"办公区域"陈述事实，为"游客止步"阐明理由，可以不译；而"游客止步"的翻译，却不能直译为 No Tourist。事实上，"游客止步"即"工作人员专用"之意，所以此处翻译可以反

向转译为 Staff Only，从而最大限度地缓和对于受话人的面子威胁行为。

5. 结语

景点文明宣传话语是面向游客进行文明宣传的话语，用于实现信息传递的意图。翻译是一种跨语言和文化的双语交际活动，译文应该传递等效的信息，并能被目标受众所理解。由于英、汉两种语言在语言形式及社会文化方面存在较大差异，翻译中出现语言错误和语用失误也就不足为奇了。

根据本研究所采集到的江苏省著名景点的文明宣传话语，我们发现，译文中既有硬性的语言错误，也有软性的语用失误。针对这些翻译中所出现的问题，首先，译者应该努力提高自身的语言水平，避免语言错误；其次，译者应该把握英、汉两种语言在语言形式和社会文化观念上的差异，使用语用等效翻译策略，在译文中再现原文所传递的信息，达成以言行事的交际意图。

参考文献

1.Thomas J. Cross-cultural Pragmatic Failure [J]. *Applied Linguistics*, 1983(4): 91-92.

2. 陈淑萍 . 语用等效与归化翻译策略 [J]. 中国翻译，2003(5): 43-45.

3. 陈淑莹 . 标示语英译的语用失误探析 [J]. 四川外语学院学报，2006(1):117-120.

4. 陈新仁 . 汉语告示语的语用研究 [J]. 暨南大学华文学院学报，2001(4):58-65.

5. 何自然,阎庄 . 中国学生在英语交际中的语用失误——汉英语用差异调查 [J]. 外语教育与研究，1986(3): 52-57.

6. 何自然 . 语用学概论 [M]. 长沙：湖南教育出版社，1988.

7. 何自然 . 语用学和英语学习 [M]. 上海：上海外语教育出版社，1997.

8. 蒋琴芳 . 公示语语用失误分析 [J]. 语文学刊，2010(6): 80-84.

9. 吕和发 . 公示语的汉英翻译 [J]. 中国科技翻译，2004(1): 38-41.

10. 王银泉，陈新仁 . 城市标识用语英译失误及其实例剖析 [J]. 中国翻译，2004(2): 81-82.

11. 杨雯俐，龙翔 . 语用等效翻译策略文献研究 [J]. 广西教育学院学报，2020(1): 19-24.

12. 于秋，黄小明 . 汉语公示语英译的语用失误分析 [J]. 西南农业大学学报（社会科学版），2006(9): 131-135.

（作者单位：合肥师范学院）